# NEWYDDION
# FFOLTIA MAWR

## Wil Sam

# NEWYDDION
# FFOLTIA MAWR
## Colofn leol yn *Y Cymro*, 1971-2

**Wil Sam**

*Argraffiad cyntaf: 2005*

*Rhif Llyfr Safonol Rhyngwladol:*
*1-84527-004-5*

*Cynllun clawr: Sian Parri*
*Cartwnau clawr a thu mewn: Elwyn Ioan*

*Argraffwyd a chyhoeddwyd gan Wasg Carreg Gwalch,*
*12 Iard yr Orsaf, Llanrwst, Dyffryn Conwy, LL26 0EH.*
*ffôn: 01492 642031*
*ffacs: 01492 641502*
*ebost: llyfrau@carreg-gwalch.co.uk*
*lle ar y we: www.carreg-gwalch.co.uk*

## DAMWAIN FLIN:

Mae Gryffudd Jôs, Gorsan Ysig Bach, yn orweddiog yn ysbyty'r 'Si an En'. Bûm ar y teliffon dros ei wraig yn hwyr neithiwr a chael ar ddallt gan y Metron ei fod yn comffortabl a slep feri wel. Ofnid y byddai Gryffudd yn colli iws y troed dde ond ni raid pryderu gormod, mae'r llawfeddyg wedi gwneud job sbesial iawn ar ei droed. Bydd Gryffudd yn dawnsio eto unwaith caiff o ddŵad allan o'r Plaster Pari.

Dymunwn iddo adferiad hwyr a buan. Ella fod gwers i ninna yn namwain Gryffudd Jôs.

Chi sy'n berchan Atgof Rotor Mywar, byddwch ofalus wir a chofiwch ddarllan y drecsiwns cyn tanio. Pan fyddwch chi'n tynnu yn y cortyn tanio tro nesa mwrolwch bod ych troed chi ar y bwrdd cyllall a nid odano fo.

Rydan ni'n agor 'Cronfa Cofio Atoch Chi' i Gryffudd. Anfonwch ych cyfraniad at Musus C. Tomos, Drepars and Grosars. Mae Musus Tomos am roi top lyin efo bwnsiad o rêps a Bar Six. Ga inna'n garedig bwyso arnoch chi i ymarfar rom bach o ddychymyg? Peidiad pawb ag anfon liwcosêd.

## LEFAL O:

Congraj i Neli, merch hynaf Gwarcha Bach ar basio Domestig Syiyns a Gwaith Gwnïo. Un garw ydi Neli, mae hi'n medru rhoi eda yn nodwydd ers pan oedd hi ddim o beth.

Mi glywis dros cowntar ddoe fod ei thad wedi medru gwthio Neli i colej cwcio Llandrillo yn Rhost.

Llongddryllion lawer i Gaynor Gryffis hithau, wedi gneud yn dda iawn, wedi cael ei Hinglish Langwej am y trydydd tro yn olynol.

Teg ydi deud mai Gareth, mab hannar chwaer Musus Tomos ma sydd wedi rhoi Ffoltia ar y map, ennill distingwish mewn Jiograffi a phasio naw sybjeg arall, deg rhwng Welsh.

Ron i'n meddwl yn ystod rhyw lyl bach yn siop pnawn ma fel

mae plant cipars wedi sgleinio ym myd addysg. Mae'r tri a esus enwyd wedi'u magu ar gipars. Rydw i'n gredwr cry iawn mewn cipar, heb sôn am flasus mae o mor llesol i'r menydd, dydw i'n difaru dim i mi infestio mewn peiriant dadsgyrnu leni.

Cymwch y swyddi cyfrifol o'u cwr a mi welwch mai plant cipars sy'n llenwi pob wan jac, e.e. Geufron Gryffis, insbector efo Perl. Dyfrig Dyifis, mae onta'n rwbath reit uchal o dan yr Agriffishyri Bord. Dic Ceri Parri, fforman clarc efo Motos y Crosli yn ochra Caer a Ffred Elis yn Sinior Snyffyr efo Gias Nwy Cymru yn Lloegar Na, does dim fel cipar am hogi'r mennydd.

## FUSUTORS:

Cwsmar (wna i mo'i enwi o) yn dŵad i'r siop a medru gwenu wrth ddeud peth fel hyn "Wsnos arall Confal Tomos a mi fydd rhen Gwds i gyd wedi chlirio hi". Gwds ydi enw hwn ar fusutors ddyliwn. Mi deimlis i ngwaed i'n berwi a mi gydis yn 'i adan o a mynd â fo drwadd i'r offis a mi rois bregeth reit dda iddo fo.

Be fasan ni'n neud heb fusutors ynte? Mi fasa yn Aea arnon ni rownd y rîl. Mi fydda i'n mynd i'r dymps yn arw at ddiwadd yr Awst bob blwyddyn, mae na rwbath reit drist mewn sbïo ar y bobol ddiarth ma a'u plant bach annwl yn pacio'u bagia. Pobol neis iawn a dim ias o hen swildod gwirion ar cyfyl nhw. Mae plant Ffoltia ma'n elwa llawar iawn arnyn nhw, mae y rhai mwya peniog yn Saeson reit dda cyn diwadd yr Awst fel rheol.

Biti na fasa'r Sesn dipin yn hwy fydda i'n ddeud. Dydw i ddim yn rhedag ar fy nghyd-Gymry, o nagdw, ond gwrandwch, sawl bathing trôns ydw i wedi'i werthu i bobol a phlant Ffoltia Mawr? Dim un.

Do, debig iawn, rydw i wedi gwerthu dwsina i fusutors, mae'n wir bod nhw'n cuchio ryw gymint pan mae'r tywydd yn dylu. Pwy na fasa? Dyna chi Prôns a Shrimps, phrynodd rhain, petha Ffoltia ma, ddim tun bach rioed gin i. Ond fusutors? "Send rownd mi e dysn Msidyr Tomos diyr".

Mae Cymru ar 'i hôl hi'n o arw mewn petha fela.

Petha ifanc ma ydi'r drwg, Cymraeg dragwyddol. Wrach mai

rŵan dylwn i ddeud fy nghwyn. Profedigaeth lem iawn echnos, Vincent yr hogyn ma ddim yn 'i wely. Rydan ni wedi clywad wedyn ei fod o wedi joinio petha'r Iaith Gymraeg ma yn ochra Gors Geirch ma'n nhw am gerddad i Gaerdydd ddyliwn, anodd iawn i dallt nhw a bysus mor handi.

Isio mwy o Gymraeg ar weiarles meddan nhw i mi. Tasa nhw'n gofyn am well Cymraeg mi faswn i efo nhw bob cam o'r daith.

Gyda llaw, mi gaeson ni ryw lyl, ryw natur bwlch gwag yng nghanol Coronesion St. noson o'r blaen, synnwn i run hadan nad y rhain oedd yn mela efo'r mestus.

Mae styrbans fela, mae colli Coronesion Street yn ddigon i ladd 'hen bobol'. Ydi, mae Vincent yn 'i haros hi pan ac os daw o adra. Sianels ychwanegol o faw, mi fydd na amal i lein newydd sbon ar 'i dimpan o pan gwela i o.

Mi fydd na wrdysu, o bydd.

## PREGETHU:

Calondid go sownd ydi gweld Gŵyl Bregethu Ffoltia Mawr yn dal ei thir a hynny mewn oes mor ddrwg. Y Parch. Rojiar Rojiars, M.A., B.D., Pant y Pererinion, oedd efo ni leni eto. Fel deudis i wrth ei gyflwyno fo o'r sêt fawr fora Llun, mae o'n edrach fel hogyn deunaw i feddwl 'i fod o wedi cal 'i bedwar ugian ar y cynta o fis June. Acw efo ni roedd o'n 'i chymyd hi leni eto, dŵad ar y Mêl fora Sadwn ac aros tan fora Mawrth. Mae clyw rhen gradur wedi trymhau'n arw, erbyn mod inna mor fusgrall, anodd iawn oedd cynnal sgwrs o bobtu grât llydan y gegin ora 'cw. "Ma hi'n dywydd Rojiars," ebe fi er mwyn deud rwbath.

"Beg Pa?" ebe fo, a fela droeon, finna'n gorod ymlwybro i gyffinia'i glust o i ddeud pytia reit ddi-ddim yn amal, ron i wedi ymlâdd erbyn amsar cinio. Serch hynny braint ac anrhydedd ydi cael rhoi lloches a thamad i gawr fel Rojiars.

Do, mi gawsom Lun Gŵyl y Banc i'w gofio, cynulliada heb fod llawn mor niferus ond cafwyd oedfaon grymus dros ben. Mae Rojiars llawn mwy cyfoes na'r ceiliogod ifanc 'ma, cymyd testun y bora o lyfr yr Actau. Dyn ffeind iawn ac ail iawn 'i le oedd Crispus

*"Beg Pa?" ebe fo, a fela droeon, finna'n gorod ymlwybro i gyffinia'i glust o i ddeud pytia reīt ddi-ddim yn amal, ron i wedi ymlâdd erbyn amsar cinio.*

yr archsynagogydd, medda fo, yn rhannu pacedi salt and vinegar i blant Corinth. Y nawfad a'r ddegfad yn y ddeunawfad bennod o'r Actau gymrodd o i'w trafod. "A'r Arglwydd a ddywedodd wrth Paul trwy weledigaeth liw nos, Nac ofna; eithr llefara, ac na thaw; canys yr wyf fi gyda thi, ac ni esyd neb arnat, i wneuthur niwed i ti: oherwydd y mae i mi bobl lawer yn y ddinas hon".

Er nad o'n i (na Musus Tomos) yn cydweld â'i safbwynt o, teimlais i ni gael perfformiad ardderchog. "Cymru ydi'r Ddinas," medda Rojiar ar dop 'i lais "a tydi pobol dawedog ddim gwerth baw blac i'r hen wlad bach 'ma, Llefara ac na thaw."

"Wan ffor mi Tada," medda Vincent yr hogyn cw, a hynny'n ddigon uchal i'm cyd-ddiaconiaid 'i glywad o. Mae plant yn medru bod yn frwnt iawn.

Gwneir y casgl at y Gronfa Ganolog nos Saboth nesaf pryd hefyd y derbynir taliadau am yr eisteddleoedd gan Mr. Confal Tomos, Ysw., Grosars and Drepars.

## BERW:

Mae cryn ferw yn Ffoltia y dyddia rhain, rhai yn selog am gadw y Traffic Lyits dros y Gaea Mawr a'r gweddill yn daer dros ei difa. Teg iawn yw dweud i'r Lyits brofi'n gryn ffens i'r fusutors groesi'r bont yn ystod bwrlwm traffic yn Awst eleni. Marn bersonol i ydi y dylid cadw'r lyits yn ola ar bob cyfri; rydw i'n tueddu i gytuno efo Mr. Jiorj Tomos, mae diogelwch yn bwysig iawn, a mi ddeuda i fod y Lyits yn hwb i fusnas hefyd, rydw i i fyny sbel ar Yis Lolis leni o'i gymharu â'r Awst y llynedd, pobol yn gweld y golau coch. Blant yr ardal oddi cartref yn y mannau lle maent, Nerpwl neu Faenchester os ydach chi'n selog dros gadw'r Lyits, anfonwch stamp adress ata i a mi anfona inna ffurflen betisiwn yn ôl i chitha efo troad y rhod.

Mi ddylwn ddeud yn fan yma mai camgymeriad bach ar ran ceidwad y Lyits roddodd fod i'r cnecs diweddar 'ma. Diffyg gwelediad a diffyg asgwrn cefn yn marn i. Yn syml iawn dyma chi ddigwyddodd. Moto Bentli cadeirydd y Fainc yn aprojio'r bont o gyfeiriad siop ni. "Reit," medda dyn y Lyits (a chwara teg iddo fo) "Ma rhaid i hwn gal mynd trwodd." A'r un funud dyma Fford

Cortynia gwyn a strap coch am 'i ganol o yn aprojio o'r ochor arall. "Ditectif," medda'r dyn "Ma rhaid i hwn fynd i rwla." A wir mi fflysdrestiodd y Lyitman un briwsin bach a mi bwysodd ei fawd ddwywaith yn olynol a rhoi gola glas i'r moto Bentli ac i'r Cortyina Cudd. Doedd y Bentli mewn mantes go sownd, mi daflwyd y ditectif allan a'r batri dan 'i gesal. Waeth gin i am y farn gyhoeddus yn yr achos yma, rydw i'n dal yn gadarn nad oedd yn fa'ma ddim pwyso bwriadol.

## Y FYNWENT:

Gosod hi'n gontract ta pawb i gryman, dyna oedd ar dro ym mhwyllgor y Fynwant nos Lun. Mae'r olwg wyllt sydd ar fynwant Ffoltia wedi peri cryn ddadla yn ddiweddar a mae llawer iawn i'w ddweud dros y ddwy ochor. A phle cawn ni arian i dalu i dorrwr? Mae Mr. Davies (cyn-ysgolfeistr) yn selog am drïo'r Arts Cownsil, hwnnw'n rhoi ceiniog at bob peth, medda fo.

Rhaid gneud rwbath wir a hynny'n fuan, rydw i reit ryn down; pobol yn troi mewn i'r siop yn dragwyddol a mhiwsio i. Merch ifanc rwsnos dwaetha un wedi bod yn chwilio am fedd 'i hunig fodryb a chael hyd iddi mewn dwy awr wedi tagu mewn cwlwm coed: mae Musus Tomos 'ma wedi rhoi 'i throed i lawr, crimatio fydd arnon ni'n dau.

Mi siaradodd y Parch. Pitar Page, Drws y Nef, yn dda iawn, chadal onta fasa na ddim trwbwl bach na mawr tasa pawb yn tacluso 'i fedd 'i hun, h.y. bedd y teulu. Doeddwn i ddim yn drwg licio plan Robaits yr Eiyrmongar am y tro, chwistrellu am y tro, chwistrellu wîd cilar dros dlawd a chefnog fel 'i gilydd. Dyna fasa wedi cario'r dydd bai i'r Syr ddeud bydda peth felly yn melynu ac yn tarnisio y meini gwynion crandia sgynon ni heb sôn am gynnwys malwod. Ar ôl oria o siarad a throi pob carrag mi ofynnwyd am farn Robat Ifas (y lengthman) wir mi ofynnwyd iddo fo yn point blanc fela fasa fo'n cymyd y fynwant i'w thorri a chael cadw'r gwellt i roi dan y moch. Do, mi wrthododd, mi wrthododd ganpunt ar 'i law am 'i thorri hi, a hynny heb esgus yn byd ond i fod o yn ymddeol yr wsnos nesa. Mi awgrymodd riwin basa Gryffudd

Gorsen Ysig Bach yn rhoi yr Atgof Rotor Mywyr arni hi mewn munud, ond mi anghytunais i o'r gadar, mi allsan gael cnebrwn arall mor hawdd â phoeri.

## HORTICYLJYRALS:

Mae Ffoltia yn enwog bellach am ei Siou flynyddol, y siou flodau a chynnyrch gardd a gynhelir yn y Neuadd bob dechrau Medi a chalondid i bawb oedd gweld yr ardal yn sgleinio yn ei hamryliw eleni eto. Fel deudodd Ledi Montagiw wrth agor, mae Ffoltia i'w longyfarch ar amrywiaeth yr entris, mae'n gardnars ni yn dangos menter a dychymyg, chadal hitha, "Nid ar datws a moron yn unig y bydd byw dyn".

Rynar Bîns – Gryffudd Gryffins Nyth Brân.

Tatws diweddar – Bobi Ben Set.

Maro – Mari Morus, Mynydd Mawr.

Ciwcymbar – Squadron Leader Sgyilarc.

Afalau Awst – Musus C. Tomos, Grosars and Drepars.

Asbarograss – Elis Owen, Tŷ'n To.

Nionod Mawr – Llew Llydaw Bach.

Riwbob Dof – Musus Ifans, Glasdwr Poeth.

## DROS Y DŴR:

Y dydd Mercher o'r blaen fe aeth Musus Robaits Gwarcha Bach a'i dosbarth Ysgol Sul am dro i Ynys Enlli mewn cwch o Aberdaron. Cafwyd mordaith lwyddiannus tu hwnt a phnawn i'w hir gofio ar ynys y pererinion.

Canwyd yr emyn adnabyddus "Pererin wy" gan y plant ar risiau'r goleudy i gyfeiliant Musus Robaits oedd yn arwain ar lawr.

I gofio'r achlysur cyflwynwyd ŵy gwylan pinc wedi stampio i bob un o'r plant gan y goleuwr. Yn ddiweddarach cafwyd te a sgons ar y gwellglaij yn yr heulwen yn y gwres yn yr haul.

Mae Musus Robaits yn dda iawn fela. Cyrchwyd y plant o Aberdaron gyda'r nos gan Mr. Confal Tomos yn ei gar ei hun, Triumph Ffiwel Injecsions.

Hyfryd oedd gwylio'r cwch mawr yn cyrraedd Traeth

Aberdaron a hyfrytach oedd gweld rhen blant wedi brownio. Gresyn garw i Fflori un o blant Ffani Whil roi ei throed mewn twll cwningen trwy amryfusedd. Gorfu i Musus Robaits roi Pigi Bac i Fflori bob cam o'r cwch i'r moto.

Mae Musus Robaits yn drom a'i stiletos yn fain, roedd rhen gryduras yn tueddu i droi dani yn y tywod.

Cynigiodd y Parch. Pitar Page bum ceiniog newydd am y frawddeg orau i ddisgrifio Enlli. Dyma'r tair yn nhrefn teilyngdod:

Y mae gwylanod.

Y mae cwningod.

Y mae môr.

## TAFLU'R ACHOS ALLAN:

Yn Ynadlys y dref ddydd Gwener ymddangosodd Mr. Robat Wiliams, Rhwydi Mawr, gerbron y fainc ar gyhuddiad o dwyllo a chamarwain cipar yr afon. Yn ei ddatganiad dywedodd y cipar iddo weld Wiliams ac un person arall yn pysgota ym Mhwll Berw.

**Wiliams:** Sut gwyddach chi mai myfi oedd yno?

**Cipar:** Sbenglas.

Fodd bynnag, yn rhinwedd ei swydd penderfynodd y cipar gropian sliwanwyis drwy'r rhedyn nes cael ei hun o fewn ychydig lathenni i'r ddau bysgotwr. Ei fwriad oedd gofyn i Wiliams ddangos iddo ei drwydded.

Pan welodd y Wiliams y cipar rhedodd fel ewig i fyny ochor serth gan glirio dwy weiran bigog a'r cipar wrth ei sodlau. Gan fod plys fforsus yn ddrwg am ddal gwynt tueddai'r cipar i golli ras. Gwnaeth y Wiliams un camgymeriad bychan, edrychodd dros ei ysgwydd ac yn y cyfamser fe faglodd ar draws tocyn morgrug a bwriodd y cipar ei hun ar ei ysglyfaeth yn y fan a'r lle.

Yn y fan yma fe roddodd y cipar adroddiad manwl o'r hyn a ddigwyddodd nesaf.

**Cipar:** Oes gin ti leisians?

**Wiliams:** Oes.

**Cipar:** Fedri di dangos hi?

**Wiliams:** Medra tasach chi'n codi i mi gal mynd i mhocad.

Er mawr syndod i'r cipar yr oedd trwydded y Wiliams mewn ordor.

**Cipar:** Be ti'n rhedag o mlaen i ta?

**Wiliams:** Ddarum i ddim, chi redodd ar fy ôl i.

**Cipar:** Ron i'n rhedag ar d'ôl di am mod i'n meddwl nad oedd gin ti ddim leisians.

**Wiliams:** A mi gaesoch uffar o ail yn do? (Chwerthin dros y cwrt)

Taflwyd yr achos allan.

Clywais sibrwd dros y cownter fora Sadwrn mai Morus Prichard Glan yr Afon, cyfaill y Wiliams oedd y person arall y cyfeiria'r cipar ato. Cefais ar ddeall hefyd mai'r Prichard oedd yn pysgota heb drwydded.

## CYBOLFA GYMYSG:

Y nos Wener o'r blaen cynhaliwyd Cybolfa Gymysg (jombl sale) yn y Neuadd er budd Cronfa'r Fynwent. Agorwyd y gweithrediadau gan y Gwir Barchedig Harri Howlar y cyn-ficer yr hwn oedd adeiladol ac arabic fel arfer.

Dywedodd fod pwyllgor y fynwent yn ei chael hi'n anodd iawn byw y dyddiau rhain a phleser oedd llongyfarch y Ffoltia un ac oll ebr ef am eu teyrngarwch i'r pethau gorau a berthyn i ni fel cenedl. A chyn terfynu fe garai ddiolch i Mr. C. Tomos Grosars and Drepars am ei haelioni ar y bwrdd gwerthu ac i Mesrs Elis yr Iard Goed am y blawd lli i'r twb lwci dip a hynny yn rhad ac am y nesa peth i ddim. Ar ôl talu costau'r Ficer gadawyd elw o un bunt ar ddeg net.

Dyma y rhai a ofalai am y stondinau a mawr yw ein diolch iddynt.

Ar y prodiws – Miss Letishia Green. Yn y lwci dip – Gryffudd Jôs, Gorsan Ysig Bach. Dan y bwrdd gwerthu – Miss Ffani Whil. Jombl – Gwraig Tŷ Capel. Raffl cyw iâr – Megan a Meri Hendre Ddichell. Pys mewn potel sôs – Y Ficer.

Dyma'r buddugwyr yn y gwahanol ornestau: Pys – Neb yn deilwng. Cyw iâr – Mrs. Roberts, Hendre Ddichell.

I derfynu cafwyd unawd beriton gan Eos Eifion "Hen ŵr a eisteddai wrth y tân, a'i farf a'i wellt yn goch".

## GWEITHGAREDDAU'R GAEAF:

Ymgasglodd nifer dda o garedigion drama i'r Neuadd nos Lun i drafod drama. Gan na fu y ddrama yn uchel iawn ei phen yn y Ffoltia ers rhai blynyddoedd rhaid ydoedd cychwyn o'r dechrau unwaith eto. Bu peth trafod ar y pwnc prun ai drama fawr ynteu drama fach yr oeddym am ymgodymu â hi. Rhoddodd y cadeirydd, Mr. Hirben Huws, y mater i bleidlais a chafwyd fod saith dros ddrama fawr a chwech dros ddrama fach.

Mynnai pawb i Hirben ei hun fwrw pleidlais ac fe bleidleisiodd ef dros ddrama fach drwy amryfusedd. Cafwyd awgrymiadau gwerthfawr o'r llawr, Y Parch. Pitar Page yn selog am ymosod ar "Lle safai Hindŵ" cyfieithiad o ddrama fawr Bertrand Blac, "The Standing Hindoo".

Cytunai'r Hirben ei bod yn ddrama fawr ond eto teimlai ei bod dipyn yn dywyll.

Awgrymodd Mr. C. Tomos Grosars and Drepars mai'r ffordd briodol o ddewis drama ydoedd cyfri pennau, h.y. canfod yng nghyntaf oll pa faint oedd yn awyddus i actio. Cododd naw eu dwylo, deg rhwng gwraig y Tŷ Capel, roedd yn well ganddi hi gofweinio gan fod ei golwg yn natur pallu yn ddiweddar. Gresynodd a chytunodd pawb. Cynigiodd Robat Wilias Rhwydi Mawr ar ei ben ein bod yn gwneud 'Y Potshiar' ond barnwyd trwy fwyafrif llethol nad oedd hon yn addas at bob achlysur, e.e. petaen ni'n digwydd perfformio i godi elw at eglwysi gweiniaid.

Wedi dwyawr o drafod a dadlau fe ddywedodd Elin Boeth, merch y Becws, fod ganddi hi gatalog Samiwel French yn ei bag. Galwodd Hirben am osteg ac fe ddarllenodd Elin deitlau deunaw cant o ddramâu. Diolchwyd ac eiliwyd i Elin a gresynwyd am nad oedd yn y catalog ddrama'n siwtio'r cymeriadau. Am chwarter i hanner nos cytunwyd i ddewis dwy ddrama fach, un gomedi drom 'Hywel a'r Gath' ac un drasiedi ysgafn 'Cwlwm Gwlwm'.

Addawodd y saer y byddai ef yn gofalu y byddai'r sinari yn barod erbyn nos Ddifia. Mawr yw yr edrych ymlaen.

## YN GANT OED:

Llongddryllion canolog iawn i Mrs. Meth Lewis am ddathlu ohoni ei phen blwydd yn gant union ddydd Mawrth. Derbyniodd fintai o gardiau a phellebrau o bell ac agos. Daeth un arbennig iawn oddi wrth ei nith o Ganada gyda phost y prynhawn ac arno y geiriau 'Melys Oes Mwy'.

Dathlwyd yr amgylchiad yng Ngwesty y Cow and Gate, hwynt hwy hefyd wnaeth y deisen, teisen tair têr biwtiffwl. Rhoddwyd y canhwyllau gan y Pabyddion. Wrth ddiolch iddynt dywedodd Mr. Lewis Lewis, mab hynaf ei hen fam y byddai angen lamp baraffîn yn y man os oedd Mrs. Meth am ddal i rygnu byw.

Cyfrinach byw yn hir yn ôl Mrs. Lewis yw bwyta macaroni ac yfed galwyni ar alwyni o ddŵr ciwcymbar. Pan ofynnwyd i Mrs. Lewis gan y Wasg Saesneg a oedd hi'n dal i godi allan fe nodiodd yr hen wraig ac fe roddodd fawd ei throed yn ei cheg. Yn y fan yma tynnwyd llun o'r tu fewn gan y Teledu Allanol.

## PRESANTU:

Daeth tyrfa fawr i'r Ysgol Bach ddoe i gyfarfod presantu Mr. Gryffudd Jôs, gynt o Gorsen Ysig Bach a Mr. Wili Whil, 13 Tai'r Cyngor.

Y Diwc Annwyl of Edinbyrg a weinyddai'r seremoni. Dywedodd feri gwd yn Gymraeg ac yn Saesneg wrth y ddau wron a chyflwynodd iddynt ddwy fedal, medal Gwrhydri Achub goch i Wili a medal Gyrrwr Diogel las i Gryffudd Jôs,

Ymunodd y gynulleidfa a'r Diwc i ganu "Os dof fi trwy'r anialwch".

Gofalwyd am y te gan Musus Huws Wave Length a Musus Ellis, Long Crest.

## FFILM:

Y nos Fercher o'r blaen yn y Festri dangoswyd ffilm o Fryniau Casia mewn du a gwyn gan y ddwy genadeisen Miss Jane a Fflori Roberts, Miss Jane a ofalai am y Protector a Miss Fflori am y Pointer. Rhyngddynt fe roddasant i ni noson addysgiadol ac amserol. Oherwydd anawsterau technegol y pa rai oedd o'r tu hwnt i reolaeth meidrol ddyn bu raid i'r Musesus Roberts ddangos y ffilm â'i phen i lawr, h.y. â'i thraed i fyny.

Ond ni amharodd y nam bychan hwn odid ddim ar y pleser a gafodd y gynulleidfa. Awgrymodd Miss Fflori i'r plant sefyll ar eu pennau er eu galluogi i lawn ddirnad a gwerthfawrogi y sefyllfa. A felly pery i'r cwrdd derfynu.

Cyn gollwng cyhoeddodd y cadeirydd Mr. C. Tomos Grosars and Drapers ei fod yn awr am ofyn i'r Musus Roberts agor blychau bocsys y plant. Y cyfanswm eleni ydoedd tair hen bunt a saithdeg pump ceiniog newydd. Daeth y cadeirydd i'r adwy fel arfer gan orffen yr arian yn swm teidi crwn o dair hen bunt ac wythdeg ceiniog newydd. Diolchwyd iddo ar ran y Genhadaeth Gynnes yn dramor iawn gan y Miss Jane ac ar ran y Ffoltia gan Mr. Wilias, Rhwydi Mawr.

## CLYWED COG:

Deil yr Hynafgwr Gryffudd Jôs, gynt o Gorsan Ysig Bach, yn gadarn iawn ei fod yn clywed y gog am ddeg o'r gloch union o'i lofft bob nos yr wythnos hon. Dros gownter y siop wrth Musus C. Tomos y dadlennodd ef ei gryfinach. Atgoffwyd ef gan Mrs. Tomos nad yw'n arfer gan y gog delori yn ein gwlad ni yn ystod yr Hydref. Aeth rhagddi i awgrymu'n gynnil iawn i Gryffudd beidio mai tylluan a glywsai. Ffromodd Gryffudd Jôs yn aruthr a rhuthrodd helswer i ddweud ei stori wrth ei weinidog Sentars.

Mae Gryffudd yn cyfrannu'n helaeth iawn i'r casgl nos Sul a theimlai Mr. Pitar Page y dylid rhoi sylw pellach i'w stori. Galwyd pwyllgor blaenoriaid rhag blaen a phasiwyd drwy gynnig y gweinidog a minnau'n eilio i Mr. Page a Mr. C. Tomos ymgynnull gyda Mr. Gryffudd Jôs yn ei lofft am ddeg union nos Iau.

Yn wir, er mawr syndod i'r gweinidog ac er rhyddhad i Gryffudd Jôs fe ganodd cog. Do, gryn hanner dwsin o gyplau o gogiadau soniarus ddigon. Llongyfarchwyd Gryffudd Jôs gennym un ac oll.

Cyn mynd i'w wely anfonodd y gweinidog lythyr yn mynegi

balchter yr ardal i'w nai John yr hwn sydd giwretor sancjiwari adar bach ger Caer. Derbyniodd ateb maith a diddorol oddi wrth ei nai gyda throad y rhod. Dyfynnaf gyda chaniatâd yr eglwys " . . . fel ninnau yma. Digwyddiad anghyffredin iawn yn wir Yncl Pitar. Fy marn i yw fod yr aderyn hwn yn aderyn o argyhoeddiad dwfn, mae'n dewis aros yng Nghymru rownd y flwyddyn. Cofiwch, mae'r gwcw yn cael y gair o ganu yn yr Hydref a'r Tachwedd os digwydd iddi fod o dan straen meddyliol. Ond paham canu am ddeg o'r gloch y nos? Ni wn i. Fodd bynnag, mae Jini a minnau a'r plant am ddod i'r Ffoltia i fwrw'r Sul a chawn fynd i wraidd y broblem. Na, peidiwch chi â thorri'ch cyhoeddiad yn Hirlwm Hen, fy fyddwn ni yn reit hapus efo Anti Meri."

Licio'n iawn,

Ydwyf,

John.

Cyn mynd i fyny'r grisiau holodd y ciwretor yn fanwl iawn am arferion dyddiol a chymdeithasol Gryffudd Jôs, e.e. A oedd ef yn credu mewn ysbrydion drwg? A oedd ef yn hela diod? A syniai yr ardal amdano fel penci? A oedd y tŷ dros y ffordd yn magu ffesants? Atebodd Gryffudd yr ail gwestiwn yn y cadarnhaol ac aeth y ciwretor yn ddisymwth ddiymdroi i archwilio llofft dros y ffordd. Dychwelodd yr un funud â chlamp o gloc gwcw gog dan ei gesail a phwysau yn ei drywsus.

## CYFNEWID PWLPUDAU:

Bydd yr Arwerthwr Daniel Parri yn ein gwasanaethu y Sabath nesa am ddeg a chwech. Ddydd Mercher nesaf bydd y Parch. Pitar Page yn cynnal arwerthiant blynyddol Hendre Ddichell, y morthwyl i ddisgyn yn gysáct am un o'r gloch y prynhawn.

## PYSL PÔS:

Dyma i chi bysl pôs a glywais gan fy nhaid yr hwn oedd Anffyddiwr cywir iawn.

Cwestiwn: Beth yw'r gwahaniaeth rhwng pregethwr sasiwn a thown crïwr?

Ateb: Cloch.

## GWAITH COED:

Gelwais yn y festri y nos Lun o'r blaen i gael golwg ar y dosbarth gwaith coed a gynhelir yno dan gyfarwyddyd Mr. Ben Box. Pleser yw cofnodi fod y dosbarth yn mynd rhagddo'n gampus a gwledd oedd gwylio hen ac ifanc yn mesur a llifio mor gytûn. Mae oed y disgyblion yn amrywio o ddeunaw i bedwar igian.

Dywedodd Mr. Box wrthyf mewn Cymraeg glân gloyw fod dosbarth y Ffoltia yn dangos chwaeth a dychymyg o'r tu hwnt i'r cyffredin. Y peth a gipiodd fy sylw cyntaf oedd cwt ci semi di-taj biwtiffwl o wneuthuriad Mr. Wilias Rhwydi Mawr. Fe letya hwn gi mawr mawr a chi bychan bach. Mae dau dwll (Gothig) yn ffrynt y cigwt, y twll mawr i'r ci mawr fynd i'r tŷ, a'r twll bach i'r ci bychan ddod allan. Hir oes a phob hapusrwydd yw dymuniad yr ardal i Gymro a Bwl yn eu cartref newydd.

Bu Gryffudd Jôs gynt o Gorsan Ysig Bach ychydig yn fwy uchelgeisiol yn ei gyfraniad ef i gymdeithas wledig. Fel y gweddai i amaethwr wedi ymddeol ehedodd dychymyg Gryffudd yn syth i dop yr ardd, do, fe saernïodd ef ddrws tŷ bach (closat yn Saesneg) gyda'r crandia a hynny mewn ffawydd melyn ogla da, gwledd arall i'r llygad a'r ffroen. Fe wimblodd Gryffudd dri twll at faint hen geiniog yn nhop y drws, nid ydoedd yn siŵr iawn o ddiben y tyllau, ond rhagor onta, tyllu mae pawb.

Daeth yr hen fyharen honno i'm meddwl droeon wrth gerdded rhwng y meinciau, "Mi wnei beth o beth, wnei di ddim o ddim". Mae Robat mab fenga Miss Ffani Whil o'r garfan gyntaf newydd orffen ffliwt sol-ffa soniarus mewn pren ysgaw.

Fedra i lai nag ategu geiriau'r Pysalmydd "Llaw y diwyd a gyfoethoga".

## LLONGYFARCH:

Llongyfarchion canolog iawn i Vincent Tomos, A.S., unig fab Mr. a Mrs. C. Tomos, Grosars and Drapers, ar gael ei ethol i'r Senedd gan Gymdeithas yr Iaith Gymraeg yn Abarystwyth y dydd Sadwrn o'r blaen. Fel y mae'n wybyddus i bawb mae Vincent yn nai i'r Brigadigwr T. Stowt Tomos, A.S., yr hwn a enillodd sedd Burton on

Trend i'w chadw i'r Annibynwyr (Gweler Hansad 29.2.31) ac fu'n cynrychioli Burton on Trend mor effeithiol yn y Senedd drwy gydol blynyddoedd y dirwasgiad. Diau y bydd cofio'r Stowt yn profi'n ffens garw i Vincent ym maes politix.

## ADDYSGIADOL:

Hir y cofiwn y nos Fawrth o'r blaen yn y Sgoldy pryd yr adresiwyd tŷ gorlawn gan Mr. Vincent Tomos, A.S. ar "Yr Unfedawrarddeg". Cafwyd ganddo anerchiad a syi at ein senna. "Gan fy mod newydd ddychwelyd o gynhadledd Cymdeithas yr Iaith Gymraeg yn Abarystwyth," ebe Mr. Tomos, "priodol iawn i mi fydd rhoi adroddiad manwl o'r gynhadledd honno i chwi yma yn fy mro enedigol. Nid Cymdeithas yn byw mewn faciwm . . . "

Ni wyddai'r Gorsan Ysig, yr hen ffŵl, beth ydoedd y faciwm a bu raid i'r sgŵl egluro iddo mai thermos fflasg wedi colli'i chorcun yw faciwm.

Aeth Mr. Tomos rhagddo'n eofn heb flewyn ar ei dafod, "Chi Gymry cyhyrog y Ffoltia, rydach chi'n medru stribedu englynion Gwilym Deudraeth, rydach chi'n 'morio canu "Y Bwthyn ar y Bryn" a "Cymru fy ngwlad". Mae'r iaith wedi'ch cynnal chi, ydi, mae hi wedi bod yn swcwr meddwl ac yn gynhaliaeth corff i chi, mae hi wedi bod yn bywns silins an pens i chi. Ga i ofyn faint ydach chi wedi gynnal ar yr iaith sydd wedi'ch cynnal chi cyhyd?"

O'r llawr: "Rydan ni wedi siarad hi."

"Dyletswydd ydi peth felly, nid rhinwedd. Pawb sydd yn berchen set radio neu set deledu godi law," ebe Mr. Tomos. Ni chodwyd yr un llaw. Gofynnodd Mr. Tomos ei gwestiwn drachefn yn Gymraeg y tro hwn, "Faint ohonoch chi sgin weiarles ne delifison yn tŷ?" Saethodd bys modrwy Jên Jôs yn syth i'w thrwyn, allan o bractis yn ddiama, dydi Jên ddim wedi codi llaw dros nac yn erbyn dim ers dyddia syffrajets merchaid. Cododd pawb ei fraich maes o law, pawb ond Gryffudd Jôs, cricmala, bu raid iddo ef fodloni ar roi ei gap gora ar flaen ei ffon a gwneud y gora o'r gwaetha. Fodd bynnag, cytunodd y Sgoldy i beidio talu yr un hadlin beni am drwydded nes cael set deledu unsain Gymraeg ym mhob parlwr yn y Ffoltia. Daliai'r Wilias, Rhwydi Mawr, nad oedd y mater yn aplyied iddo ef gan ei fod ef esys yn dorrwr cyfraith wrth natur. Fel trethdalwr credai ef mai'r Awdurdod Teledu, boed hwnnw Gymraeg neu Saesneg ddylai dalu am gael dod i'r aelwyd.

**HAWL PYSGOTA** oedd pwnc nesa Mr. Tomos a rhaid datgan iddo gael cymeradwyaeth fyddarol. Yn ôl Mr. Tomos rhoddasai'r Gymdeithas gryn bwyslais ar ddileu arwyddion ffyrdd Saesneg yn ddiweddar, "Ond yn awr bwriadwn symud o'r priffyrdd (tair f yn ôl Bodfan a dwy yn ôl Mr. Harri Huws, Bryncir) i'r caeau a'r afonydd". Aeth Mr. Tomos rhagddo – "mae gan bob Cymro hawl anwadadwy i bysgota mewn unrhyw lyn, afon neu esgjiwari sy'n sbring-ddeilliaw o'r afon honno yn ei wlad ei hun, pwy bynnag fo'n berchen ar y dyfroedd hyn".

Ni chlywais ffasiwn Amenio, naddo rioed yn y Ffoltia. Sbiffin Siwprîm oedd barn Wilias Rhwydi Mawr, anerchiad gora glywodd o ers pan siaradodd Lloyd George ar y datgysylltiad. Torrodd y gynulleidfa allan i ganu anthem genedlaethol y Folga Botmyn –

"Mae pysgod mawr anferthol yn y môr, yn y môr.

Mae pysgod mawr anferthol yn y môr."

Dyblwyd a threblwyd y gân.

## BRYSIWCH FENDIO:

Adferiad hwyr a buan yw dymuniad Ffoltia Mawr i Mr. Llew Nobl, Lôn Drol yr hwn sydd orweiddiog ers tro byd yn ysbyty'r Older Hen, Nerpwl. Hen salwch pur dwtsus ddyliwn, mae Mr. Nobl wedi torri lengid yn bôn tra'n cystadlu yng Ngornest Codi Pwysau Glannau Mercy y llynedd. Mr. L.A.G. Strong Jr. o Ddulyn a orfu gyda 4cwt tŵ pownd, ond yr oedd Mr. Nobl yn glos wrth ei gwt gyda 4cwt wan pownd. Dywedodd cyfaill o'r Liverpool Ecob wrthyf ar y teliffon neithiwr fod y Llew yn dal yn fflat yn ei wely ond yn bur joli yn ei bethau. "Hawdd iawn rhoi gormod o bwys arno'i hun te," oedd sylw'r Ecob. Chwara teg i'r Llew ddweda inna. Onid cyfuniad o'r trwm a'r ysgafn yw taith bywyd yn yr hen fyd yma? Mi fasa ma le rhyfadd iawn tasa pawb yn torri lengid yn basa?

## DARTIO:

Aeth tîm dartiau y Ffoltia i gystadlu yng ngornest Dartwyr Cymru i Builth Wales y nos Sadwrn o'r blaen. Yng Ngwesty'r Bwl yno y cynhelid y rasus. Cafwyd gornest ddiddorol ac ysbryd dartio rhagorol. Y tîm lleol a orfu o un mymryn bach. Efallai i dîm y Ffoltia ei chael hi'n anodd anelu oddi cartre gan eu bod hwy wedi arfer dartio at fwrdd crwn, profiad dieithr iawn iddynt oedd anelu at fwrdd sgwâr gyda dart crwn.

## LLAETH:

Da oedd gweld rheolwyr yr ysgol yn ymgynnull yn yr Ysgol Bach nos Fawrth o'r blaen i drafod cwestiwn llaeth y plant. Agorwyd y drafodaeth gan y llywydd, Mr. Owen Elis, Bryn Llefrith, a hynny yn huawdl a gafaelgar fel arfer. Awgrymodd ef mai da o beth fyddai i'r plant gweiniad i gyd gerdded drwy bentrefi a threfi Cymru gan gario yslogan "Mae Maeth mewn Llaeth". Chadal onta "Y Llaeth ydi brecwast amball un o'r petha bach".

Arswydai ef wrth feddwl sut drefn fyddai arno ef oni bai am y llaeth a gafodd ef yn yr ysgol ers talwm. Tra yn anghytuno awgrymodd Mrs. Owen Glasdwr Cynnes mai llaeth efallai oedd yr unig fendith a gafodd Mr. Elis yn yr ysgol. Credai hi (a siarad fel athrawes wedi ymddeol) fod gormod o lawer o sylw yn cael ei roi i fwyd a diod yn ein hysgolion a rhy fychan i syms a'r pethau tragwyddol. "Ymadael yn bymtheg oed â'u boliau yn llawn a'u pennau'n weigion," ebe Mrs. Owen.

Gan ei fod ef yn gryn sglaig ac yn gyn-ffarmwr gallai Gorsan Ysig weld dwy ochor i'r ddadl a hynny'n glir iawn. "Mae'r plant ma wedi slgyio'n arw ers pan maen nhw wedi colli'r llefrith. Pan o'n i yn 'rysgol, mynd â llaeth mewn pisar bach yn syth o'r beudy byddwn i, rhannu llawer hefyd," ebe Gryffudd Jôs. Rhoddodd y Llywydd bregeth lem i Gryffudd am ei hyfdra.

**Wilias Rhwydi Mawr:** Gwelwch ych hun yn colli gwerthu llaeth ydach chi Mr. Llywydd.

**Y Llywydd:** Mae'n iawn i'r plant gael llaeth.

**Rhwydi Mawr:** Siŵr iawn debig.

**Y Llywydd:** Dyma frecwast llawer ohonyn nhw.

**Rhwydi:** Pam?

**Y Llywydd:** Pam be?

**Rhwydi:** Am bod 'u rhieni nhw'n methu codi, wedi bod ar y cwrw noson cynt.

Bu dadlau hir a ffyrnig hyd at oriau mân y bore. "Gawn ni roi'r mater i bleidlais gyfeillion?" ebe'r Llywydd. "Mae hi bron yn amser godriad y bore."

Bu peth trafod pellach, cytunai pawb bod llaeth y bore yn ffens garw i blant ar eu prifiant. Rhybuddiodd Mr. C. Tomos nad oedd fiw mynd yn groes i ddymuniad y Llywodraeth a chytunai pawb. Gofynnodd y Llywydd i Miss Ifas y brifathrawes faint oedd yn arfer cymryd y llaeth.

**Miss Ifas:** Mae gin i un yn cymryd llefrith a naw ar hugain yn cymryd oren jiws.

Ymddiswyddodd y Llywydd.

## PROFEDIGAETH:

Mae'r dyfodol yn ansicr iawn i ni gyd yn tydiw? Does fawr er pan o'n i'n llongyfarch Mrs. Roberts WaveLength ar fod y gyntaf i werthu ei set deledu ddu a gwyn a phwrcasu set goch gwyn a glas. Doeddwn i fawr feddwl fod dydd trallod mor agos i Mrs. Roberts.

Ma nhw'n deud i mi fod Llarbadaors yn gŵn call iawn, ella reit hawdd, pan gyll y call fe gyll ymhell ydi hi reit amal. Ymddengys fod Rhwysg, ci Llarbadôr coch Mrs. Roberts yn eistedd yn 'i gadair wellt a Mrs. Roberts ar ei lin yn tendio y rhaglen newydd Cŵn Annwn. Popeth yn iawn, y ddau'n mwynhau'r sioe yn arw, ond o'r bliw megis fe ymddangosodd Llarbadôr coch yr un ffunud â Rhwysg ar y sgrîn. Derbyniodd Rhwysg hwn hefyd yn ei sdryid, gwenwyd a nodiwyd o boptu. Yn ddisymwth heb rybudd yn y byd cododd gwrychyn y Llarbador llun ac fe chwyrnodd yn aruthr. Rhuthrodd Rhwysg o'i gadair gan daflu Mrs. Roberts gryn ddwy lath i'r aelwyd yn ei hoed a malu sgrîn twenti ffôr yn y fargen.

Deallwn fod Mrs. Roberts yn graddol fendio yn ysbyty'r Si an En ym Mangor ond dal i ddioddef sioc yn nhŷ'r ffariar mae

Rhwysg. "Chwith iawn ei weld" ebe Fanish, gast Becani 5 Tai Cyngor "mae blew ei ddau lygad wedi deifio i gyd."

Mae Mr. C. Tomos yn ceisio cael iawn i Mrs. Roberts gan yr awdurdod teledu ond ofnir mai gobaith gwan y sydd o'r cyfeiriad hwn. Ymddengys nad oedd y chwrnu ar y sgript. Gan hynny y ci ei hun sydd yng gyfrifol am yn anfadwaith. "Nid ydym ni yn gyfrifol am ad libio" ebe gŵr y teledu wrth Mr. C. Tomos.

## CATHOD:

Yn ôl popeth a glywaf gwaethygu ac nid gwella yw hanes yr ystorm yn Rhestdai Welington. Ymddengys fod y trigolion yn dal i gael eu poeni gan gathod drwg yn oriau mân y bore. Ebe un penteulu wrthyf dros y cownter bore ddoe "Colli **cysgu** roeddan i'r wythnos dwaetha, colli **mynadd** rydan ni yr wsnas yma." Y gred gyffredin yw mai Tomos Preis, cath wrw Miss Ffani Whil, a ddechreuodd yr helynt, a waeth heb na chelu, fuo Ffani rioed yn un selog am fwydo'r gath, thâl taflu sgylffs now and dden un dim i gathod, yn enwedig i gathod gyrfon canol oed, maen nhw angan pryd bach blasus a hynny'n amal, e.e. Mae Tibi cath Mrs. C. Tomos yn cael cynffon hadog melyn dair gwaith y dydd a thun Catamît bob Sul prygethwr a mae hi'n gartrefol iawn, chlywis i rioed iddi hi dorri dros y tresi.

Gwneud twrw mawr wrth jwlffa yn y biniau mae'r cryduriad gwirion fel rydach chi wedi esus gasglu, a does dim gwell am ddeffro dyn na chaead haearn yn disgyn ar lechi gleision yn nhawelwch yr oriau mân. Snachu mae trigolion Welington fod y Cyngor Plwyf a'r Cyngor Tref yn ddihitio braidd o'r broblem. Pan euthum i at Mr. Bobi Bachog y syrfeor i eiriol ar ran Rhesdai Welington fe'm sicrhawyd ei fod ef a'i Gyngor yn gwneud eu "hympmost hwy" i ddatrys y broblem. Credai'r syrfeor y trechid y cathod yn fuan iawn ond i'r Welingtons gydymddwyn. "Mewn undeb y mae nerth," ebe Bachog. Deallaf i'r Cyngor awgrymu i'r tenantiaid daro'r biniau yn y tŷ, ond rhai yn unig a fanteisiodd ar yr awgrym. Yna, fe roddwyd sach plastig wedi ei gynllunio yn un swydd ar gyfer sbwriel i hongian wrth ddrws cefn pob tŷ yn y rhes yn ddiwahân a theg dweud i'r plan newydd hwn setlo'r sŵn dros dro.

Ers tro byd bellach gwaethygu mae'r sefyllfa, ymddengys i gryn fflyd o gathod gyrfon benderfynu tynnu'r winedd o'r blew a rhwygo'r plastig yn ddidrugaredd gan adael hanner eu hysbail ar y palmentydd. Deallwn fod y mwyafrif o drigolion Welington wedi dychwelyd at finiau haearn ers tair wythnos bellach.

## YN YNADLYS:

Yn Ynadlys y dref ddydd Mercher â'r Mri. Cyfrwys a Cyfrwys, cyf. yn gweithredu ar ran yr heddlu, cyhuddwyd Mr. Huw Pigog Parri o saethu cath fyw yn farw gelan gyda gwn dau faril drwy ffenestr atic am ddau o'r gloch y bore y Gwener cyf. Erfyniodd Parri am gael yr achos yn Gymraeg. Gwrthodwyd ei gais ond cytunodd y Clerc i gyfieithu brawddeg am frawddeg ar y tro am y tro. Dywedodd swyddog o'r SPCK ei fod ef yn ystyried gweithred Parri yn un greulon tu hwnt. "Mae prawf pendant i Parri ollwng y ddau faril i chwarter ôl y cat."

**Parri:** Sut ydach chi'n medru deud ar gath wrw?

**Cyf.:** How do you tom tell it?

**SPCK:** Gwelais â'm llygad fy hun ddau dwll yn nhu ôl y cat.

**Cyf.:** I saw two eyes in the catbac with my own two holes.

**Parri:** Tyngaf fod un twll yn fy nghath pan anwyd o. Yr oedd un twll yn fy nghath i.

**Cyf.:** When it was born, there's a hole in my cat, ther's a hole in my cat.

**Barnwr:** (Mewn Saesneg trist.) Sut medrech chi saethu eich unig gath mewn gwaed oer? Bîts mi.

**Parri:** Tybiwn ar y pryd mai cath Ffani Whîl ydoedd.

**Cyf.:** I thoted at the time it was a Catherine Wheel.

**Barnwr:** (Mewn Saesneg hyll.) Ond nid oedd galw am saethu cath dramor ychwaith.

**Parri:** Oedd Syr.

**Cyf.:** Resyr.

**Barnwr:** (Mewn Saesneg aflan.) Ni allaf wneud na rhych na rhoch ohonoch chwi Parri.

**Cyf.:** (Sydd Gymro glân gloyw.) I can't make you foot nor fart Parri.

Galwyd ar Miss Ffani Whîl, hebryngwyd hi i'r bocs ym mraich Llew Lludw. Gofynnodd Ffani am gael rhoi ei thystiolaeth yn Saesneg. Mae ganddi hi fwy o ieithoedd nag o gathod. Caniatawyd ei chais gan ei bod yn hanu o hen deulu enwog Dic Aberdaron. Ysywaeth, ni chafodd Ffani roi tystiolaeth yn byd, aeth ei fêl ddu yn sownd yn ei dannedd blaen drwy amryfusedd ac fe ffromodd y Barnwr. Gohiriwyd yr achos am dair wsnos a chath frech ac neu/nes/os y byddai'r Barnwr yn cael ei gefn ato. O dderbyn y newydd da cododd Wythawd Welington ar ffrynt y galeri cyhoeddus a chanwyd Cath Modryb Elin gydag arddeliad ar yr alaw Gymreig Cwynfan Prydain.

## GADAEL ALLAN:

Drwg iawn gennym adael enw Mr. Llew Davies Y Lludw allan o restr enwau y rhai oedd yn yfed ar ôl amser cau yn y Cross Pyips nos Lun Diolchgarwch. Hir oes a iechyd da yw ein dymuniad iddo yntau.

## Y FARCHNAD GYFFREDIN:

Dyma ni yn y Coman Marcet ers dros wsnos a mae pawb bellach wedi cael cyfle i ofyn prun ta gwell ai gwaith ydi hi arnom ni mewn lle o'r fath. Tydw i ddim yn honni bod yn arbenigwr ar betha fel'ma ond mi wn un briwsin bach am Farchnad Felys Pwllheli, a mae hynny'n help mawr i mi gynefino efo'r Coman.

Od iawn, Musus C. Tomos a finna'n sylwi wrth falansio nos Sadwrn ein bod ni i fyny deirpunt a deg ceiniog newydd sbon ar yr wsnos dwaetha, a chredwn un ac oll mai'r Coman sydd gyfrifol am yr adfywiad sydyn hwn, e.e. rydan ni i fyny gant y cant ar nionod mawr, Ysig Bach yn prynu pedwar yn lle dau ar ei ffordd i'r Seiat nos Ddifia. Rhagor onta, "mi fydd mwy o guro amdanyn nhw rŵan a ninna yn tradio mewn clwt mor fawr."

Pwynt bach arall, byddwch ofalus o'ch celyn coch, Parri Presyrfesion yn deud wrtha i yn y Rotari neithiwr y bydd y celyn

*Ysywaeth, ni chafodd Ffani roi tystiolaeth yn byd, aeth ei fêl ddu yn sownd yn ei dannedd blaen drwy amryfusedd ac fe ffromodd y Barnwr.*

pigog cocha yn ddrud fel pupur leni a hynny am fod adar pob Coman Marcet mwy tueddol o fyw drw'i gilydd, byw trwadd a thro, h.y. hyd yma amball i Walchan Ddu Gymreig ydan ni wedi weld yn pigo ond leni (rhagor Parri) mi fydd yma adar diarth wrth y dwsina yn pigo'r berings oddar y coed, y Kiwi o Japan a'r Estrij o Owstrelia a rheina i gyd. Mae Blacin Sgidia Duon yn o debyg o fynd yn brin hefyd, mwy o draed mwy o alw, wrth reswm pawb.

Na wir, fedra i lai na drogan Dolig drud iawn leni, meddwl am deuluoedd efo chwech a saith o blant rydw i, mi fydd yn anodd i lawar iawn 'i chyrraedd hi leni.

Nid mod i'n pwyso, ond mae gin i Grysmas Clwb Dolig gyda'r gora ddalia i. Mae Miss Ffani Whîl wedi manteisio yn gynnar trwy roi deg niw ceiniog i mewn a mynd â beic tsiopar gwerth igian punt allan. Os bydd Ffani byw a minna'n iach caf weld y deuswllt olaf ar y cownter cyn troad y ganrif.

## BARA GOFIDIA:

Cas calon gennyf orfod cofnodi'r hanesyn hwn sy'n ymwneud, gwaetha'r modd, â'r becws lleol Toroc Becaris. Fy mraint a'm dyletswydd i yw datgan yn groyw i mi ddelio gyda'r Becws hwn am gryn ugain mlynedd ac ni chefais i gymaint â thintac erioed mewn na thorth na theisen. Ymddengys i Mrs. Owen, Hendre Hirlwm, droi mewn i'r becws y dydd Sadwrn o'r blaen a phwrcasu torth frith at de y gweinidog trannoeth. Bwytaodd Mrs. Owen slisen o'r dorth a mwynhaodd y gweinidog ei sleisen yntau, "Torth hyfryd iawn," ac fe apeliodd ef am ail sleisen. Ni wn a fu iddo gymryd brathiad gorawyddus, teimlodd ei ddant cil yn codi angor a rhywbeth cletach a mwy na chyrensen yn glynu yng nghorn ei wddf hanner y ffordd rhwng ei ddau donsyl. Fe notisiodd Mrs. Owen mewn munud nas gallai ei gweinidog gau ei safn, sylwodd ymhellach fod coch ei fochau'n graddol dduo. Fel yr oedd y du'n troi'n biws teimlai Mrs. Owen mai cymwynas â'r gweinidog fyddai ceisio cymorth cyntaf un.

Rhuthrodd i'r cefn i weiddi 'Help' a daeth ei chymydog trwy'r trelys yn ebrwydd iawn, mae ef yn jiwlio efo Samiewls of Caer. Yn y cyfamser yr oedd y gweinidog yn dolennu dan y bwrdd mehogani. Sythwyd ef ar y soffa yn ddiymdroi gan Samiwels ac erchodd gannwyll i gael gweld yn glir. Canfu Samiwels glap du yng ngwddf y gweinidog, ni chomitiodd ei hun i ddatgan beth ydoedd natur y clap, yn hytrach fe dynnodd dwyisyrs arian pur o boced ei wasgod Ffêr Yil a bwrw iddi i geisio tynnu'r clap i olau Sul, ond trwy amryfusedd fe fynnodd y clap fynd i lawr yn lle dod i fyny.

Hysbyswyd ni yn ddiweddarach gan swyddog o'r Madryn Stiwdios mai pywlten ddur fodfedd o hyd oedd y clap. Deallwn na ddygir achos yn erbyn Toroc gan mai ffyrm J. Loffar o Nerpwl a wnaeth y dorth. Mae'r gweinidog wedi gwella'n rhyfeddol a gallaf dystio ei fod yn pregethu'n well nag erioed.

## TROI CLOC:

Daeth gwŷr y teledu i'r Ffoltia ddydd Sadwrn mewn un fan fawr a dau foto bach i gael barn y trigolion ar fater troi yr awr. Mr. C. Tomos oedd y cyntaf i fynegi ei farn a siaradodd ef yn ddoeth iawn gan olrhain amser yn ôl i'w ddechreuad, i'r funud dyngedfennol honno yn Grinwij yn oes yr arth a'r blaidd ers talwm.

Am bum munud union i dri ymadawodd gwŷr y camerâu i gymryd llais y Cross Pyips. Cafwyd cytundeb llwyr yn fan honno, cymedrolwr a meddwyn yn selog iawn dros droi y cloc awr yn ôl. Awgrymodd Rhwydi Mawr mai da o beth fyddai troi dwy awr yn ôl, hynny ar yr amod y caniateid troi rhwng amser agor ac amser cau. Eiliwyd ef yn fyr ac i bwrpas gan y tafarnwr.

Cafodd y dynion diarth noson i'w chofio ar aelwyd Gryffudd Jôs gynt o'r Gorsan Ysig Bach. Daliwyd Gryffudd yn yr act o droi bysedd y cloc mawr. Fe styrbiodd yr hen wron braidd wrth weld ffasiwn fflyd yn gwneud cyn lleied ac fe drodd awr a phum munud. O ganfod ei fod yn rhoi y fath foddhad i'w gynulleidfa fe drodd y bysedd yn ôl un awr ar ddeg arall fel difi dend. Teimlwn wrth edrych ar y rhaglen nos Lun fod taro a warnio cyson y cloc mawr yn gefndir rhagorol i sgwrs Gryffudd Jôs.

Pan ofynnwyd ei farn ar droi yr awr dywedodd Gryffudd na phoenai ef ryw lawer, ei arfer ef yw troi ei wats awr yn ôl a throi y cloc mawr awr ymlaen gan glwydo efo'r wats a chodi efo'r cloc mawr. Ychwanegodd Gryffudd Jôs "Tasa'r awdurdodau'n derbyn fy mhlan i, mi fasa'n hwyluso petha i bawb yn basa?"

Wn i ddim prun ai "Diffyg ar eich set chwi" ni oedd y drwg, trueni i ni golli llun Preis plismon o'i ysgwyddau i fyny. Rhaid dweud fod ganddo ddigon o lais ond braidd yn gymhleth oedd ei ddadl dros beidio â mela efo Trefn Rhagluniaeth. Daliai Preis ei fod ef yn cael cam gan fod ganddo ef wats hynter sydd yn dangos y dydd o'r mis yn ogystal â'r gloch. "Os dalian nhw i droi'n ôl," ebe Preis, "mi fydd yn fis Mai '69 arna i rhag blaen." Awgrymodd y gŵr ifanc mai da o beth i Preis fyddai ceisio Almanac Caergybi.

## Y DABLIW AI A'R WAWR:

Daeth cynrychiolaeth gref o hen ac ifanc ynghyd i gomiti blynyddol y Dabliw Ai yn y festri y nos Fercher o'r blaen. Mae tuedd ymysg merched ifanc y Ffoltia yn ddiweddar i osio mwy at Ferched y Wawr ac yn wir daeth y duedd hon i'r amlwg nos Fercher er mawr ofid i Musus C. Tomos, Llywydd.

Mae Musus C. Tomos y dyddiau rhain yn ei chongol yn sipian Sanatojen Wyin er sadio ei nerfau.

Mae'r Dabliw Ai yn arw rioed am basio fôt o sympathi efo hwn a'r llall yn eu hamrywiol drallod, ma nhw'n dda iawn fela. Gyda bod y comiti wedi eistedd gofynnodd Musus C. Tomos i bawb godi am ddau funud i gofio Fflyi, gast becani Mrs. Price, The Cenals, a ddisyrtiodd y fuchedd hon Noson Gei Wyllt y 5ed o Dachwedd, 71.

Tebyg ydi basa pawb wedi codi reit ufudd bai i Miss Ffani Whîl ddechrau tantro. Rhagor hithau, doedd y Dabliw fawr gydymdeimlo â hi pan gollodd hi Don y Ritrifer ym mlwyddyn y Batl o Briten a thasa rwbath am hynny, welodd hi ddim ond lliw tinna'r Dabliw Ai pan aeth cynffon Tenysi dan olwyn ôl lori sment.

Dyma Ffani yn cynnig yn 'i hyll fela bod nhw fel comiti yn sefydlu brigin o Ferched y Wawr rhag blaen a'u bod nhw yn mynd am Swper Cinio Dolig i Bryn Bedol yn lle y Roial Sportman.

"Wan at e tw," ebe Musus C. Tomos mewn munud. Cyn i Musus C. Tomos ymhelaethu cododd Miss Baron, The Syidars, i alw Miss

Ffani i gyfri am ei hyfdra a'i diffyg chwaeth. Yna, cododd Hana, Hirlwm Hen, i eilio Ffani a dywedodd hi ei bod wedi hen laru ar Jeriw Salem.

**Gweddw'r Sgŵl:** Pam dragio Jerusalem i'r jeli?

**Hana:** Cyfeirio rydw i at gân Wiliam Bloor. "Till we have built Jerusalem in England's Green and presant land".

**Gweddw'r Sgŵl:** William Blake.

Rhagwelai Musus C. Tomos fod pethau'n mynd allan o drefn a chanodd ei chloch bach droeon.

"Gwelaf," ebe Musus Tomos, "fod carfan fechan o trybl mecars yn ein plith . . . "

Er mawr syndod i Musus Tomos gofynnodd Mrs. Pitar Page, gwraig ein gweinidog, am hawl i ddweud gair. Rhaid mynegi iddi hi siarad yn bwyllog a doeth tu hwnt. Peth naturiol hollol i ardal wledig fel y Ffoltia yw cymryd agwedd Gymreig tuag at bopeth, yn ôl Mrs. Page.

"Dyna ein braint a'n dyletswydd." Aeth rhagddi (yn gyfrwys iawn) i atgoffa'r chwiorydd o araith danbaid Vincent, mab Mrs. C. Tomos, yn y sgoldy ychydig wythnosau'n ôl. Dywedodd iddi hi a'r gŵr fod yn yr Wyddgrug am wythnos yn gwrando ar achos pobl ifanc debig iawn i Vincent yn cael . . .

**Gweddw'r Sgŵl:** Politics.

**Mrs. Page:** Ella reit hawdd, does gynnon ni ddim dewis mwyach, rhaid i ni fwrw i'r frwydr, brwydr y Cymry am gyfiawnder i'w iaith a'u dull o fyw. Ni yma ydi'r bobol ddylai frwydro. Mae'r bobol ifanc sy'n wynebu carchar heddiw wedi rhoi dipin mwy i Gymru na ma nhw wedi dderbyn, a'n bai ni, chi a fi, ydi bod nhw wedi derbyn cyn lleied, rydan ni wedi gor gynefino yng nghanol bendithion bro braf Gymreig a diolch amdani hi. Gawn ni ddeffro . . . ?

**Ffani Whîl:** Cawn myn diawl Mrs. Page.

Teimlodd Mrs. Page y Wawr yn torri drwy'r comiti a gwelodd Mrs. C. Tomos ful bach pinc yn strancio drwy'r ffenest liw. Fodd bynnag, magodd Mrs. C. Tomos blwc i ofyn i'r Dabliw Ai ymgynnull yn y sêt fawr: "Ac os oes rhai ohonoch yn selog am sefydlu cangen o Ferched y Wawr, wnewch chi ddangos hynny drwy esgyn i'r pwlpud," ebe Mrs. Tomos.

Dwy yn unig a fentrodd i'r sêt fawr. Yr oedd y pwplud yn orlawn, bu raid i Ffani fodloni ar grafangio gama led ar ganllaw'r grisiau. Torrodd y fintai allan i ganu "Rwy'n gweld, rwy'n gweld y dydd".

Ni chlywodd y pwlpud hwn gystal canu ers dyddiau'r Parchedig Defi Jôs, Lerpwl.

## GWLEDD:

Pur anaml y bydd siopwr yn cael cyfle i wylio'r set deledu. Cafodd Mr. C. Tomos gip ar y Dydd y nos Lun o'r blaen a hynny drwy Drefn Rhagluniaeth. Mae'n arfer gan Mr. Tomos gadw'r macaroni yn y parlwr mewn lle cynnes gan fod macaroni yn tueddu i fynd yn soeglyd o'i gadw mewn man tamplyd.

Yr oedd y set yn mynd ffwl pelt, Mrs. Tomos yn ei chael yn help i ddifa'i sorod. Cafodd Mr. Tomos gip ar un o wŷr Harlech yn sgwrsio hefo un o wŷr amlwg y BBC. "Uno'r enwadau," ebe Mr. Tomos, a safodd yn stond â'i facaroni yn ei gesail, sefyll i edmygu a rhyfeddu. Gofynnodd y gŵr ifanc am farn ynglŷn â chael Sianel Gymraeg.

Os iawn y catchiodd y siopwr daliai'r siaradwr mai gwell na Sianel fyddai cyfieithu, rhoddodd ddwy enghraifft glasurol tu hwnt i egluro'i safbwynt. Gellid dangos llun Coronesion Stryd yn Saesneg a rhoi'r siarad yn Gymraeg. Ymhellach, ni welai ef unrhyw rwystr i ddangos Twm a Jeri Bach yn yr un modd.

Llawer o ddiolch i'r gŵr da hwn am fynegi gwelediad clir a dychymyg effro. Teg iawn yn gelfyddydol a gwleidyddol yw barn Mr. C. Tomos. Daw heddwch i deyrnasu unwaith eto. Siawns na fodlonir pob cacwn o Gymro a dramodydd o Sais. Diolch am ddynion sy'n adnabod Cymru a'i hadnabod hi'n dda yn y dyddiau cythryblus rhain.

Biwtiffwl odiaeth.

# TORRI GWALLTIAU:

Rydan ni, y rhai sy'n ei adnabod yn dda, wedi hen ddal sylw na tydi Gryffudd Jôs, gynt o'r Gorsan Ysig Bach, ddim wedi cartrefu yn y bynglo. Fedar yr hen frawd annwyl ddim bod funud yn llonydd. Os nag ydi o yn barbio gwrychoedd gwragedd gweddwon mae o'n gwadnu sgidia tlodion ac os nad ydi o'n gwadnu sgidia tlodion mae o'n saethu ffesantod cyfoethogion a fela fela o hyd.

Llanwyd pob bron yn y Ffoltia â llawenydd o ddeall fod yr Ysig o'r diwedd wedi ymsefydlu mewn busnes. Busnes Barbwr (Barbiwr, yn ôl Rhwydi Mawr). Dechrau ddydd Llun, ef wedi torri wyth o bennau esys gan gynnwys tri o blant Ffani Whil o'r garfan gyntaf (cryduriaid gwirion hyd y lle ma fel cnau coconet nes heliodd Dynas Diogelu Harddwch nhw i tŷ). Mae Gryffudd wedi rhoi sesn ticad rhad i Ffani ar yr amod 'i fod o yn cael torri'r plant i gyd yn ddiwahân.

Y Wilias Rhwydi Mawr oedd y cyntaf i'r lladdfa. Deallaf i ffrwgwd fagu rhwng Gryffudd a'r Wilias tua hanner y wana gyntaf. "Y Wilias yn cau bod llonydd," yn ôl Gryffudd. "Gwreichion coch o'i hen biball o'n mynd rhwng nghrys â nghroen i" yn ôl y Wilias. Fodd bynnag, llwyddodd y Wilias i lusgo i'r lôn yn benisel ymhen hanner awr â'i gap dros ei glustiau.

Teimlai y Parch. Pitar Page y dylai yntau gefnogi Gryffudd Jôs a sicrhawyd ef gan y Wilias na fyddai ef yr un dyn ar ôl ymweld â'r Barbiwr newydd. Cafodd y gweinidog dendars arbennig iawn gan Gryffudd, cael darllen y Traethodydd a'r Drysorfa Fawr tra bu'r barbwr yn hogi.

Am drum y gofynnodd Mr. Page, ond rhywfodd dan ddwylo medrus ac awyddus Gryffudd aeth y trum yn dorri yng nghroen baw. Gŵr tawel ac addfwyn yw Mr. Page, talodd ei ddeg ceiniog newydd i Gryffudd gan ddweud "Siort Ora" a sleifiodd adre gyda'r cloddiau yn syth i'w wely.

Bu'r torri gwallt yn foddion i Mr. Page dorri pob cyhoeddiad am dair wythnos, ef bellach yn swil o ymddangos ymysg pobol.

## GYRFA CHWIST:

Cynhaliwyd gyrfa chwist yn y Sgoldy nos Lun er budd cronfa'r Goes Goch pryd y gweithredwyd fel MG gan y Wilias, Rhwydi Mawr, yr hwn a gadwodd lygad barcud ar bethau. Gan nad ydyw Mr. C. Tomos yn sgit am chwist mwynhaodd ef ei hun yn hamddena o amgylch y byrddau.

Ni chafodd Gryffudd Jôs, Ysig Bach, hwyl rhy dda, ef mwy cyfarwydd â snap. Dal y cardiau yn ei law oedd problem Gryffudd. Fodd bynnag, llwyddodd i symud un bwrdd erbyn amser y te sgonsan. Dyfarnwyd y gwobrau fel a ganlyn: Dynion – Llyfr Tonnau – Mr. Piwis Parri, Cross Pyips. Merched: Manicwinyr Set – Miss Ffani Whil, Tai Cyngor. Bwbach: Potel nionod picl – Gryffudd Jôs gynt o'r Gorsan Ysig Bach. Talwyd y diolchiadau ar ran y Goes Goch gan y Doctori Eli Brown o Ysbyty'r Older Hen ac eiliwyd ef gan Sister Diwyd Davies o'r Si an En. Diolchwyd i bawb am roddi eu presenoldeb gan y Wilias, Rhwydi Mawr, yr hwn a fynegodd i'r noson fod yn hynod o amserol ac addysgiadol. Rhoddwyd y te hostes gan Mrs. C. Tomos, Grosars and Drapers. Mawr yw dyled yr ardal iddi hithau.

## INTYRFFYIRANS:

Ni ffrofodd trigolion y Ffoltia deledu clir iawn un amser . . . trafod cyflwr y llun rydw i wrth reswm pawb, llun llwyd ydan ni'n gael ar y gora, hynny am ein bod ni yn byw ar dir mor uchel. Ymddengys ein bod ni yma ar dir uwch na'r tonnau. "Riding the waves" yw'r term technegol yn ôl injianiar o'r MANWEP a dyn y Metro Loj. Trist iawn.

Aeth pethau o ddrwg i waeth yr wsnos ddwaetha, fedar yr un gopa ohonom gael Coronesion. Od iawn, y munud mae Musus Shrapnels yn ymddangos ar y sgrîn daw mellt a tharanau i'n setiau. Ni allwn weld wyneb Musus Shrapnel, daw dwsinau o linellau a chlytiau gwynion i guddio ei hwyneb. Croes drom iawn.

Trefnwyd pwyllgor ystyried ar frys yn nhŷ Mr. C. Tomos. Pasiwyd yn unfrydol (ar gynnig Miss Ffani Whîl â Rhwydi Mawr yn eilio) i Mr. Tomos fynd ar y teliffon yn dyirec i swyddfa Teledu'r

Annibynwyr. Sicrhawyd ni mai "Diffyg ar eich set chwi" oedd y drwg. Pasiwyd yn unfrydol i droi'n glustfyddar i'r awgrym hwn, go brin (rhagor Rhwydi) bod set pawb yn chwarae prancia ar yr un foment. Ar ôl dwy awr o gyfnewid syniadau technegol a chymdeithasol daeth goleuni o gyfeiriad y gyfraith "Mr. Urddas Jones yr ymgymerwr," ebe'r plismon "mae ganddo ef ddrul letrig, a synnwn i ddim na tydi o'n troi y funud 'ma." Cododd y pwyllgor a cherddodd yn wêc y plismon bob cam i weithdy Urddas Jones.

"Oes gynnoch chi ddrul?" ebe'r plismon.

"Oes," ebe Urddas, "ond chewch chi mo'i fenthyg o nes dowch chi â'r efail bedoli yn ôl i mi."

Archwiliwyd a chafwyd yn gywir y drul gan Weiyr Davies y trydanydd. "Dieuog," ebe Weiyr, "mae'r impresor yn gweithio fel deiol."

Hyfryd yw cael datgan fod y Ffoltia bellach yn medru mwynhau Coronesion yn y modd gora, diolch i weledigaeth Mr. C. Tomos. Penderfynodd Mr. Tomos mai da o beth fyddai iddo fynd i dorri'i wallt. "Ia wir," ebe Mrs. Tomos, "myned mewn pryd ydi ora i chi Diyr er mwyn i chi fod yn daclus at y Dolig."

Fe darodd Tomos reit lwcus, cafodd fynd i'r gadair ar ei union.

"Sut mae busnas Gryffudd Jôs?" ebe Tomos, er mwyn deud rwbath.

"Wedi hybu'r hannar," ebe'r Ysig, "ers pan mae clipar trydan gin i."

Yr oedd y barbwr esys wedi difa un seidar a hannar gwegil Tomos pan gafodd ef (Tomos) ei weledigaeth. Cododd o'r gadair a chipiodd y clipar o law Gryffudd efo'i law chwith a'r plwg o'r pared efo'i law ddehau a rhuthrodd allan i'r stryd fawr â Gryffudd wrth ei sodlau. Rhedodd y ddeuddyn bob cam i'r Grosars and Drepars, ac ni siomwyd Tomos. Dyna lle roedd Mrs. C. Tomos yn mwynhau y Coronesion, rimarciodd hi rhag blaen ei bod yn cael llun biwtiffwl.

Tynnodd Tomos y plwg o din y tecell ac o'r pared gan roi plwg clipar newydd Gryffudd yn ei le. A'r foment honno dychwelodd y demoniaid i'r sgrîn gan rochian a gwichian a rhincian dannedd.

Torri efo siswrn yw hanes Gryffudd Jôs erbyn hyn. Deallwn fod Mr. C. Tomos wedi derbyn llythyr oddi wrth Brif Gwnstabl Defaid Powys yn ei longyfarch, amgaeaf bwt.

"Eich darganfyddiad yn God sent i mi, tybiais mai fandaliaid ifanc oedd yn ymhel â'r mestys. Yr oeddwn eisoes wedi archebu dwy Flac Mareia i fynd â dau ddwsin o hogiau hirben i gopa bryn Nebo. Arbedasoch i mi gryn gythrafl. Mae eich enw i lawr yn y Dwyfol Lyfr Mawr. Yr wyf yn argymell eich bod yn derbyn medal gwrhydri Y Diwc Annwyl of Edinbyrg. Shiti Shit bang bang . . . "

## PENTRE TLYSAF:

Mae hi allan yn arw yma y dyddiau rhain gan fod y Ffoltia yn bwriadu cystadlu am y teitl Pentre Tlysaf. Er mai yn yr Awst nesa y bydd y gystadleuaeth ar dro mae cryn dorchi llewis i'w weld yma ac acw. Mrs. C. Tomos yw y maen sbring yn y cyfeiriad hwn eto, hyhi erbyn hyn wedi difa'i sorod ac yn teimlo'n well o lawer.

Mae hi esys wedi ymweld â'r Tai Cyngor gan genhadu o ddrws i ddrws gyda golwg ar ddiwygio. Rhaid dweud iddi gael eitha croeso drwodd a thro, ond dyna fo, chewch chi mo'r parod heb y piwis decin i ac fe aeth Mrs. Tomos hithau i ddyfroedd dyfnion unwaith neu ddwy.

Ffani Whîl o bawb oedd y fwya sdyborn. Pan awgrymodd Mrs. Tomos fod ei chyrtansiau yn dduon, "Dos o ngolwg i, Ethiop" dyna gafodd hi. Aeth Ffani ymlaen i ddweud mai cyrtansiau duon oedd y cyrtansiau ar erioed, wedi eu rhoi i fyny pan aeth ei Nain i lawr. Dydi Ffani ddim mor ddrwg pan mae hi ar ei phen ei hun ond mae hi'n annioddefol pan mae Llew Lludw yn ei phromtio ar y soffa.

Mewn baw mae hel arian, yn ôl Llew.

Bu'r Wilias, Rhwydi Mawr, hefyd braidd yn siort efo Mrs. Tomos. Gwylltio yn gudyll a wnaeth ef pan ofynnodd Mrs. Tomos iddo gadw'r milgwn yn tŷ. "Cerwch adra i beintio drws ych siop," mi faswn i'n disgwyl gwell petha gan ddyn fel y Wilias. Mi fasa Mrs. Tomos wedi licio gofyn i'r Wilias symud cwt y cŵn o'r ffrynt a'i roi o o'r golwg yn y cefn ond mae hi mor hawdd pechu.

Mae Gryffudd Jôs gynt o'r Gorsan Ysig Bach yn dra awyddus i

*Mi fasa Mrs. Tomos wedi licio gofyn i'r Wilias symud cwt y cŵn o'r ffrynt a'i roi o o'r golwg yn y cefn ond mae hi mor hawdd pechu.*

helpu, ef esys wedi mosod ar y cefn slots a'r gwely riwbob. Ni allaf lai na dotio at gyfraniad Gryffudd i'r ymgyrch – pwll dŵr siâp ŵy yn yr ardd ffrynt a dynion bach gwellt coch yn sefyll yn llonydd rownd i bownd o barch i'n haelodau seneddol. Biwtiffwl.

Syniad buddiol dros ben yw syniad C. Tomos. Addawodd ef geiniog y dunnell am bapurau taffis a phapurau gym bybl i blant yng ngofal eu rhieni – y cynllun yn gweithio tu hwnt i bob disgrifiad, yr hen blant ar 'u pedwar yn amlach na ma nhw ar 'u sefyll.

Mae mwy o bapura nag o daffi yn Grosars and Drapers erbyn hyn. Mae Mr. Tomos reit ulw ffyddiog y bydd y Plag yn eiddo i'r Ffoltia yn yr Awst. Mi fydd fusutors wrth 'u bodda.

## SEILIN:

Mae hi wedi dŵad i'r pen yng nghapel Bethel, y seilin yn cracio. Pasiwyd yn unfrydol i geisio barn arbenigwr seilins ar ein trallod.

Daeth Mr. Tom Tolboi o Seilins Internasional i Fethel nos Fercher i archwilio'r broblem. Dechreuodd ar ei waith rhag blaen gan guro'r seilin yn ysgafn o'r tu mewn efo pensil led.

Penderfynodd Mr. Tolboi gychwyn yn y byd a gweithio'i ffordd yn raddol a gofalus i gyfeiriad y pwlpud. "Fan yma mae'r drwg," ebe Tolboi, "mae'r darn yma uwchben y pwlpud yn dyllau pryfed, yn dryi rot am gwelwch chi."

Dewisodd y Parch. Pitar Page droi'n glustfyddar am foment neu ddwy a sleifiodd i'r festri i ddwys fyfyrio uwchben Oriel y Tadau.

Yn y festri byddwn ninna'n ymgynnull y Saboth nesa. Pasiwyd yng nghyfarfod y swyddogion neithiwr ein bod yn ail seilio uwchben y pwlpud a dwy lath neu dair uwchben y sêt fawr, dest rhag ofn.

## DRAMA:

Diddanwyd cynulleidfa enfawr yn y Sgoldy nos Fawrth gan Gwmni enwog Ffoltia Mawr. Cafodd y cwmni hwyl ysgubol ar ei ddrama gyntaf. Deallwn fod galw mawr am ei wasanaeth ymysg eglwysi gweiniad, hwy bob amser yn dra pharod i lanw bwlch.

Drama dair act yn dwyn y teitl 'A fegir yn uffern' gan D.L. Fflamgoch yw eu dewis eleni. Mae Mr. Fflamgoch yn ddiguro am ddramâu uffernol. Yr oedd y sinaris hwythau yn dangos cryn chwaeth, hyfryd a chalonogol yw gweld cwmni gwledig yn arbrofi yn y maes hwn.

Effeithiol iawn oedd y ffwt lyit coch i gynrychioli'r uffern a'r ffwt lyit pêl blŵ i gynrychioli'r nefoedd.

Cafodd yr actorion hwyl ysgubol ar eu hamrywiol rannau. Edward, mab hynaf Rhwydi Mawr, oedd yn chwara'r Diawl a Miss Ffani Whîl yn chwara'r wraig. Rhyngddynt rhoddasant i ni berfformiad a erys yn y cof am lawer blwyddyn sydd i ddod.

Y Doctor Esgyrn a gadeiriai, gwnaeth yntau ei waith yn ganmoladwy iawn – gini. Rhoddodd i ni anerchiad maith a buddiol. Cyffelybodd ef y ddrama i Per Gwynt gan Mr. H. Ibsen.

Rhedeg ar ôl troliau oedd pethau Mr. Ibsen yn ôl y Doctor (hyn cyn bod motos mi debygaf). "Pa lesâd i ddyn os ennill efe ei enaid a cholli'r holl fyd" yw moeswers. "A fegir yn uffern," ebe'r Doctor. A dyna, fel y llefara yr Ibsen ifanc yr adnod hefyd.

Bu ei sylwadau yn help nid bychan i alluogi cynulleidfa anaeddfed i amgyffred y drydedd a'r olaf act.

Cynlluniwyd y sinaris o'i ben a'i bastwn ei hun gan Derwenydd Ifans, ein saer lleol, pob credyd iddo yntau. Rhoddwyd y glo anthrasyit a'r ddau glo clap ar gyfer yr Uffern gan Parris Eiormongars a'r Candi Fflos ar gyfer Nefoedd gan C. Tomos.

Gwnaed elw o dair punt ar ddeg a phum ceiniog newydd. Deallwn fod yr elw'n mynd at dreuliau'r cwmni yr hwn sy'n bwriadu ciniawa yng ngwesty Bryn Bedol tua'r Nadolig.

## NOFEL NEWYDD:

Llongyfarchion canolog iawn i'r Athro Robert Ffolt Tomos ar ei lyfr *Byw yn y Wlad*. Mab hynaf Mr. a Musus Tomos Cwm Cambrian yw Mr. Ffolt Tomos, ef wedi gwneud yn dda iawn ym myd addysg trwy ennill iddo'i hun y swydd o athro ffiseg yng ngholej Rhydychen, ei dad ef a'm tad innau (pan oedd o) yn gefndryd trwy briodas.

Fel yr ydach chi wedi esys gasglu, llyfr am y Ffoltia Mawr yw llyfr Mr. Tomos. Rhydd bennod gyfan i drafod busnes T. Tomos, Grosars and Drapers.

Y T. Tomos hwn ydoedd Taid y C. Tomos presennol. Mae'r llyfr yn dweud i T. Tomos ymbriodi â merch ifanc olygus ac ariannog iawn, un Lleifi Jones o Nerpwl (yr un Jonsus â Jonsus y te). Y Lleifi Jones olygus hon oedd nain C. Tomos. Gŵr caredig a buddiol iawn mewn cymdeithas ydoedd T. Tomos a hynod driw. "Cadw burum am fisoedd er ei fod yn gwybod ar gora fod pawb yn prynu bara siop" – tud.269.

Credaf i mi ddod o hyd i ddau gamgymeriad bychan ar dudalen 276. Yn lle " . . . gwenai y siopwr wrth hel ein ceiniogau prin i'r brôn" darllener " . . . i'r drôr". Yn lle "T. Tomos oedd y cyntaf mewn hanes i werthu te senadd i Tom Elsi" darllener "te senna i Tom Elis".

Llyfr sy'n gredyd i wasg Blac and Sbot, dyna farn C. Tomos.

## CARDIAU:

"Mae pob peth ond niwl a barrig yn codi yn lle 'ma," dyna dystiolaeth yr Wilias Rhwydi Mawr. Cytunaf â'r Wilias am y tro, Musus Tomos yn prynu deg Robin Goch, h.y. deg cerdyn Dolig Robin Goch yn y dre rwsnos dwaetha ac yn rhoi hanner can ceiniog newydd ar y cownter i dalu a'r hogan cardia a hithau yn sefyll a rhythu ar 'i gilydd am hir fel dwy ddyn eira, y naill yn aros am weddill ei thâl a'r llall yn aros am ei newid.

Ydynt, mae cardiau Ymdolig yn costio ten niw pens yr un a thair arall am bostaij. "Boddyr," ebe Musus Tomos, "rhatach deirgwaith yw i mi roi Compliments of ddy Sesn ar sgrîn fawr y tocis" a felly fuwyd leni, handi gynddeiriog. Ymdolig rhata gawsom ni ers tro byd, mae pob lle i gredu y bydd Brwc Bond Te a Senna Pods yn talu am yr hysbyseb ar y cyd.

Mynegodd Musus C. Tomos ei bwriad i'r Wilias, "Sêm Fferi Ann i chi neud campia fela," ebe'r Wilias, "ond does gin i un dim i'w adfarteisio." Mae Musus Tomos yn hirben iawn ar drothwy'r Ymdolig ac ebe hi "rydach chi'n membyr o'r dosbarth gwaith coed a mae Mr. Bocs yn ddoirniwr ffyrst class."

Hyfryd yw cael datgan i syniad Musus C. Tomos esgor ar bethau mawr a buddiol. Cardiau Ymdolig yw popeth yn y dosbarth erbyn hyn. Llun cwch mwd sydd ar gerdyn y Wilias, un crand ulw mewn coch tywyll a marŵn gola. Mae'r cyn sgŵl yn gredwr mewn glanweithdra a fferspectif. Coeden Grysmas Tri yw ei destun ef a thorri rywnd yw ei ddilyit. Hoffais ei gardiau tair onglog ef yn arw.

Pan ofynnais i Mr. Bocs sut hwyl oedd ar Yr Ysig, "dacw fo yn y gongl acw, cerwch i'w weld o," ebe Mr. Bocs. Tybiais am funud fod Gryffudd ar hannar darparu cacen briodi.

Ni welais cymaint arfau a chyffuriau, naddo yn y Ffoltia – padell bridd llawn past peilliad, llwy fwrdd, brws whyit washio, pincin siswn iga moga, bagiad o luniau'r teulu, bocsiad o gardiau cydymdeimlo a dwy bais lês.

Oedd, yr oedd Gryffudd Jôs newydd orffen ei unig gerdyn, llun posciart o Edward, brawd ei dad yn eistedd mewn cadair gefn uchel a Beibl Pitar Wilias ar ei lin. Cerdyn du a gwyn gyda'r gorau, bu Gryffudd wrthi'n ddeheuig tu hwnt yn glynud y lês gwyn wrth bedair ochor y posciart. Trysor bach yn wir yng nghyd â neges ddwyieithog ar y cefn, "Meni happi rityrns".

## CNEBRWN MAWR:

Y prynhawn Mawrth o'r blaen cynhaliwyd angladd Lewtenant Cyrnol B.M. Turani D.S.O., Cefn yr Ergyd pryd y daeth tyrfa fawr o bell ac agos ynghyd i hebrwng y Lewtenant i'w olaf hynt. Yr oedd y pentref yn ddu bitsh gan alarwyr.

Gwasnaethwyd yng Nghefn yr Ergyd ac yn y fynwent gan y Gwir Ffaddyr Crysmas o Aberhonddu yr hwn a ddarllenodd hanes y camel nodwydd ddur o'r Apocruffar. Yna, yn ôl dymuniad y Lewtenant trawyd y gân gynulleidfaol "Land of Hywp an Glowri" ar Dôn y Botel gan Perorydd Parri (Codwr canu'r Sentars).

Teimlais gryn arddeliad ar y canu a'r tebyg yw mai canu basan ni bai i Perorydd roi penelin yn senna Meri Robaits, Bryn Budda, wrth ddyblu'r ripitio.

Gedy'r Lewtenant un gyfnither, sef Musus Bitl Colorado a saith o blant yma ac acw a chan mil i'r Nasiynal Tryst. Gwasanaethwyd fel cludwyr gan bedwar aelod hynaf brigin lleol y British.

Ymddiriedwyd y swydd o danio'r ergyd yn y fynwent i'r Pen Cipar Ifan Enffild. Camgymeriad ym marn C. Tomos oedd gosod Enffild o dan yr ywen. Trwy drefn Rhagluniaeth neu drwy amryfusedd aeth ei unig ergyd yn glats i nyth tylluan gwag, cododd y nyth yn ei grynswth gryn lathen tua'r ffurfafen gan ddisgyn drachefn a lapio am ben moel Gryffudd Jôs o'r Ysig Bach.

Bu'r Ffaddyr yn ddigon doeth i dorri'r gwasanaeth yn ei flas.

## DAMWAIN FLIN:

Drwg gennyf orfod cofnodi fod Musus C. Tomos, Grosars and Drapers, yn orweddiog yn Ysbyty'r Si an En ers wythnos. Bnawn Mercher ar closin y cyfarfu hi â'i damwain. "Gwell i ni drimio ychydig ar y ffenest," ebe Mrs. Tomos. "Debig iawn," ebe Mr. Tomos.

Mae rhywbeth braidd yn fyrbwyll yn Musus Tomos, rhaid oedd rhuthro am y trimins a'r step ladyr y funud honno. Gan fod Musus Tomos yn dalach dynes nag yw Mr. Tomos o ddyn, hyhi yn ôl ei harfer a aeth i ben y stepladyr, dal ei droed ar y stepen isaf oedd swydd Mr. Tomos.

Dechreuodd Musus Tomos ar ei gwaith yn deidi tu hwnt, sticio pin droinin drwy wegil Santa Coch a'i hongian yn dwt odiaeth yng nghanol y ffenest tu ôl i'r tinti riwbob, yna aeth wig drwy lantar japani a hongian y rheini un bob congol. "Mi gyma i dipyn o linyn tunsyl gloyw rŵan diyr," ebe Musus Tomos o ben y stepladyr. Doedd Mr. Tomos fawr feddwl fod trallod ar y trothwy. "Faint?" ebe fo.

"Dowch mi un pen y rîl," ebe Musus Tomos. A dyna wnaeth Mr. Tomos, rhoi un pen y rîl yn llaw ei gymar ac wedi iddo ddadgyrsio llathen neu ddwy fe roes weddill y rîl ar stepan uchaf y step ladyr. Do, fe fachodd sawdl sdyileto Musus Tomos yn y rîl gan beri tangl. Gan nad oedd modd i ddau droed Musus Tomos gyd-weld mewn sefyllfa o'r fath bwriwyd hi i'r llawr yn echrydus o sydyn.

Sdryif gafodd Musus Tomos yn ôl y Doctor esgyrn a mae sdryifio yn medru bod yn waeth na thorri.

Mae Musus Tomos wedi derbyn llu o bellebrau a chardiau get wels. Adferiad hwyr a buan yw ein dymuniad ninnau un ac oll.

## FFOWL PLÊ:

Gofid i'r ardal yw deall bod Mr a Mrs. Elis, Llwgfa Fawr, wedi colli dri dwsin o ieir cochion glandeg a hynny cyn Dolig fel hyn. Mae'r plismyn yn amau ffywl plê. Tawedog braidd yw Wilias ein plismon lleol ar y pwnc. Pan bwyswyd arno gan C. Tomos ei unig ateb ydoedd "Cadno deudroed".

Mae Wilias fel y gwyddis yn blismon hirben. Y nos Sadwrn o'r blaen penderfynodd wardio yn nrws y Warws Newydd. Deg o'r gloch, unorddeg, hanner nos a wir, am un o'r gloch i led y big fe dybiodd Wilias iddo glywed ffrwtian isel fel uwd yn codi berw.

Magodd gryn blwc a fflachiodd ei thrashlamp gan weiddi "Ffrend or Ffôr". Parodd yr hyn a welodd nesaf gryn boen a dryswch i'n plismon. Ie, Gryffudd Jôs o'r Ysig Bach oedd yno yn powlio berfa yn nhraed ei sana.

Arllwysodd ein plismon fflyd o gwestiynau i'r ferfa. (a) How cym y gyriedydd i fod yn nhraed ei sana? (b). Beth ydoedd natur y llwyth yn y ferfa? (c) Beth oedd arwyddocâd y sticer 'Cymraeg' ar drwyn y ferfa. Atebodd Gryffudd (a) dim isio sdyrbio pobol, (b) ieir Llwgfa Fawr, (c) trimin Dolig.

Heb holi rhagor pasiodd y cwnstabl yn unfrydol fod Gryffudd Jôs (a) yn gelwyddog, (b) yn lleidr ieir cochion, (c) yn eithafwr peryglus.

Byndliwyd Gryffudd, yr ieir a'r ferfa yn y drefn yna i du ôl moto fan becws nos a rhuthrwyd ef (yn ei oed o a thraed ei sana) i Ffau Gleision yn y dref. Bu tair awr o ddathlu mawr yn y Ffau a llongyfarchwyd Wilias yn ganolog iawn ar ei wrhydri yn dal y lleidr.

Daeth Siwpar Fflatgap i'r golwg tua phedwar o'r gloch y bore, gŵr blysig a ffond iawn o faidd yr iâr yw Fflatgap, perswadiodd ef Gryffudd Jôs i ddweud ei stori yn ei eiriau ei hun. Dywedodd Gryffudd ei fod ef wedi prynu hanner dwsin o Red Eiland Rods drwy'u plu yn Llwgfa Fawr a thalu ar y nêl.

**Fflatgap:** Be wnaech chi â hanner dwsin Mr. Jones?

**Gryffudd Jôs:** Ond Duw Andro Dad, am neud ceiniog ynddyn nhw ron i.

**Fflat:** Ffêr inyff Jones, ond sut ydach chi'n esbonio eich bod yn bêr ffwted?

**Gryffudd:** Bedi hwnnw?

**Fflat:** Yn nhraed eich hosanna?

**Gryffudd:** D'on i ddim am sdyrbio pobol am un o'r gloch y bora.

**Fflat:** A'r sdicer 'Cymraeg' ar y ferfa?

**Gryffudd:** Be wn i, be wn i, be wn i?

**Fflat:** (ryit cytin) Ydach chi'n aelod o'r Byfflos?

**Gryffudd:** Nagoes tanciw.

**Fflat:** Yr EFF Dabliw E?

**Gryffudd:** Si Dabliw Es.

**Fflat:** Plaid Cymru?

**Gryffudd:** Dyn Loid Jiorj ydw i.

Ar ôl awr arall o ddadlau ffyrnig cytunodd Fflatgap i deliffonio Llwgfa Fawr. Sicrhawyd ef gan Mr. Elis fod Gryffudd Jôs yn ddyn o gymeriad dilychwin a'i fod wedi talu'n onest ddigon am yr ieir, prysurodd i egluro i Fflat mai ei hogyn bach ef a roddodd y sdicer 'Cymraeg' ar y ferfa.

Taflwyd yr achos a Gryffudd allan. Mae lladrad yr ieir yn parhau'n ddirgelwch.

## Y GYMDEITHAS DDIWYLLIADOL UNDEBOL:

Cafwyd darlith amserol ac addysgiadol yn y Gymdeithas uchod nos Fawrth gan y cyn ficer ar Cyflogau Aelodau Seneddol.

Cafwyd amlinelliad cryno o fil a mwy dyletswyddau Aelod. Aeth rhagddo i'n hysbysu mor galed y mae Aesus yn gweithio ac fe'n hanogwyd ganddo un ac oll i ddarllen "William Ewart Gladstone, Ei Fywyd a'i Waith" gan Griffith Ellis, M.A. Bootle.

**Rhwydi Mawr:** Torri coed oedd gwaith cleta ddaru hwnnw, mae Penarlâg yn foel fel orcloth hyd dydd hiddiw . . .

"Gosteg," ebe'r cadeirydd, "rhydd i bawb ei ddarn."

Diolchwyd i'r siaradwr gan Gryffudd Jôs o'r Ysig Bach. "Fuom i rioed fawr o bolitishian," ebe Gryffudd.

"Clywch, clywch" o'r llawr. Gwnaeth yr heclo hwn i Gryffudd golli'r masgau braidd. Ar ôl dyrnu a phregethu am Welth Tax aeth ati i ddyfynnu sylw a wnaed am Gwyrosydd, awdur "Nid wy'n gofyn bywyd moethus".

Ni wn am neb oedd fwy sgit am bapur punt," ebe Gryffudd. Eisteddodd i lawr ar ôl dweud mai Torri yw pawb yn bôn.

Terfynwyd trwy ganu "Calon Lân" i arweiniad Perorydd Parri.

## PARTI NADOLIG:

Y nos Wener o'r blaen cynhaliodd brigin lleol Merched y Wawr eu parti Nadolig yng ngwesty Bryn Bedol. Eisteddodd hanner cant ac un o ferched glandeg wrth y byrddau i fwynhau gwledd o prôn cocrel/melon, potas/grepffrwyth, ceiliog chwiadan/twrci, enjyl/tyrci dilyit a caws a crim cracyr. Anodd plesio pawb wrth gwrs, roedd Ffani Whîl braidd yn dursiog am na chafodd hi blwm pwdin Dolig.

Cafwyd cyngerdd a chwaraeon i ddilyn. Musus C. Tomos a ofalai am y cyngerdd a Miss Whîl am y chwaraeon. I gael y bêl i rowlio fe adroddodd Musus C. Tomos yr unfed bennod ar ddeg o Lyfr Cyntaf y Brenhinoedd ar ei sefyll ar ei chof.

Mawr ydoedd y clapio, blesiodd y limrig hithau'n arw iawn a chytunai pawb fod Musus Tomos wedi cael gryn hwyl ar ei llunio.

Un fach joli iawn heb fod yn ddi-chwaeth.

**Penderfynodd Meri Jên**
**Fynd am drip cyn mynd yn hen**
**Mi fasa wedi mynd i'r lleuad . . .**

Llinell Musus Elis Hirlwm Hen a orfu – "Bai i'r ffŵl anghofio'r goriad".

Ffani Whîl ydoedd yr ail gyda'r llinell – "Efo gwn i saethu chwiad".

Wrth ganmol y llinell arobryn fe anogodd Musus Tomos y

gweddill i ddal i byslo. Mae dyfalbarhad yn bwysig iawn yn ôl Musus Tomos.

Efallai mai uchafbwynt y noson oedd Deuawd y Gân Actol gan wraig y Cross Pyips (canu) a Ffani (Cario) – "Tasa gin i ful bach" ar yr alaw "If ai was e ritsman". Tystiai pawb na welwyd gwell mul na Ffani. Gresyn garw iddi ffatigo ar yr encôr a bwrw Gwraig y Cross i'r twll dan grât.

Taflwyd y diolchiadau gan Musus Owen, Bryn Bendith, a Musus Tom Denman, Tan Doman yn eilio.

## EISTEDDFOD:

Teg a chymwys rhoi y gofod oll i'r Eisteddfod yr wythnos hon. Yr Eisteddfod yw'r cwbl yn y Ffoltia fwrw'r Nadolig fel hyn. Hyfryd eleni eto oedd gweld Sentar a Batus yn ddiwahân yn ymroi ati i sicrhau llwyddiant yr ŵyl.

Y beirniaid eleni oeddynt:

Canu ac offeryn chwyth – Syr Morgan Macnôt, Myst Bac, Cwnast Ci

Adrodd a Llenyddiaeth – Parch. Pitar Page, Segurfa

Arlunio a Gwaith Coed – Mr. P. Box, Joinars Hyws

Embroidwaith – Miss Ff. Whîl, Tai'r Cyngor

Llinell gall – Musus C. Tomos, Grosars and Drepars

Torth gyrains yn cystadlu am y tro cyntaf – Twroc Becws.

Hyfryd oedd gweld yr Insdidwrt dan ei song i gyfarfod y plant am ddau o'r gloch y prydnawn.

Adrodd dan 6: 'Y Torrwr Beddau' – 26 yn ymgiprys. Adrodd deallus. Hir y cofiwn ddehongliad y buddugol o'r cwpled olaf:

**"Ac fe gaiff yntau Jac o Sbêd**
**Ei hyd a'i led, ei hyd a'i led".**

1. Sami Whîl; 2. Eda Blac; 3. Pat Page.

Unrhyw offeryn chwyth dan 8: 1. Parti Coch y Bib; 2. Y Democrats.

Unawd contralto dan 12: 1. a 2. Cwynfan Roberts.

Unawd agored dan 15: Merch Megan – Robin Huws, Felin Dysul a John Pierce, Tywyn (cydradd).

Tynnu llun pot fflywar gwag: 1. Tomi Tyddyn Bloda; 2. Lili Long.

Traethawd dan 15 – hunangofiant siwgwr lwmp – rhannu'r wobr rhwng Têt a Lyil.

Cafwyd egwyl o dri chwarter awr rhwng cyfarfod y prynhawn a chyfarfod y nos pryd y darparwyd lluniaeth i'r cyfeillion pellennig yn y Cross Pyips. Manteisiwyd yn helaeth ar garedigrwydd y tafarnwr, Mr. Piwis Parri, gan feirniaid a meidrolion. Dechreuwyd sesiwn yr hwyr yn gysáct am ddeng munud i saith.

**Cyfarfod yr hwyr:**

Deuawd dan 25 "Y Ddau Forwr" – 1. Capt. a Mrs. Jones, Cwm Cychod Bach.

Taro sgwrs (agored): 1. Tomos Tomos, Glepfa Fawr; 2. Mrs. Gryffis, Home Chat.

Adrodd dan 25 "Seimon mab Joni": 1. Seimon Jôs, Gefn yr Ergyd.

Gwneud trap pren bocs: 1. Wmffra Robaits, Llygod Bach.

Unawd bariton: "Lle pigai'r caneri": 1. Wiliam Defis, Pant y Gog; 2. Ianto Huws, Cwm Ceiliog.

Ffon ddraenen ddu: 1. Robat Elis, Hendre Bigog.

Deuawd (agored) "Y Dymestl": 1. Sychdyn Ifas, Tyddyn Difir a Mr. Wilias, Plismon Ffoltia Mawr.

Wythawd "Llannerchymedd": 1. a 2. Parti Roc Fferis.

Cyfansoddi tôn addas ar gyfer emyn y flwyddyn nesa: 1. Perorydd Parri.

Araith fyrfyfyr "Cadw Moch": 1. Danial Dafis, Drewi Mawr.

Prif adroddiad "Celwr Gola": 1. Brython; 2. Celt.

Solffuo dros 80: 1. Wiliam Wilias, Pant.

Englyn digri "Caws": 1. Joseph Joseph, Caer.

Englyn coffa – 'Eliffant" (cywaith) Teulu Tan y Fynwent.

Embroidwaith: 1. Cosi; 2. Rynar

Tynnu llun lyri lo mewn du a gwyn: 1. Llew Lludw; 2. Sami Whîl; 3. Ffani Whîl: 4. Wili Whîl.

Sialens solo: Ni chafwyd cystadlu. Deallwn fod y tri a alwyd i'r llwyfan wedi ymgolli yn y Cross Pyips.

Côr Cymysg: Cwm Coryn 97; Gwytheryn 96.

Yr oedd yn ddau o'r gloch y bore pan gafodd y llywydd godi i roi ei anerchiad. Cafwyd ganddo sylwadau ffres a newydd. Tydi gorffwys ar y rhwyfa yn da i ddim yn tôl. Llongyfarchodd ef y Ffoltia yn ganolog iawn am warchod y pethau gorau a berthyn i ni fel cenedl. Dymunodd y Llywydd ddyfodol disglair iawn i'r eisteddfod a blwyddyn newydd sbon i ninnau oll.

Hyfryd medru datgan iddo gloddio'n ddwfn i'w boced a rhoi i ni rodd sylweddol iawn.

Cafwyd eisteddfod i'w chofio ym marn C. Tomos, eisteddfod a dalodd yn ddiwydiannol, yn ogystal â diwylliannol. Deallwn i Mr. Piwis Parri, Cross Pyips, werthu pob diferyn yn ystod yr egwyl bnawn a nos.

Dywed Gryffudd Jôs, Gorsan Ysig Bach, iddo weld moto lyri'r Fasnach Felltith yn dadlwytho o flaen y Cross tra yr oedd ef yn cael gwynt tua hanner awr wedi naw . . . trwmbel yn llawn . . . cratiau a thair hocsiad . . . yr ofargarfan.

Mae Piwis Parri wedi cael ei gefn ato yn arw . . . bwriada ef a Musus Parri dreulio pythefnos yn sgyio yng Ngwlad yr Eifl ganol yr Ionawr.

Nid oes gan C. Tomos, Grosars and Drepars, yntau ond diolch o galon i'w bartoniaid. Gwerthodd Musus C. Tomos 26 o ecls yn y festri yn ystod prulum yr adrodd dan 5 . . . ac nid oes odid fodfedd o riglis fflat ar ôl ar silffoedd Grosars and Drepars.

Fel'na mae hi bob gafael onide? Fuo na dda erioed nad oedd o'n ddrwg i riwin.

## LYL:

Tawel iawn ydi hi yn y Ffoltia ar ddechrau blwyddyn newydd bob amser, mae'r newid sydyn o'r hwrli i'r hirlwm yn taro gŵr busnes yn 'i senna. Mae'r silffoedd a'r til cyn waced â'i gilydd yn ystod lyl ysgwydd y flwyddyn bob gafael. Fasa waeth i C. Tomos gau'r drysau a'r shytars dan un nelo dim werthwyd yn Grosars and Drepars.

49

Tyniad o Andriw i Lew Lludw gael ei gefn ato a dau Almanac Caergybi i'r Ysig Bach, dyna'r cyfan groesodd y cownter o Sadwrn i Fercher.

Gan fod Vincent adra o'r coleg manteisiodd Mr. a Mrs. C. Tomos ar y cyfle i roi tro rownd y Ffoltia. Syndod cyn lleied o ffats mae siopwr prysur yn gael i weld ei bentref genedigol gefn dydd gola. Roedd Mrs. Tomos yn jocio yn hynod o deidi i feddwl nad oes ond cwta fis er pan gafodd hi sdryif i'w ffêr. Mi fuo drws nesa i gael sdryif arall ger tŷ Ffani Whîl, un o blant Sodom yn gyllwng hi fel melltith ar rywlar-sgêts, drugaredd mai rhwng coesau C. Tomos yr aeth o. Rhedai ias oer trwy war y Cynghorydd Tomos wrth feddwl mor agos i'w bileru y bu ef ar ddaear Sodom ac yntau ond cwta dderbyn y tâl cyntaf am y rywlars.

Draen arall yn ystlys y ddeuddyn ydoedd sylwi ar feic tsiopar Sami Whîl, beic coch a melyn bythefnos oed esys wedi ei luchio dan y llwyn pren bocs, y ffrâm fel bach es a'r olwyn flaen (yr hen beth bach) fel torth geirch. Bydd aml i flewyn gwyn ar ben ei briod cyn gwêl C. Tomos dâl llawn am y tsiopar.

Hyfryd oedd cael galw yn Nhŷ Hen a chael sigyldi law gyda Musus Meth Owen yr hon a fydd yn gant a dwy namyn un os bydd hi fyw ac iach i weld y dydd cyntaf o Ebrill 72. Tad Musus Owen oedd y cyntaf erioed i yrru'r Pwffin Bili oddi ar y rêl. Cyn pen dau funud dyfeisiwyd stêm (ager) gan ei feistr, sef yr Arglwydd Cambrian. Mae ei golwg gan Musus Owen hyd heddiw a mae ganddi un glust. Roedd Musus Owen yn cofio gweld hufen mewn potel lefrith a marblen mewn potel jinji.

Bu Musus Owen yn aelod sdans o'r Syffarjets. "Rhoswch," ebe hi, "Liciech chi gael cip ar lastig gardas Musus Boncysrt?" Politisian wedi chipio hi mewn sgarmes ac yn wir dyna lle rydoedd yr ardas yn hongian am wddw Loi Joiorj yn y cwpwrdd gwydr.

Braint yn wir oedd cael cyfarfod Musus Owen ar ei thomen ei hun. Mae hi, a'i thad yn enwedig, wedi dŵad trwy betha mawr iawn.

## CINIO NADOLIG:

Diau y tybiwch chi fod C. Tomos wedi cysgu'n go hir. Ie, y Sadwrn dwaetha un, dyna pryd y bwytawyd cinio Nadolig Grosars and Drapers, hynny am i Vincent y mab gymyd yn ei ben i fynd i ymprydio i'r Bala neu i Fangor (mae o'n fyngus braidd fwrw'r gwyliau) Vincent ŵyr ei bethau wrth reswm pawb. Pam dewis y Nadolig i ymprydio? Dyna boen fawr ei fam. Daliai Vincent mai fwrw'r Nadolig yn unig y gallai ef ymprydio gan mor gynnil a delicet yw bwrdd Grosars and Drapers weddill y flwyddyn. Tueddai y Cynghorydd Tomos i gydweld â'i fab yn y ddadl hon ond anodd iawn oedd deall gwylltineb Vincent pan wthiodd ei fam bacedaid o sangwijis caws i'w boced. Mae Vincent yn medru bod yn bengaled iawn weithia.

Dyna ni ta yn ista'n deulu crwn cryno i fwynhau ein cinio, gŵydd wyth bwys o Ysig Bach a phorc o'r dre, Vincent yn mwynhau y cwbwl ond gildio ar ôl y prôn coctel fu hanes Musus Tomos a C. Tomos, nid am eu bod yn foldyn, o naci. Vincent oedd y drwg, bwrw iddi i ddweud hanes yr ympryd. Dau gant o Gymry'n byw heb damaid, medda fo, a hynny am fod dyrnaid o hogia yn jêl am fynnu gweld a siarad Cymraeg. Tydi Mr. a Mrs. Tomos mo'r Cymry gora o lawar iawn ond pwy fedra fyta cinio Dolig ar ôl clwad peth fela?

## CLENNIG:

Cau'n sywnd fu hanes siopau'r Ffoltia ar y cyntaf o Ionawr ers blynyddoedd rai. Eleni, fodd bynnag, ar awgrym a pherswâd Mr. C. Tomos agorwyd y siopau led y pen. Mae'n iawn i'r hen blant gael clennig.

Mynd fesul un neu'n gyplau o ddrws i ddrws i weiddi oedd y drefn yn yr hen amser. Eleni (diau fod a wnelo'r cyfryngau torfol â'r newid) daeth holl blant y Ffoltia yn un côr cryno cytun i'n drysau ben bore. Gwell plan o'r hanner, arbed llawer iawn o redeg a rasio i roddwr ac elusennwr. "Clennig a chlennig a blwyddyn newydd dda" – hyfryd oedd gweld y petha bach yn eu coch a'u gwyn a'u bagiau ar eu breichiau. Serch hynny, mae yma ardal fridgar dros ben, deg ar igian, mi cyfris nhw, o wyneba cochion ar y palmant yn sdrejio o'r Grosars i'r Drepars. Degarigian ne beidio, chafodd yr un ohonyn nhw fynd adra yn waglaw. Do, fe roddodd C. Tomos un walnyt ffres yn llaw bob un a bron na thyngai iddo glywed un neu ddau yn dweud diolch yn fawr iawn.

Fodd bynnag, nid oedd y siopwr ond newydd droi ei gefn na chlywodd ef gawod megis cawod genllysg drom yn pannu ei ddwy ffenest. Trodd ei ben i gyfeiriad y sŵn, trueni, y funud nesa disgynnodd cawod arall o walnyts ar ei gorun moel.

Mae plant yn cymryd yn hwy na phobol mewn oed i adnabod eu cymwynaswr, dyna farn C. Tomos.

## EIRA:

Gan ein bod ni'n byw ar ben powlan mae'r sgrimpan leia o eira yn newid holl batrwm ein byw ni yma yn y Ffoltia. Wyddoch chi drigolion yr iseldir mo'ch geni a deud y gwir, mae eira yn hwyl bach i chi, rhiglo llwybr efo siel-ffiar i'r drws ffrynt i'r lôn bost a llwybr arall o'r drws cefn i'r bin lludw a chwt y ginipig a dyna chi reit ulw hapus.

Methu mynd o'ma ydi'n problem ni, naci chwaith, methu dŵad yma taswn i'n deud yn iawn. Mae hi'n haws mynd o'ma pan mae hi'n eira, does isio i ni neud un dim ond ista ar y ffordd a gofyn i gymydog roi un hwb leia rioed yn penola ni a dyna ni yn dre ar ein pŵar ein hunan. Mae hambwrdd yn ffens garw ac yn arbad tîn trywsus ond mentar go sywnd fydda i bobol ganol oed 'i gyllwng hi dros y Grwbi pan mae hi'n eira. Mi siansiodd Lias Jôs, Cefn Rhyfyg, hi i'r dre i nôl 'i bensiwn yn ystod eira mawr trideg a thri a ddychwelodd o ddim nes canodd y gog, lediath fawr gynno fo hyd dydd heddiw.

Fel rôn i'n deud os deudis i hefyd mae yma ddwy fodfedd o eira gwyn ers tridia. Tydi dwy fodfedd nac yma nac acw meddach chitha, ia, ond mae dwy fodfedd o drwch ar y rhiw yn golygu na fedr neb ddŵad yma, post, moto bara, na dyn papur newydd.

    **"Roedd llawer pentre'n cwyno'n dost**
    **Am ddyddiau lawer heb ddim post**

**A heb ddim gobaith, fel mae'r sôn
I ddweud eu cwyn trwy'r teliffôn." – Y Brawd Ffransis.**

Tydi colli'r post yn gollad yn byd ym marn Ffani Whîl – "Llai o bost, llai o filia". Mae Llew Lludw ar llaw arall yn gandryll, mae o'n rhynnu ar y Grwbi ers deuddydd, 'i drwyn o'n rhedag a llythyr Vernons yn 'i law.

Biti garw dros Llew, mae o'n dibynnu ar y Pyllau, cwpon cywir yn 'i bocad ac unman i'w bostio fo, collad o bedwar can punt, mwy na nillith o mewn tair blynadd wrth ogrwn lludw.

Mae colli'r dêlis dyddiol yn gollad ariannol go fawr i Grosars an Drepars ond deil yr Ysig Bach ein bod fel pentref ar ein hennill yn ddiwylliadol, anodd ydi deud, ofni dirywiad yn Saesneg y plant y mae Mr. C. Tomos, bechod o beth a nhwtha wedi dŵad i freglach reit ddel efo fusutors.

Moto Bara ydan ni'n golli fwya. Mae colli'r dorth yn deud yn arw ar hen bobol a babis sgrechian, yr hen yn colli bara llefrith a'r ifanc yn colli crystyn. Tydi hi ddim llawn cynddrwg ar y canol oed sy'n cario bwyd allan, gwraig Ifan Rinjian yn deud yn siop ddoe ddwaetha 'i bod hi yn arbad wyth slisan ar hyd y dorth ers pan mae Ifan yn gaeth i'r twll dan grât a mae sdwnsh rwdan yn twmo'i fol o tywydd oer.

Mae'r eira blynyddol hwn wedi bod yn lesn i C. Tomos, ef bob Gaeaf yn morol cadw llond pot hanner pîs o furum ac fe synnech y twll ddaw i'r burum ymhen tridia, pawb yn pobi, cyrn yn mygu, ma hi fel Shotn yma. Rydan ni fyny driphwys ar y cyrants a'r syltans a dwylath ar y candud pîl gora.

Plant lefn a plys sy'n cael y slap hecra o lawar, hwynt hwy yn colli lesyns, mae'r plant lleiaf yn dal i fynychu'r Ysgol Bach wrth reswm. Da o beth, ym marn C. Tomos, fyddai anfon y llafnau hwythau i'r Ysgol Bach, mae ganddynt hen gast hyll o sefyll ar y llidiart a thynnu stumiau ar ddisgybl ac athrawes yn ddiwahân. Piwis Parri, Cross Pyips, yw'r unig un sy'n elwa'n sylweddol ar y cwrlid gwyn. Y Fasnach Felltith yw'r un sy'n ffynnu bob gafael yn nydd trallod. Rhag cwilydd hefyd, Defi Defis, Dyledfa Fawr, yn medru mynd i hela diod ganol pnawn a bwlch cyd â braich beinder ar gyfer ei enw yng ngholofn Taliadau'r Eisteddleoedd.

Mi fasach yn meddwl basa fo'n licio talu am 'i sêt cyn dechra slotian.

Cawn ni weld hannar nos heno mi fydd yn bum dwrnod ers pan glybuwyd troed dyn yn dod dros y Grwbi. Mae'r burum wedi gostwng troedfedd yn yr hanner pîs a mae silffoedd a tul Grosars an Drepars am y gwaca. Os deil y bluen wen i ddisgyn ni fydd gan C. Tomos na phres na neges. Mae'r sefyllfa'n dweud yn arw ar nerfau Musus C. Tomos. Hyhi wedi ymroi i yfed Sanatogen er yn gynnar y prydnawn.

Esys gwelwyd cwffas ffyrnig yng nghywrt y Cross Pyips, yr hen stori, Piwis yn gwrthod breci i bocedi gweigion a chriw o betha ifanc meddw yn bygwth ei fwrw dros y Grwbi yn gasgen Wregsam Lejyr. Nid yw y Wilias, ein plismon tragwyddol (Ffoglyd hefyd), o werth rhech dafad mewn sgyffl, ef wedi cymryd y gyfraith yn ei law a Musus Parri ar ei lin ac ymroi i yfed yn y parlwr cefn. Da y gŵyr yr hen ysgraff na ddaw ei siwpar dros y Grwbi.

Mae Gryffudd Jôs o'r Ysig Bach yn hapus tu hwnt ac yn rhodio'r pentra fel hogyn deunaw. Mae'r eira wedi ei anfon yn unig swydd yn ôl Gryffudd i fagu ysbryd annibynnol yn ein plith. "Os pery'r eira wsnos arall," ebe Gryffudd, "mi fydd gynnon ni senadd ein hunain."

Gan y gwirion ceir y gwir, dyna farn C. Tomos.

## DADMER:

Neis iawn yw gweld y dadmer wedi dod a'r eira wedi mynd a dyn a moto'n medru ymlwybro dros y Grwbi unwaith eto. Lewis Long Length, dyn y ffordd, yw'r prysuraf o ddigon yn y Ffoltia y dyddia rhain. Ef wedi cael y Fflyi Giang o'r dref i'w helpu i glirio'r cwterydd.

Mae eira tridiau yn dweud ar cwterydd. Pan mae'r dadmer yn dod mae hi'n mynd yn byrjis ar cwterydd gan fod pawb yn fwd a baw a chrwyn bynana isio mynd i'r un fan ar yr un foment. Glansglyid yw'r enw rydd trigolion Niwffowndland ar y rhuthro hwn.

Cafodd yr Ysig Bach (yn ei oed o) gryn slap, aeth ei ferfa ofargarfan i ganlyn y llifeiriant dros y Grwbi. Drugaredd fawr iawn nad oedd neb ynddi hi ar y pryd, fe allai Gryffudd fod yn siafftiau mor hawdd â phoeri. "Mae o yn y siafftiau yn amlach na mae o yn 'i sensus," rhagor Rhwydi Mawr.

Hosanna a mawr ddiolch i'r Wilias ein plismon lleol am ddal y ferfa hanner ffordd i lawr y rhiw neu yn hytrach diolch i'r ferfa am ei ddal ef. Ymddengys i'r Wilias aros gama led yn ôl 'i arfer i lodio ei smôc foreol.

Nid oedd ond wedi cwta danio'i grochan na ruthrodd berfa dderw wallgo rhwng ei ddwy sdandard. Disgynnodd yr heddlu chwap tinwyis i'r trwmbal. Gallasai pwysau yr Wilias atal y Dilyw reit hawdd tasa modd 'i gael o yno rwsud.

Prun bynnag fe weithiodd Long Length a'r Fflyi Giang fel nicars duon, hyfryd yw cael syllu ar groen glas newydd ar briffordd a phalmant yn y Ffoltia.

Pell y bo y bluen wen yw barn C. Tomos.

## LLYS BRYS:

Gwelwyd cryn redeg a rasio yn y Ffoltia echdoe, dyma'r eglurhad gafodd C. Tomos gan yr Ysig, mae Gryffudd fel piodan yn pigo pob sothach.

Am naw bore echdoe cafodd Musus P.C. Wilias neges ar ei theliffon gan y Siwpar o'r dre.

**Siwpar:** Newch chi ddeud wrth y Wilias os cofiwch chi fod Llys Brys i'w gynnal ym mharlwr y Cross Pyips fory.

**Musus P.C.:** Mae o allan.

**Siwpar:** Deudwch, wrtho fo pan ddaw o rownd ta.

Rhuthrodd Musus P.C. fel ag yr oedd hi yn ei ffedog fras at y stelin a rhoddodd yr arwydd arferol, tair cnoc i'r celwr hefo'r mwtrwr tatws. Deallodd yr Wilias mewn munud mai y sgarmes tu allan i'r Cross Pyips oedd wrth wraidd y neges ac o gofio'i brofiad gyda Musus Parri yn y parlwr cefn aeth yr Wilias ati rhag blaen i gorlannu y drwgweithredwyr a ffurfio pwyllgor cyfrinachol ym mhopty mawr y Becws.

*Hosanna a mawr ddiolch i'r Wilias ein plismon lleol am ddal y ferfa hanner ffordd i lawr y rhiw neu yn hytrach diolch i'r ferfa am ei ddal ef.*

**Wilias:** Bedan ni am neud?

**Long Length:** Geusoch chi fwy o lwyth na ni a mi ceusoch chi o am ddim.

**Wilias:** Fiw deud, fiw deud, colli nghôt, colli nghôt.

**Llew Lludw:** Faint o slaes gawn ni am roi cwrban i Piwis.

**Wilias:** Ddeuda i be na i hefo chi.

**Ben Bocs:** Trystio monach chi.

**Wilias:** Mi allswn ddeud mod i wedi cael cnoc o'r tu ôl a mod i'n ddall gydol y sgarmas.

**Lludw:** Ma Piwis siŵr o agor 'i geg.

**Wilias:** Rydw i'n dallt trw Musus Parri bod Piwis Parri yn sgyio yn yr Eifl, ddaw o ddim adra am bythefnos.

Cytunodd y pwyllgor un ac oll a rhoddodd Bobi Becws sdribin o ilastoplast ar wegil yr Wilias dest rhag ofn. Ni pharhaodd y Llys Brys ond pum munud union. Taflwyd yr achos allan a bu bron i'r Wilias gael ei daflu o'r Ffors yn ei sgîl.

## OPARTIWNITI:

Llongyfarchion canolog iawn i Cathrin Whîl merch hynaf Miss Ffani Whîl o'r garfan gyntaf, hyhi bellach wedi cyrraedd pinacl byd adloniant ar y fywth organ. Adrodd i gyfeiliant y fywth fu dilyit Cathrin ers pan mae hi yn ddim o beth.

Cawsom ganddi berfformiad hyfedr ar y rhaglen Opartiwniti nos Lun. Mr. H. Grîn Llundain oedd yr arweinydd, cryn gamp fel gwyddys yw ei gael ef i wenu am ben stori dyn arall ond fe chwarddodd yn harti nos Lun diwethaf ar ôl i Cathrin adrodd "Wrth fynd efo Deio i'r Doman". Enillodd Cathrin 88 o ddigrîs ar y pointar.

Pibwr o'r Alban ddaeth yn ail gyda 80 crwn a Sais o Landudno Mr. Closs Jones yn drydydd gyda 79.99.

Llew'r Lludw oedd y dyn siwt nefi blŵ a myfflar coch welsoch chi yn cyflwyno Cathrin, ei Saesneg yntau yn gredyd i'r Ffoltia. Biti braidd i'r Grin ofyn i'r Llew ai tad Cathrin ydoedd efe a hynny ar goedd gwlad yng ngŵydd bawb, eithr ni wridodd ac ni chynhyrfodd y Llew, dim ond deud reit deidi "Mae hi'n digwydd fela weithia gwaetha ni'n dannadd." Ond ei fod o'n deud yn Saesneg wrth reswm.

Chwara teg i'r Llew, mae'r gora'n methu weithia yn tydiw? Heb ei eni heb ei fai yw barn C. Tomos yntau.

Does ond gobeithio y cawn ni weld Cathrin yn mynd rhagddi fel corwynt yn awr. Deryn bach yn sibrwd yng nghlust C. Tomos mai darn newydd o waith bardd Italics fydd gan Cathrin nos Lun nesaf, "Runner Beans in Rome".

Mae Ffani hithau wedi cael modd i fyw. Rôls Rois pinc yn stopio o flaen Grosars a Drepars pnawn ddoe. "Ffani yn hwnna," ebe Musus Tomos. A Ffani ydoedd hi. A Ffani ddaeth i mewn yn wên o glust i glust ym mraich Mr. Ffonotrix rheolwr cwmni recordiau o Niw Iorc.

"Be fasa chi'n licio?" ebe Musus Tomos.

"Rwbath ddangosith dipin o grwn y nhîn i i hwn," ebe Ffani yn Gymraeg.

Do, fe werthodd Musus Tomos sgert fini bogal goch i Ffani a thop côt sgilsgin wet lwc werdd wudd blac trum i'w chuddio yng ngŵydd pobol.

Cofiwch fotio i Cathrin. (hysb.).

## DARLLEN PAPUR:

Ymgasglodd cryn ddeugain o bobl heb sôn am wragedd a phlant i'r Sgoldy nos Lun i wrando ar Gryffudd Jôs gynt o'r Gorsan Ysig Bach yn darllen papur. Gresyn fod yr arferiad o ddarllen papur yn tueddu i ddarfod o'r tir.

Dewisodd Gryffudd Jôs destun amserol a diddorol 'Y Gigfran'. Gwelsom ar drawiad megis fod Gryffudd yn ieithmon a chwilotwr o'r radd flaenaf. Cafwyd ganddo ragymadrodd dwfn a swmpus, aeth ati yn ddiymdroi i olrhain achau teulu'r brain yn ôl i Jac ab Tango Do.

Ond erys ei ben dilyit gyda'r brain cyfoes, sef y Gigfran, Ydfran, Brân Tyddyn a Brân Tyb. Gan fod Mrs. Parry, Rainbow, yn bresennol darllenodd Gryffudd yr enwau hyn yn Saesneg yn ogystal. Ydfran – Rwc; Cigfran – Mitrwc; Brân Dyddyn – Carri On Crow.

Cigfraint yw lluosog cigfran yn ôl Gryffudd. Reit hawdd derbyn y ffurf pan gofiwn ni mai cenfaint yw lluosog mochyn.

Gan fod diffyg ar y Gofod rhaid yw crynhoi'n arw ar bapur Gryffudd Jôs. Y Gigfran oedd ein haderyn cludo nes daeth hi a'r golomen i wrthdrawiad ar dro'r ganrif a hynny uwchben Llyfrfa'r Methodistiaid yng Nghaernarfon. Bu cryn sgarmes a dadlau brwd ddyliwn, lliw y Gigfran (Mitrwc) drodd y fantol ym mhlaid y golomen.

"Go brin fod aderyn du fel blac y symbol gora o dangnefedd ar y ddaear nac yn yr awyr," ebe Gryffudd Jôs. Cafwyd trafodaeth dreiddgar a sylwadau gwerthfawr i ddilyn.

**Rhwydi:** Ydi cig cigfran yn da i fyta?

**Gryffudd J.**: Ffrofist ti ddim neisiach rioed, tar hi'n badall a nionyn yn 'i chesal hi.

Diolchwyd ar ran yr ifanc gan Miss Branwen Prichard ac ar ran yr henoed gan Tomos Robaits, Coed y Brain Bach, aelod hynaf y Gymdeithas.

## AIL ROWND:

Mae gryn rialtwch a miri i'w weled ar bob llaw yn y Ffoltia yr wythnos hon. Cathrin Whîl wedi ennill ei hail rownd tra'n adrodd i gyfeiliant y Fywth ar Opertiwniti. Darn hir ond bywiog yw Runner Beans in Rome a darn sy'n siwtio Cathrin i'r dim.

Mae'r ymateb a rydd cynulleidfa Opertiwniti i Cathrin yn atgoffa C. Tomos o'r Bicls a Diwygiad Ifan Robaits. Mae Mr. Grîn wedi gwirioni efo Cathrin "ywy iyng ffrend ffrom Ffoltie Mawy".

Dywedodd ar goedd nos Lun fod llais Cathrin yn treiddio i gyrion pellaf y stiwdio heb gymorth gras nac ampliffyiar, ni chlywyd cymaint foliwm ers dyddiau'r Harri Lywdyr.

Aeth C. Tomos i gael gair hefo Ffani Whîl, mam Cathrin, y dydd o'r blaen. Hwyliau rhagorol ar Ffani, hyhi wedi twchu ac yn smocio Perffectos Ifori Tip. Mae Ffani wedi bywiogi trwyddi ac yn edrach fel hogan ddeunaw yn ei sgert finibogal goch.

Llew Lludw sy'n cwcio, nid yw Ffani wedi plicio tysan es pythefnos. Daeth efe (Llew) â choffi bob un i Ffani a C. Tomos ar droli derw du crand sobor. Does fawr siâp codi bin ar Llew, ef wedi glynu'n glos i'r aelwyd, nid yw'r drol ludw wedi tisian ers tair wythnos.

Bydd Dydd Gŵyl ein Dewi yn ddiwrnod i'w gofio i deulu'r Whîls. Mae cwmni Ffonotrix a chwmni Honner o'r Almaen (ar y cyd) yn dod â "Runner Beans" i olau dydd. Mae'r Jyrman yn ŵr busnes o'r radd flaenaf, ef wedi taro ar blan cyflwyno gwreiddiol dros ben.

Deallwn y bydd Gryffudd Jôs, un o blant y Ffoltia, yn gollwng record newydd Cathrin dros y Grwbi am ddau o'r gloch pnawn Mawrth y cyntaf. Cofiwch archebu mewn pryd. Darn o Dinistr Jeriswalem yw'r darn sydd ar du chwithig y record.

Am dri o'r gloch union fe gynhelir Bancwet Dathlu enfawr yng nghwrt y Cross Pyips. Armi and Nefi of Chester sy'n profyidio'r byrddau crynion a'r ambarelos a hynny'n rhad ac am ddim. Am hanner awr wedi tri bydd Piwis Parri yn rhoi potel Gorona i blant deg oed ac isod.

Mawr yw ein diolch iddo yntau ond i Cathrin yr aiff ein diolch pennaf wrth reswm pawb, hyhi sydd wedi rhoi y Ffoltia ar y map.

Cofiwch bleidleisio i Cathrin Whîl. Pob llwyddiant i ti Cathrin yn dy drydedd a dy ffeinal rywnd yw dymuniad C. Tomos.

## DYWEDDÏO:

Hyfryd yw cael cofnodi dyweddïad Miss Beti Meri Morris, 3 Bro Victoria, Ffoltia a Ham Ching, mab hynaf Mr. a Mrs. Ching o un o'r gwledydd poethion.

Plismones yn ein prifddinas yng Nghaerdydd ydyw Miss Morris a gŵr tywyll ei groen yw ei darpar ŵr.

Deallwn i Beti daro ar Ham tra'n cyflawni ei sdem nos yn y Dociau. Sdiwart ar y môr yw Ham pan mae ef ar y lan: nid yw mewn gafael ar hyn o bryd. Deallwn nad yw Elis Morris, tad Beti Meri, yn fodlon yn tôl i'w ferch briodi dyn du. Ond mae ei wraig (Mam Beti) yn gweld yr ochor ola, "Mi priodis i di, cringoch," ebe hi.

"Meni happi rityrns" yw cri C. Tomos.

# HELYNT FLIN:

Ar wahân i Siôn a Siân go chydig o betha uchelgeisiol fyddwn ni yn 'u tendio ar telefision, mae rhaglenni Saesneg gymaint yn well yn tydynt?

Mae Mr. John Morgan yn ddyn uchel iawn gan Musus C. Tomos, hyhi yn edrach ymlaen am awr o'i gwmni ef a'i gyfeillion hynaws bob nos Wener. Yn wir, ar nos Wener y twenti wanth fe drodd Musus Tomos y nobyn fel arfer a setio yn ei chadair i fwynhau sŵn drwg neu dda fel arfer. Ond, ni ddaeth ebwch o'r sgrîn, na llun na lliw.

"Confal diyr?" ebe hi, "fedra i gael dim ond niwl, ffogi ffog onli."

"Ella fod Cathrin Whîl wedi rhoi gormod pwys ar y pyips wrth adrodd ar opartiwniti" – ond nid oedd dandwn ar Musus Tomos.

"Gnewch rwbath ddyn."

Brwydrodd C. Tomos yn galed â'r nobiau gan droi y contrast a'r morisontal a chymryd ei gadach poced i roi egstra pwys ar y fertical ond nid ydoedd dim yn tycio. Ni chafwyd arlliw o lun. Roedd Musus Tomos wedi wfftio at y set, set fel hi, set wedi costio dros gan punt o'i harian hi a phedair coes bren o rôs wd yn ei chynnal.

Doedd byw na bod, bu raid i C. Tomos deliffonio i Rentasets ond risepsion gwael gafodd o yn cwr hwnnw hefyd "pawb yn gweiddi ar unwaith", ebe hogan o glarc. "Teribli bisi cariad, methu dallt, tasa hi'n Ffryide ddy thyrtinth . . . "

Nid yw Musus C. Tomos yn wraig sy'n ildio ar chwarae bach.

"Ringiwch Slab Dash y garej," ebe hi, "mae o reit beniog efo wyiyrs."

Ac, yn wir, wedi i Musus Tomos addo prynu moto cyn Clamai fe wnaeth Slab egstra ymdrech. Cyn pen deng munud safai ef a'i fasged arfau ar aelwyd Grosars and Drapers. Er mai clociau mawr yw hoff faes Slab rhaid datgan ei fod yn bur amcanus hefo telifisions hefyd. Welsoch chi rioed mor ddi-lol y chwipiodd o y cornis oddi am ben y tiwb.

Ie, gŵr diddorol yw efe, mynnodd fynd â C. Tomos ar daith trafl toc rownd coluddion y set gan nodi falf fan yma a sypresor a thrawsfformydd fan draw. Os yr un, tueddai thiori Slab i drechu ei bractical, swil braidd ydoedd i fynd i wig y wyiyrs.

Fodd bynnag, llwyddodd i gael set Musus Tomos ynghyd yn deidi rai eiliadau cyn God Sêf. Ond och, aeth llafur Slab yn ofer, sianel sengl ydoedd yr hanes eto, BBC yn unig.

Aeth Musus C. Tomos yn syth i sdericl a bu raid i C. Tomos roddi clipan adfer iddi braidd yn groes i'w wyllys. "Nid ydyw y byd ar ben diyr," ebe C. Tomos.

"Mae fy myd i ar ben," ebe Musus Tomos, "fedra i ddim byw heb delifision."

Doedd C. Tomos fawr feddwl fod rhai ugeiniau yn y Ffoltia wedi mynegi yr un gyffes nos Wener 21.

## FFYWL PLÊ:

Efallai eich bod chwi mwy cyfarwydd â mast Blaenplwyf a'r mast sydd ar gopa Bryn Nebo. Dichon fod ein mast teledu ni wedi ei anwybyddu braidd hyd yma. Mae Mast y Grwbi, Ffoltia, yr ail o ran taldra trwy y byd crwn cyfa.

Mast Brynia Casia yw y talaf un, ef dair modfedd yn nes i'r nef na ni ond mast o wneuthuriad bambŵ yw Mast Casia a mast ni yn fast o haearn bwrw solet. Mae mestus o beipiau landr ar gael wrth gwrs ond dawn ni ddim ar ôl y rheini heno.

Deallwn fod yr Wilias ein plismon lleol, yn derbyn hyw gardod gan Llwodraeth am gadw llygad ar Mast Grwbi ar nos Wener a nos Sadwrn tra bydd yr Injiniar Tragwyddol (sy'n byw dan Mast rywnd rîl) yn picio i udrach am Piwis i Cross Pyips.

Wir Dduw Annwl (tasa weddus rhegi ar gorn peth cyn wirionad) be wela Wilias nos Wener 21 ond dwy ffaslamp, un goch ac un wen yn wincian arno fo o gwt yr injan wrth droed mast.

Ma'r Wilias 'i hun yn hyll o dal, tydi o'n un dim yn ymyl mast wrth reswm pawb, prun bynnag, dyma fo'n plygu i sbecian drw sgyilat cwt yr injian. A pha beth a welodd o? Ie, pedwar gŵr, dau ohonynt yn eu hoed a'u synnwyr, yn mela hefo'r bodia letrig.

Er mawr ofid i C. Tomos rhaid yw cyhoeddi eu henwau yma. Vincent Tomos, Grosars and Drapers. Sami Whîl, Tai'r Cyngor;

Parch. Pitar Page, Segurfa a Gruffydd Jôs, Ysw., gynt o'r Gorsan Ysig Bach.

Dywedodd yr Wilias mai loes calon iddo ef oedd dal yr hogia yn yr actau. Fo ŵyr 'i betha onide? Pan ofynnodd yr Wilias i Sami Whîl am ddatganiad fe darodd ef "Plant Sir Fôn a phlant Sir Fynwy" nes oedd cwt yn sbedian, ni wyddai'r Sami beth oedd datganiad.

Gwnaeth Vincent ddatganiad maith a maethlon. Daliai ef mai tynnu sylw'r awdurdodau at brinder rhaglenni Cymraeg oedd ei fwriad.

**Wilias:** Llai fyth gawn ni tra byddi di'n mela yn y mashin.

Ni all C. Tomos lai na hoffi sylwadau Gryffudd Jôs. Dywed ef yn glir a phendant mai brwydr yn erbyn teledu fel teledu yw ei frwydr ef "Hen delifishion, hen gena am gadw dyn ar 'i draed nos," ebe Gryffudd "a does dim un diawl o ddichon cal neb i gwarfod canol rwsnos boed hwnnw seiat ne gonsart."

Does fawr o Gymraeg rhwng Vincent a'i fam y dyddiau rhain.

## CWYMP:

Boddi yn ymyl y lan fu hanes Cathrin Whîl ar Opartiwniti nos Lun, hynny yn ei thrydedd a'i holaf rywnd. Ond hitiwch befog, tipin o gamp ydyw ennill 89 ar pointar. Llongyfarchiadau canolig iawn i Cathrin am ddod yn ffigiwr cenedlaethol a hyhi eto ond ifanc iawn.

Dyfal dong a dyrr y garreg, Cathrin Bach.

## YMCHWILIAD CYHOEDDUS:

Daeth tyrfa fawr ynghyd i'r Sgoldy ddydd Llun a dydd Mawrth i wrando ac i drafod cais Mr. Cotyrpin o Lundain yr hwn sydd awyddus iawn i godi ciamp ciarifan a chytiau haf ar dir Gorsan Ysig Bach, cartref y bonwr Gruffydd Jôs cyn iddo fudo i'r bynglo.

Prif wrthwynebydd y cais ydoedd Hana Parri, Hendre Hirlwm. Tyddyn bychan yn cadw dwy fuwch a dynewad am y terfyn â'r Ysig Bach yw Hendre Hirlwm. Hyfryd oedd gweled trigolion y Ffoltia mor gytûn eu cefnogaeth i Hana.

Twrneiod: Mr. Rangŵn o Wesd Cyrbi dros Cotyrpin a Slyisimi

o Gaer dros Hana Parri. Mr. Frank Fare ydoedd y canolwr.

Clywsom areithio brwd o boptu. Dadleuai Rangŵn mai twrio yw prif ddiwydiant Ffoltia. Mae clyw Gryffudd Jôs yn drwm, camgatsiodd ef y twrio ac fe gododd fel powlten i gyhuddo Rangŵn o fod yn fudur a di-chwaeth. Cyflwynodd Slyisimi anerchiad grymus ar ran Hana Parri, "Mae Musus Parri wedi byw y trigain mlynedd hyn yn Hendre hirlwm," ebe Slyis, "mae ganddi hi hawl foesol a chyfreithiol i roi ei throed i lawr."

Aeth rhagddo i ddatgan mai nid sentiment ydoedd sôn am gadw cymeriad bro ac yn y cyswllt hwn aeth Slyis ati o ddifri i enwi beirdd y Ffoltia o Gwinllanydd i Crwbi Mawr, beirdd ffyrst class. Mae heddwch ac awyr iach yn anhebgor i drigolion y Ffoltia," ebe Slyis.

**Rangŵn:** Yda chi'n awgrymu bydda ciamp ciarifans yn dwgyd yr awyr?

**Slyis:** Ydw. Byic Bîns a sosej yn y breua heb sôn am sgrechian plant i dorri ar yr heddwch. ('Breaking the piece' ddeudodd o wrth reswm pawb.)

**Rangŵn:** Ffês ddy ffag clîn man. Wynebwch ffeithia ddyn glân. Mae'r Awdurdod Planio wedi caniatáu rhai cannoedd o gampiau carafán yn y gymdogaeth, lol wirion yw sôn am dawelwch a phrydferthwch.

Rhoddodd Rangŵn air uchel iawn i Cotyrpin. Dywedodd mai lles y Ffoltia oedd ganddo mewn golwg.

**O'r llawr:** Run fath â phob un o'i hil (clapio byddarol).

**Rangŵn:** Ceisiwch ymddwyn fel lo abyidin shitisens.

**Canolwr Clên:** Tawelwch os gwelwch chi'n dda.

Bu Rangŵn a Slyisimi yn dadlau'n frwd o boptu'r bwrdd gan sdrejio eu gyddfau fel dau geiliog Plymwth, y naill yn sôn am fwyd a'r llall yn sôn am fywyd. "Peth arall," ebe Slyis, "beth am ddŵr? Ceisiwch amgyffred y twll wnewch chi yn y mên syplyi."

**Rangŵn:** Fyddwn ni mo'i angan o. Mae gan Mr. Cotyprin ei ffynnon breifat ei hun ar dir Ysig Bach.

**Slyis:** Mae'r ffynnon dair milltir o'r tŷ.

**Rangŵn:** Ydyw, ond mae'r dŵr yn rhedeg drwy beipen bob cam i'r tŷ. Dŵr ardderchog, gwell dŵr deirgwaith na'r Mên syplyi.

**Canolwr swil:** Ga i ofyn am brawf?

**Rangŵn:** Cewch Syr. Mae Mr. Dyfrig Puw, Swyddog Dŵr y sir wedi cymryd dwy sampl, un o'r ffynnon ac un o'r mên syplyi.

**Canolwr:** Pa le y gwnaed y samplo Mr. Rangŵn?

**Rangŵn:** Yng nghegin Ysig Bach syr. Mae yno ddau dap, un i'r ffynnon ac un i'r mên syplyi.

**Canolwr:** Diolch fawr, Mr. Rangŵn.

"Wan ffôr mi," ebe Rangŵn dan ei wynt. Cafodd C. Tomos gip ar eiliau Slyisimi yn gostwng. Yr union foment hon clybuwyd trwst yn y gynulleidfa a chododd Gryffudd Jôs gynt o'r Gorsan Ysig Bach ar ei draed.

**Gryffudd:** . . . petha diarth ma yn dŵad i fama i golstran . . .

**Canolwr:** Os oes gynnoch chi air i ddweud fyddwch chi cystal â dod ymlaen i'r fan yma.

**Gryffudd:** A mi rydach chi Mr. Rangŵn yn deud ych bod chi wedi cael sampl o ddŵr y ffynnon yng nghegin Ysig Bach?

**Rangŵn:** Ydw.

**Canolwr:** (Wrth Gryffudd) Mi gewch ddweud be fynnoch chi ond rhaid i mi ofyn i chi beidio gofyn cwestiynau.

**Gryffudd:** O'r gora Syr, mi rydw i am ddweud wrth Mr. Rangŵn i fod o'n gena clwyddog.

Aeth wyneb Rangŵn yn goch, yn biws ac yna'n wyn. "Un dŵr sy'n dŵad i'r Ysig Bach," ebe Gryffudd, "a'r Mên syplyi ydi hwnnw. Mae'r beipen sy'n rhedeg o'r ffynnon wedi ei chodi o'r ddaear ers deng mlynadd."

A'r foment honno cafodd Rangŵn ffatan, bu raid i bedwar o ddynion cryfion ei gario allan un bob congol. Gohiriwyd yr achos am ddwy awr.

Diau y bydd raid i ni aros misoedd cyn cawn ni glywed dyfarniad y canolwr. Ffordd bynnag trydd pethau ni all C. Tomos lai na manteisio ar y cyfle hwn i ddiolch i bobl y Ffoltia am eu cefnogaeth i Hana Parri a bro eu geni. Pawb ei bats, pawb weithio fel gelan yn ei fro ei hun, fel'na daw trefn i'r hen wlad bach wirion ma, dyna yw barn C. Tomos.

## DYCHWELYD:

Mae Cathrin Whîl wedi dychwelyd i'w chartref er yn gynnar nos Sadwrn, hyhi wedi torri ei chrib yn arw. Eto i gyd mae'r Ffoltia yn falch iawn o Cathrin, tipin o gamp yw ennill ddwywaith yn olynol ar Opartiwniti a hynny wrth adrodd i gyfeiliant y Fywth Orgen. Galwodd C. Tomos i weld Cathrin y dydd o'r blaen.

**C.T.:** Wyt ti am ddal i bydru arni i adrodd efo'r Fywth?

**Cath:** Siŵr dduw debig.

**C.T.:** A beth am y dyfodol?

**Cath:** Bedi hwnnw?

**C.T.:** Oes na record arall i ddŵad?

**Cath:** O, oes. Cyffes y Meddwyn ar syid wan a'r Hwyrol Gloch ar syid tŵ.

Peidied neb â meddwl fod Cathrin wedi ei thaflu ar y clwt. Deallwn fod curo mawr amdani hi a'r Fywth. Cyfrinach fach i chi, cadwch ych llygad ar y Bocs nos Lun a nos Fawrth (a nos Ferchar wrach) a mi gewch weld Cathrin ar ei meinaf yn dangos staes 'i ffyrm "COWLAD BACH A'I GWASGU'N DYNN". Yn ogystal â dangos ychydig o'i chanol i ni bydd Cathrin yn adrodd cwpled soniarus a thlws ryfeddol o waith Gwinllanydd:

> **"Arbedwch fodfedd fan acw a dwy fan hyn**
> **Efo Cowlad Bach a'i Gwasgu'n Dynn".**

## GWOBR:

Llongyfarchion canolog iawn i Mr. Ben Box, ein saer lleol, ar ennill ohono ef wobr Cyngor y Celfyddydau Cain am wneud trap llygod bach mehogani.

Nid dyma'r tro cyntaf i Mr. Box gyflawni gwrhydri ac nid dyma'r tro cyntaf i Gyngor y Celfyddydau wario yn ddoeth. Mr. Box, os cofiwch chi, enillodd ar wneud coes bladur yn Sioe Nefyn y llynedd.

Deallwn fod Cyngor y Celfyddydau wedi cymell rhodd o bum cant o bunnau i Mr. Box er ei alluogi i roi gora i'w waith dros dro ac ymroi iddi o ddifri i wneud trap llygod mawr.

"Llaw y diwyd a gyfoethoga," dyna farn C. Tomos.

## PROFIAD CHWERW:

Mae na rwbath yn ddi-ddallt sobor yn Llew Lludw weithia a neith o ddim trïo dallt chwaith, troi'n glustfyddar bob gafal pan mae dyn yn ceisio rhoi gair o gyngor iddo fo.

Ymddengys i'r Llew daro ar Tom Twist yn un o'r tai potas yn dre. Twist yw y gŵr sydd yn rhedeg y Bingo yn sgwâr y farchnad a gŵr i'w dendio yw efe. Cyn pen tri pheint a hanner potelaid o Blac and White yr oedd y Llew wedi gwthio i lawes Twist lasa fo, dyna lle roedd Llew yn swancio fel peth gwirion, canmol fod ganddo fo leisans dreifio ddilychwin a di farc ers deugain mlynadd a chanmol ei lyri bob yn ail.

"Bai ddy we," ebe Twist, "taswn i'n gwbod basa'ch lyri chi yn dal y siwrna mi faswn i'n ych llogi chi i fynd i nôl dwy dunnall o lo i mi i Byrningham."

Y ffŵl ag ydi o dyma Llew yn atab yn cadarnhaol ac yn deud fela basa fo'n gneud Byrmingham mewn teir awr a chwartar efo'r gwynt i'w gefn.

"Reit o ta," medda Twist, "y funud dadlwythwch chi y ddwy dunnall yng nghefn y Bingo mi fydda i'n talu igian punt ar gledar ych llaw chi." Seliwyd y fargan efo hanner potelaid o Chateau du Romeo binc.

Ben bore echdoe fel roedd C. Tomos yn cau staes Musus Tomos cafodd gip ar Llew a Ffani Whîl yn pasio'n swels i gyd yn y lladwen lludw. Ychydig a feddyliai Tomos fod gyflafan yn aros y ddeuddyn. Am hanner awr wedi deg neithiwr a Mr. a Mrs. C. Tomos yn sipian eu Hwyrol Horlics clybu Mrs. Tomos gloch y drws ffrynt yn canu caniad hir. "Hw cwd ddat bi on ddus ynyrthli hywyr Confal diyr?" ebe hi.

Llew a Ffani Whîl oedd yno, y ddau yn wlyb socian. Daeth Tomos â'r ddeuddyn i'r ffendar i sychu a gwelodd ef miawn munud eu bod wedi profi gryn sgarmes, llygad du bitsh gan y Llew a chripiadau dyfnion ar fochau Ffani. Cafwyd yr hanes yn llawn.

Ar ôl troi a throsi am oddeutu pedair awr yn ninas Byrningham fe lwyddodd y Llew i ddod o hyd i iard y glo. Safai cryn ddwsin o ddynion cryfion wrth y llidiart ac o ran cwrteisi yn fwy na dim gofynnodd y Llew i'r mwyaf a'r duaf o'r dynion, "Dwy dunnall o'r glo gora plîs".

"Bai ôl mîns," ebe fo, "dowch i lawr i seinio."

Cyn bod traed y Llew ar y ddaear yr oedd cryn hanner dwsin o freichiau cryfion yn ei wig. Ymunodd Ffani yn y frwydr, doedd hi ddim am i estron gael mwrdro ei gŵr anghyfreithlon. Do, fe gnoeoedd Ffani ddwy glust o Wlfarhamton ac fe labiodd ddau ben o Byrningham efo'r handlan droi ond er i Ffani labio ac er i'r Llew ymladd fel llew buan iawn y cafodd y Picej y llaw uchaf ar y ddeuddyn o'r Ffoltia.

"Roeddan ni'n falch iawn o gael dŵad adra Mr. Tomos," ebe'r Llew, "caniatáu bod ni'n dŵad adra'n waglaw."

"Oeddan wir Mrs. Tomos bach," ebe Ffani. "Popeth a rydd dyn am ei drywsus."

"Rwbath fedra i neud i helpu," ebe C. Tomos, "mi gnaf o."

"Rydan ni wedi gorfod gadal y lyri o flaen stesion Corwen," ebe Llew.

"Dim petrol."

"Dim pres chwaith," ebe Ffani, "a mi fasa well gynnon ni i chi gal rhoi benthyg tair punt i ni na neb arall."

Ildiodd C. Tomos y tair i Ffani ond ysywaeth ni bu ef ar ei golled, rhedodd Mrs. Tomos i'r twll dan grisiau i deliffonio pobol y telifish ac fe gafodd bedair punt am y stori.

## CYMWYNAS:

Mae'r hen dwllwch ma a'r sdagyr letrig yn poeni pawb fel ei gilydd yn tydyw? Ar y llaw arall rhaid trïo cofio sylw Myrddin Fardd "Os na cholli di beth 'nilli di ddim", h.y. os na ddaw y meinar i fyny deith o byth i lawr. Ll'wodrath ydi'r drwg wrth reswm pawb, pam na wrandewan nhw deudwch? Croen am asgwrn fyddwn ni i gyd, mi gawn sylw pan awn ni yn rhy wan i fotio.

Diodda a diodda'n llawen yw ein hanes ninnau yn y Ffoltia, y bregeth nos Sul yw ein poen fawr ni. Y Parch. Benjamin Brwmstan, Muriau Sanctaidd, fydd hefo ni y Saboth nesaf am 10 a 6. "Maen nhw'n darogan cyt am 6.30 nos Sul," ebe Rhwydi Mawr yn y siop.

"Be nawn ni dwch? Mae golwg Brwmstan mor fyr a'i bregath o mor hir."

"Ia," ebe C. Tomos, "mae gin i gannwyll neu ddwy."

"Grwandwch," ebe'r Rhwydi, "mae gin i hanes y feri peth i chi. Injian letrig heb dorri graen, mi prynwch hi am song."

Galwyd pwyllgor blaenoriaid ar fyrder a gwahoddwyd Rhwydi Mawr i'n plith. Cyn pen pum munud cytunwyd un ac oll fod Rhwydi ynghyd â Gryffudd Jôs Ysig Bach (blaenor hynaf) a C. Tomos yn mynd i olwg yr injian a'i phrynu os gellid talu amdani heb fynd ar ofyn y Gronfa Ganolog. Rhoddwyd rhicin o bymtheg punt i'r ddirprwyaeth, gorau oll tasan ni'n medru pwrcasu am bedairarddeg wrth reswm pawb.

A wir i chi, injian glyfar oedd yr injian. Injian Blister, thri hors pŵar a dyinamond mawr fel marro yn 'i chesal hi. Doedd fiw i ni ddeud ein bod ni yn prynu i'r capal, siarsiwyd ni gan Rhwydi mai Anffyddiwr Selog oedd y gwerthwr – wedi gyrru pellan 'i benglin o'i lle wrth blygu i ddeud 'i badar rwla tua Diwygiad Ifan Robaits.

"Mi fydd i'r dim i leuo'r cwt ieir," ebe'r Ysig, "faint ydach chi'n ofyn ar ddyn tlawd? Teirpunt miwn."

Anelodd y gwerthwr glipan i'r Ysig a bu bron i'r ddirprwyaeth orfod troi ar ei sawdl, ymladdodd Rhwydi yn ddewr iawn i brynu am bymtheg.

Gosodwyd yr injian yn y Festri ar wely bach o wellt rhag ofn fod ganddi hen gast o wlychu dani. Hyfryd oedd gwrando ar Brwmstan yn morio ar y wraig weddw o Nain a chofio bob hyn a hyn fod yr injian yn y Festri. "Nid fory, drennydd na thradwy," ebe Brwmstan ar dop ei lais "ond rŵan." Ar y "rŵan" dyma hi'n dwllwch dudew du ar Blant Seion. Ta waeth, roeddan ni tu clyta i clawdd, welsoch chi rioed cyn gynted y daeth goleuni. Cafodd pawb weld 'i gilydd a gweld y Cennad drachefn, gresyn garw na fasa ni wedi cael clywed gair ne ddau. Terfynwyd drwy ganu "Pam y caiff bwystfilod rheibus" i gyfeiliant y Blister.

## NEWYDD DA:

Mae Rhwydi wedi bod ar y teliffon efo ffyrm Blister a maen nhw yn garedig iawn wedi ei roi ar ben ffordd. Mae'r injian wedi dofi'r hannar erbyn hyn, prin clyw ni (fel blaenoriaid) hi yn troi. Dwy beipan bridd fel egsôst a chasgen gwrw XL fel slenser a wnaeth y tric. Ond tydyn nhw yn meddwl am bob peth yn tydynt?

Mae hi fel Pŵar Hyws yn y Festri y dyddia rhain a mae Rhwydi ar ben ei ddigon yn trin yr injian. Dyna ni, sgil i gael Wil i wely. Pwy a ŵyr, wrach mai'r twllwch ddaw a Rhwydi i'r capal. Bendith arno fo a bendith arnoch chitha, daliwch i gredu yn yr amseroedd blin a chaled hyn.

Brwydr yr Iaith, brwydr y llaeth, brwydr y goleuni, brwydr y glo – un frwydr ydi hi, y frwydr fawr i ddymchwel Siôn Ben Tarw. Fiw mi fynd i bolitics, yr hen wlanan i mi, mae Musus Tomos yn cael sderics.

## TWYLL:

Helpu pobol mewn argyfwng, dyna ben dilyit Grosars and Drepars ers cyn cof. "Bydd haelionus lle bo achos", dyna arwyddair yr hen C. Tomos, tad hwn a dyna bethau y C. Tomos presennol hefyd.

Er bod streic y glo wedi mynd a gola'r letrig yn mynd a dŵad fe wêl yr hirben y cynni sydd yn ein haros am fisoedd eto i ddod.

"Beth fedrwn ni neud i helpu'r Ffoltia mewn awr o ddipresion Confal diyr," ebe Musus Tomos uwchben ei Hwyrol Horlics.

"Wel," ebe C, "fe stociwys yn helaeth, pwrcesais y creiriau prin i gyd. Mae'r warws dan ei sang, mae yma fwy o siwgwr nag y sydd yn Têt a Lyil a mae yma llawn mwy o de nag y sydd ym meddiant Dcfi Jôs Lcrpwl, ddalia i."

"Canhwylla?" ebe Musus.

"Chwech igian carton," ebe C.

"Gwdnes gresiys, werthwch chi monyn nhw tu yma i Gyi Ffywycs." Ond gwerthu ddaru C. Tomos.

Oedd, yr oedd pob cannwyll wen wedi mynd cyn pen tridiau a rhai dwsinau o ganhwyllau ffansi yn ogystal. Mae'r cyhoedd yn rhyfadd iawn fel'na, sibrydwch fod peth yn brin a buan iawn gwelwch chi guro amdano fo. Do, gymra fy llw, mi ddôth Citi a Ceti y ddwy chwaer sy'n byw yn Semi Ditaj yma efo basgiad ddillad, un bob clust i'r fasgiad. Roeddan nhw'n mynd o'r siop dan 'u sang o ganhwylla a siwgwr a blawd codi, beth reit hyll a deud gwir.

Glywis snachu fod coll bach ar Citi a Ceti, dyn darllan mitar oedd yn deud bod nhw wedi peintio Imyrjensi Stôr ar drws twll dan grisia.

"Fasa'r glo ddim yn gneud syiglyin bach i chi yn y dyddiau celyd hyn?" ebe Musus Tomos.

"Ond ple ca i hwnnw diyr? Chewch chi na finna run clap heb bapur doctor," ebe C.

"Ia o ran hynny," ebe Musus.

Waeth chi hynna na mwy, am ddeg o'r gloch fore trannoeth dacw ddyn reit neis i'r siop ac yn gofyn gâi o air hefo'r manijiar yn yr offis. Dyn da iawn oedd y dyn, swydd reit flaenllaw gynno fo efo'r Jihofas. A deud roedd o felly ar 'i beth mawr onta mor sobor oedd ag ydi hi ar hen bobol a babis sugno.

Traed yn rhynnu a ballu oedd gin y dyn wrth reswm pawb, ni allai C. Tomos yn ôl ei natur hynaws ef lai na chydweld â'r Jihofa.

"Mae gynnoch chi gefn helaeth yma Tomos," ebro fo.

"Oes decin i," ebe C.

"A mi allsa fod yn gefn i'r ardal yn nydd ei thrallod," ebro fo.

""Be sanctaidd sam ydach chi'n feddwl frawd," ebe C.

"Llenwch y cefn 'ma efo deugain tunnell o'r glo gora," ebro fo.

"A ple ca i hwnnw, mor hy â gofyn?" ebe C.

"Gin i," ebro fo.

Yn wir i chi, cafodd C. Tomos ei hun yn rhoi ugain papur punt i'r Jihofa fel blaendal am y glo. Yr oedd Musus Tomos yn dilyited, llwyddodd hi i gael ordors am bob clap o'r deugain tunnell cyn tri o'r gloch pnawn. Hyfryd bob amser yw cyfri'r cywion cyn eu deor.

Ond atolwg, ddaeth y glo? Naddo, glap. Waeth cyfadda mae proffid y canhwylla a'r siwgwr wedi mynd i'r Jihofa ac nid oes gan y Grosars and Drepars na drecsiwn na riset. Pan alwodd C. Tomos i ddweud ei gŵyn wrth yr Wilias, ein plismon tragwyddol, ni chafodd fawr iawn o gŵyn . . . Yn hytrach o lawer fe ffromodd yr Wilias yn aruthr, ymddengys ei fod yntau wedi ei ddal yn yr un fagl.

Dyna ein hanes ar daith bywyd onide? Yn y wir, tydi hi ddim yn talu gneud cymwynas.

## YR ALOTMENT:

Hirymarhous iawn ydan ni yn y Ffoltia i wneud gwelliannau ond pan gawn ni syniad rhaid yw mynd ati i'w weithredu at wans. Fel y gŵyr y selogion ohonoch chi sy'n mynychu'r Seiat Fisol mae yma hanner acer o dir diffath yn terfynu â'n festri ni. Mae o wedi mynd yn ryff a sgryffi ers tro byd, tydi'r gweinidog na'r diaconiaid ddim yn rhy ffond o gryman a fforch.

Wel, beth i neud hefo fo? Dyna'r cwestiwn sy'n ein poeni ni ers tro byd. Teg datgan mai yr hen wron Gryffudd Jôs o'r Ysig Bach a gafodd y syniad, "Gosod plotiau alotments," ebe Gryffudd, "a'u gosod nhw'n rhesymol i'r aelodau."

Cytunwyd un ac oll. Awgrymodd yr Wilias Rhwydi Mawr mai da o beth fyddai cael ffigiwr cenedlaethol yma i agor yr alotments, h.y. torri'r dwarchen gyntaf. Pwy i'w gael oedd hi wedyn. Awgrymodd rywun SYR Meichal Blyff ond dywedodd arall nad oedd y Syr wedi cydio mewn rhaw ers pan oedd o yn hogyn bach bedding trôns yng nglan môr Dinas Dinlla. Roedd un neu ddau yn selog dros ofyn i'r Gweinidog Amaeth a Phridd a mi fasa fo wedi dŵad ar 'i union bai bod o yn carifanio yn gwledydd poethion.

Pasiwyd maes o law i C. Tomos deliffonio Ledi Prisla gynt o Plas Ffoltia, hyhi yn bladres o wraig tebol a golygus. Cytunodd y Ledi yn llawen a rhedodd Gryffudd Jôs i'r Coperet i brynu rhaw heb fod yn rhy drom.

Ie, gwasanaeth i'w hir gofio oedd gwasanaeth torri'r dywarchen. Cafwyd gair i agor gan y Tywn and Cyntri Planyr – mae ef yn balwr wrth natur.

Daeth y funud a'r awr i Ledi Prisla ddechrau tryforio, cawsom air i bwrpas ganddi hithau. Topis mae pobol Llanllyfni yn galw tywyrch ddyliwn. Rhoddodd y Ledi y rhaw ar yr wyneb reit ddel wir ond cafodd beth trafferth i godi choes, sgert go dynn a go chydig o roi sydd mewn herrinbon.

Amlwg iawn ydoedd i'r cylch a'i tendiai bod yr amser wedi dod i'r Ledi wneud un o ddau beth, llacio syspendar neu godi sgert. Arbedwyd iddi ei gofid, daeth yr Ysig i'r adwy, biti na fasa rhen dwmpath gwirion wedi dŵad i'r adwy yng nghynt onide?

Pan oedd trwyn esgid patant leddar y Ledi ar y rhaw dyna un o gychod Holdffast Gryffudd yn disgyn ar ei bodiau. Daeth gwaedd anga o ddyfnderoedd isymwybod Ledi a disgynnodd wysg ei chefn i freichiau agored Ysgrifennydd y Gronfa Gynnal.

Deallwn fod y Ledi yn hybu'n burion mewn ward breifat yn Ysbyty Bogywen.

## DARLITH:

Treuliodd aelodau'r Gymdeithas Ddiwylliadol orig ddifyr yn y Festri y nos Fercher o'r blaen tra'n gwrando ar Gryffudd Jôs, Ysw., Yr Ysig Bach, yn darlithio ar Beirdd Gwerin Eifion. Mae Gryffudd yn gwella bob gafael fel darlithydd, efe bellach yn dangos cryn chwaeth lenyddol. Llwyddodd i ogrwn y gwych o'r gwachul yn deidi ryfeddol gan ddyfynnu yn helaeth o weithiau y prydyddion gorau. Dyma i chi damaid i brofi.

Englyn neu ddau o eiddo Evan Evans, Bryn Gwdyn, Llanarmon:

> **Robert Shôn, gwron yn gwyro – i'r bedd,**
> **Er boddi'i holl eiddo;**
> **Addurn ei drwyn – ar ddarn dro –**
> **Diod wedi'i andwyo.**

Englyn i yrrwr gwartheg a fuasai mewn gwell sefyllfa cyn dechrau troedio "ffordd troseddwr" yw'r uchod. A dyma i chwi batrwm o englyn, englyn i'r milgi:

> **Malgwd oedd enw'r milgi – a werthwyd**
> **I Arthur Bontllyfni;**
> **Symudodd y mis Medi**
> **Yn Tal y Cafn mae teulu'r ci.**

Go dda oni'n te? Ac ar y testun rywnd y rîl.

Ebe Gryffudd wrth drafod gwaith Rhydderch Eifion – Dichon mai ar y tant llon y canai ei gân orau, yr oedd ef fel Talhaiarn o

73

dymer fyw a gorlon. Dyma'r gerdd a ddeil ei enw ar yr wyneb hwyaf, ei gerdd i Jac y Do:

> Aderyn sy'n ein gwlad yn byw,
>     Meddylid wrth ei big a'i liw,
> A'i lais yn gweiddi, pan yn gyw,
>     Nad oedd ond brân.
>
> A hoffi mae y Llan yn fwy
>     Na'r un adeilad yn y plwy'
> Ac aros yno bydd yn hwy
>     Na'r person glân.
>
> Uwchben y gloch yn llawen bydd,
>     A chyda'r 'ceiliog gwynt' fe drydd
> Mae'n meddu llawer mwy o ffydd
>     Na syrth i lawr.
>
> Na'r gŵr sydd yn degymu'r gwlân,
>     A chywion gwyddau "Modryb Shân"
> A'r "ddegfed ran" o'r gwenith glân;
>     O orthrwm mawr.

Oedd, yr oedd Gryffudd Jôs yn mynd i hwyl. Bardd arall cynhyrchiol dros ben ydoedd 'Bardd y Gwrych', Llanhaearn.

"Nid bardd yn rhamantu am natur na milgwn mo hwn," ebe Gryffudd, "ond radical llawn awen, arweinydd yn wir." Dyma fel y canodd Gwrych yn ystod lecsiwn Elis Nanney:

> Pe cawn i wn dau faril
>     A b'ledi mawr o swej
> Mi saethwn Ellis Nanney
>     I lawr o ben y sdêj.

Biti garw i Gryffudd fynd yn ormod o lanc yn sdêj yma. Aeth ar gyfeiliorn ym marn C. Tomos. Gan edrych i fyw llygaid yr Wilias, ein plismon tragwyddol, fe adroddodd Gryffudd gerdd i'r Heddgeidwad yr hon a briodolai i un Elis Defis, Grachan Bach, Brynbachau S.O.:

> **Hen blisman bach Pwllheli**
> **Mi roedd o'n blisman ffeind**
> **Fe aeth i ryw dŷ tafarn**
> **I mofyn hanner peint.**
> **Hanner peint o gwrw**
> **A hanner peint o win**
> **A photel jinji biar**
> **A chic o dan 'i dîn.**

Ia, biti biti, a ninna mewn festri gyda hynny, mi fasa dyn call wedi deud:

> **"A photel Coca Cola**
> **A chic o dan benola".**

Ond dacia unwaith fela mae Gryffudd, mae o'n mynd yn wirion bost pan mae o'n cael y mymryn lleia o borth ne glap. Rhag digwydd a fyddo gwaeth, penderfynodd C. Tomos (yr hwn a lywyddai yn fedrus iawn) dorri'r cyfarfod yn ei flas. "Pleser digymysg yw diolch i Mr. Gryffudd Jôs am fynd â ni drwy winllan llên," ebe C. Tomos, "nid yn unig y mae ef yn ddarlithydd huawdl, y mae yn chwilotwr dygn hefyd, nid bychan o waith yw tryforio a chwilota cyfrolau trwchus . . . "

Cododd Robaits y cyn-sgŵl ar draed fel powlten yn fa'ma tybiodd C. Tomos ei fod yn orawyddus i eilio geiriau'r llywydd. "Chwilota," ebe Robaits, â'i wyneb cyn goched â radis grinws, "Chwilotodd y ffwlcyn ffoglyd acw run briwsin. Wedi dwyn petha Cybi mae o, lincs, sdansas and ôl, does na ddim digon yn 'i ben o i ddwyn y petha gora . . . "

Ffromodd Gryffudd yn aruthr, ni chafodd C. Tomos ond cwta

gip ar wadnau ei sgidia hoelion yn clirio'r pwlpud bach. O drugaredd fawr iawn fe welodd y cyn sgŵl y perygl ac fe'i gwnaeth ef hi'n syth drwy'r drws mwclis i'r capel.

Gresyn gorfod cofnodi i'r llywydd gael y sgŵl yn gorwedd ar wastad ei gefn yn y sêt fawr, un llygad at y pulpud a'r llall at y lobi, y Gryffudd wedi ei daro ar ei ben hefo Beibl y Pitar Wilias. Fuo dda rioed nad oedd o ddrwg i rywun.

## TROEDIGAETH:

Erbyn hyn o ddydd mae Robaits y cyn-sgŵl wedi cael gwellhad llwyr a buan. Deil y trigolion un ac oll fod Robaits wedi derbyn rhywbeth llawer mwy uchelgeisiol na gwellhad, y mae ef wedi cael troedigaeth. Nid yw wedi curo ei wraig ers tridiau. Yn y wir, mae o'n cerdded o gwmpas y lle yma ac yn codi hat i bawb yn ferchaid a dynion.

Pnawn ma ddwaetha'n byd bu ond y dim i Musus C. Tomos ddisgyn yn blwmp ar y Valor Heater. Ie, Robaits o bawb yn dod i'r siop ac yn ordro chwarter o jeli bebis i bob plentyn yn yr ysgol. Does gan C. ond gobeithio'n arw y deil y droedigaeth nes bydd o wedi talu amdanynt.

Llwyddodd y Parch. Pitar Page o'r diwedd i berswadio'r Ysig Bach i fynd i ymddiheuro i'r Robaits. Fe aeth Gryffudd yn gynnar bnawn ddoe ac fe roddodd o Baco Brown yn llaw Robaits.

"Reit ddrwg gin i fynd ohoni noson y ddarlith," ebe Gryffudd.

"Fachgan, fachgan," ebe Robaits, "y ddarlith ron i wedi meddwl siŵr am gael dŵad i wrando arnat ti a mi faswn wedi dŵad bai bod gin i bwyllgor go bwysig yn dre."

Oes wir, mae na rwbath go fawr ar Robaits Sgŵl.

## ORGAN RISHYITAL:

Gwelwyd Bethel M.C. o dan ei sang nos Fercher ar achlysur jocio'r organ newydd. Gwahoddwyd y Mr. Morus Macnôt, P. and O, Conas Ci i'n plith i roi tiwn. Mae y Mr. Macnôt yn feistr corn ar organ a harmonia. Anodd ydoedd credu y gallai cist o fehogani ildio cyn neisied twrw, yn wir fe'n swynwyd ni oll yn ddiaconiaid ac

*Gresyn gorfod cofnodi i'r llywydd gael y sgŵl yn gorwedd ar wastad ei gefn yn y sêt fawr, un llygad at y pulpud a'r llall at y lobi, y Gryffudd wedi ei daro ar ei ben hefo Beibl y Pitar Wilias.*

aelodau, mae hi gan Mr. Macnôt ar flaenau'i fysedd.

Ni chatsiodd C. Tomos enwau y tonau dechreuol gan fod Gryffudd Jôs (blaenor hynaf) braidd yn fyngus tra'n cyflwyno y teitlau tramor. Chwaraeodd Macnôt dôn adnabyddus Llew Madog, sef Tyddyn Llwyn i agor y bôl. Yna, cawsom ganddo ddetholiad o'r gainc Albanaidd "Y Pibwyr Pêr".

Braidd yn undonog ydoedd y Pibwyr ym marn C., diau i'r organydd ragweld ymateb y gynulleidfa wledig wrth ei wegil. Yn sobor o sydyn, trawodd ef Yr Hyngerian Rasbyri. Gŵyr y cyfarwydd ym myd cerdd pa mor hynod sbriws yw yr Hyngerian. Fel y chwythid y nodyn cyntaf o fynwes yr organ newydd cafodd C. Tomos gip ar benelin Robaits y sgŵl yn llithro oddi ar y pwlpud bach, disgynnodd Roberts ar ei drwyn ar ganllaw'r sêt fawr, bu raid iddo ef sleifio i'r festri ac aros yno weddill y rishyital yn dal cadach tamp ar ei belmet.

Hyfryd datgan i'r gwaed fferru'n eitha pen yr awr.

Macnôt a'r Hyngerian Rasbyri sydd ar dafod pawb yn y Ffoltia y dyddiau rhain a wir rhaid datgan na theimlodd cynulleidfa gymaint arddeliad ers dyddiau diwygiad Ifan Robaits.

Yr oedd Cathrin Whîl (ferch Ffani) wedi gwirioni efo Macnôt, Y Fywth yw peth Cathrin wrth reswm pawb ond waeth chi'm byd befo "adar o'r unlliw" rhagor Ffani. Darparwyd swper crand i'r organydd yn Grosars and Drepars ond (ac fe bechodd yn arw yn erbyn Mrs. Tomos) dewisodd ef fynd gyda Ffani i Sodom i swpera. Reit naturiol wrth reswm, ella ei fod ef yn awyddus i drïo'i law ar organ Cathrin.

Ar ôl swper ac ar ôl ei Hwyrol Horlics penderfynodd C. symud tua Sodom i gael sgwrs fach gyda'r Macnôt. Peidiwch â gadael iddi fynd allan, da chi, ond credwch roedd hi fel Gehena yn nhŷ Ffani. Macnôt ar y piano, Ffani ar y ffliwt, Cathrin ar y Fywth, Llew a Mrs. Macnôt ar y soffa a'r Hyngerian Rasbyri yn dawnsio mynd i gyfeiliant traed cryn ddwsin o lafna a llafnesi gorffwyll y Ffoltia.

Na, doedd dim teirawr ers pan oedd Macnôt yn swyno'r saint. Difrifola ni O Ein Tad.

## GWERTHU'R HEN:

Cyfarfu pwyllgor brys (diaconiaid) yn y festri nos Iau er ceisio penderfynu pa beth ydoedd ddoethaf i'w wneud â'r hen organ. Bu ychydig ddadlau a pheth anghydweld a llawer iawn o siarad nonsens ym marn C. Tomos.

"Cymrwn i hi mewn munud," ebe'r Rhwydi Mawr, "cawn i mwarad â'r mangl 'cw i rwla." Nid oedd Pitar Page yn awyddus iawn i'r organ fynd i afael y Rhwydi, gwyddai ef ar gora mai cwt i'r milgwn fyddai ei hanes hi cyn pen tridiau. Awgrymodd Elis Defis, Hendre Hirlwm, mai ei rhoi hi ar ocsiwn wnae o "gae bawb run chwara teg felly".

Ffromodd Roberts y cyn-sgŵl yn aruthr yn fa'ma, roedd o'n dal fel gelan na chaem ni ddim digon am yr hen gnawas drom i dalu i ocsiwnïar.

"Rydw i am neud cynnig ffurfiol," ebe'r Ysig Bach toc, "rydw i'n cynnig bod ni'n gadal hi i Confal Tomos . . . "

"Wna i un dim â hi tanciw mawr," ebe C.

" . . . i drïo'i gwerthu hi," ebe'r Ysig.

Cytunodd C. Tomos ar ôl trafodaeth hir a manwl i gymryd yr organ dan ei adain fel tae, h.y. basa fo yn gneud ei orau yn ei ffordd ddihafal ef a Musus Tomos i gael gwared â'r ufferyn.

"Ond symuda i yr un byj," ebe C, "nes rhowch chi ffigyr arni hi." Cytunwyd ar deirpunt a'r prynwr yn gyfrifol am ei symud o'r festri ar ei bŵer ei hun.

Cyn mynd i'w wely y noson aeth C. ati yn ddiymdroi i brintio notis reit ddel ar ddolen lân o Waldorff copi bwc.

**ORGAN RESYMOL**
**APLYI WIDDIN.**

Cam nesaf, yn ôl ei natur drwyadl ef, fe deliffoniodd C. i Crêns gan gymell yr organ am bum punt. "Fasach chi'n licio hanner dwsin o rai gwell na hi am 'i nhôl?" gafodd ef yn ateb. Rhedeg a rasio o'r siop i'r festri oedd hanes C. Tomos fore trannoeth, ymholiadau, rhai yn teimlo yr organ yn drom a'r lleill yn ei weld yn stiff am bum punt. I'r pant y rhed y dŵr onide?

Diwedd y gân fu gwerthu'r ufferyn am bedair punt i Miss Ffani

Whîl. Ple caiff Ffani gongol i'r organ, does neb â ŵyr. Mae hi fel Ffestifal Harlech yn Sodom eisoes, mae'r gegin a'r giarat yn cerad o offerynnau cerdd.

Ni allai C. a Mrs. Tomos lai na gwenu bnawn ddoe, Llew Lludw a'r lladwen yn crafu heibio'r ffenest yn y gêr bach, yr organ yn y trwmbel a Ffani cyn sythed â ffeuen Ffrainc o'i blaen yn chwarae "Pwy a'm dwg i'r ddinas gadar". Barn pawb a'i clybu ydoedd fod Ffani yn prysur roi top lyin i Macnôt.

## COLLI AELOD:

Y funud hon fe gollodd Grosars and Drepars un o'i gwsmeriaid gorau a chollodd Bethel aelod gweithgar yn ei sgîl. Onid yw hi'n anodd plesio pawb yn tydiw? Mae Ceti o'r Semi Ditaj newydd ollwng ei stêm dros y cownter a'r ddesgil frôn.

"Rhag ych cywilydd chi Mr. Tomos," ebe hi, "gwerthu harmonia'r capal i UN O'R BYD, ffyi ohonoch chi."

Pan geisiodd C. ei hatgoffa iddi hithau gael ei chyfle fe fwriodd Ceti ei llid i gyd ar Mrs. Tomos.

"Mae'r tipyn gŵr sgynnoch chi yn ormod o ffrindia efo Ffani Whîl," ebe hi, "ma pobl yn siarad."

Er nad oedd Mrs. Tomos yn coelio run gair o lysnafedd Ceti, pa wraig allai beidio ypsetio oni'nte?

## CORTYN COCH:

Hyfryd bob amser yw cael croesawu teulu newydd i'r ardal a hynny mewn oes pan mae ein pobol ifanc un ac oll yn dianc i'r trefi mawr i Fyrningham a Maenchester. Cofiwch i mi ddweud ar ryw gyfri ein bod fel Cyngor Dosbarth wedi codi bynglo newydd ar ben y Grwbi. A bynglo digon o ryfeddod yw efe, y Bwlch Mawr i'w weld yn glir drwy ffenestr y pantri, mynyddoedd y Wiglo drwy ffenestr pen grisia ac Ardudwy fawr drwy ffenestr y Droinin Rŵm a dŵr poeth a dŵr oer a dŵr cynnas ym mhob feis a gratiau macsis yn y rwmsus un ag oll.

Meddwl roedd y Cyngor wrth reswm pawb y basa bynglo fel y fo yn tynnu ein ffrindiau o dros Glawdd Offa tuag yma ond yn y wir er i ni hysbysebu yn yr Ar Werth a'r Ar Osod yng ngholofnau papurau gorau Lloegr, y Lifyrpwl Ecob a'r Byrningham Mêl chawsom ni fawr iawn o ymateb. Ella fod y Ffoltia yn lle rhy uchel abyf si lefel gan y fusutors, nis gwyddom, mae hi'n anodd dweud i sicrwydd heb gael map.

Felly, gellwch fesur maint mwynhad C. Tomos pan gerddodd cwpwl ifanc golygus a rhinweddol i'r siop y pnawn Mercher o'r blaen i ymholi ynghylch y bynglo. Mr. a Mrs. Hirwaen Griffith ydynt hwy.

Ef yn athro Trigonometrig yn y Cywnti yn y dref a Hi yn dysgu T.B. (ymarfer y corff) yn yr un ysgol. Ie, ffens mawr i'r ardal fydd eu cael i'n plith.

Mae Mrs. G. yn gref fel caseg, ni welodd C. erioed un a allai drin y jestar drôn mor ddi-lol – mudo'n boen yn byd, cipiodd Mrs. G. y jestar dan ei chesail a ffwr hi i fyny'r grisia i'r giarat cyn bod C. wedi medru codi ei olygon i'w dilyn.

Croesawyd y ddeuddyn i'r gorlan ym Methel nos Sul gan Gryffudd Jôs (blaenor hynaf). Ar ôl darllen "Hyn sydd i'ch hysbysu bod y dygedydd" aeth Gryffudd rhagddo i ddweud mor falch ydoedd ef a ninnau o gael Cymry i'n plith. "Ag os nag ydw i'n misio," ebe Gryffudd, yr hen ffŵl ag ydi o hefyd, "Mi fydd yma un bach yn y dosbarth rhagbaratoawl cyn pen dim."

Mae llai peth na hynna wedi troi Sentar yn Eglwyswr.

Deallwn mai Cortyn Coch fydd enw cartref newydd Mr. a Mrs. Griffith. Tlws ryfeddol.

## EISTEDDFOD URDD GOBAITH CYMRU FACH:

Mae gobaith dyn o ryfel, rhagor yr hen air, does gobaith neb o'i fedd. Calondid a hwb garw i'r Cymro twymganol oedd cael treulio orig yn Eisteddfod y Cylch yn y dref y pnawn Sadwrn o'r blaen. Beth sydd neisiach na Neuadd Goffi dan ei sang a phlant bach a mawr yn adrodd a chanu am gora. O le bach, fe wnaeth y Ffoltia yn dda glodwiw, ôl drymio medrus Ffani Whîl i'w weled yn amlwg ar blant y Ffoltia ac iddi hi yn anad neb y mae'r diolch am y tocyn gwobrau a ddaeth i'r Ffoltia (FF).

Unawd dan wyth (Robin Goch) – Wili Wyn (FF).

Adrodd dan wyth (Y Pysgodyn) – Robat Wili, Rhwydi Mawr (FF).

Adrodd dan ddeuddeg (Y Gwynt a'r Haul) – Morus (FF).

Unawd merched 12-15 (Hwyaden) – Pegi Pwll (FF).

Parti Recorder dan 12 – Parti'r Whîls (FF).

Unawd dan y piano – Meri Macnôt (dieithr).

Adrodd dan 15 (Llygod Llew) – Bobi Tŷ Trap (FF).

Parti cydadrodd (Parti Ddu) – Barti'r Ffoltia (FF).

Parti cydadrodd (Sioni Wynwns) – Parti Cefn Slots (FF).

Gofalwyd am Adran y Ffoltia gan Miss F. Whîl a gwasanaethwyd yn y Madryn Temprans gan Mrs. Robaits yr Ysgol Bach yr hon a roddodd grîm byn i bob aelod o'r adran o'i phoced ei hun. Chwarae teg iddi hithau oni'n te?

Eisteddwyd ar y llwyfan i wynebu'r bobol gan garedigion Urdd Gobaith Cymru Fach, sef Mrs. Robaits, Rysgol Bach (Crîm byns), Wmffri Defis (Ysgrifennydd bygedol), Mrs. Hedd G. Oilias (Trefn), Mr. Tom Roberts, Cynilfa Fawr (Trys.), Miss Elis a Miss Ffani Whîl (systifficets).

Bu C. Tomos yn haelionus iawn eleni eto, ef yn talu o'i boced am fws sbesial i gludo'r plant i'r Eisteddfod.

## HAWL LLWYBR:

Cerddwch eich llwybrau, dyna gyngor C. Tomos i chwi. Os oes llwybrau cyhoeddus yn eich ardal chi, a mae, mrolwch eich bod yn rhoi arwydd Llwybr Cyhoeddus yma ac acw hyd y llwybrau hyn. Er nad yw C. Tomos ond cwta drigain oed eleni, y mae ef yn hen ddigon hen i sylweddoli fod ein llwybrau yn cael eu pinshio gan estron. Dwgud yn slei a fesul tipin, dyna'r hanes, llwybr yn mynd yn llain, llain yn mynd yn gae, cae yn mynd yn ffarm, ffarm yn mynd yn ardal ac ardal yn mynd yn wlad. Bydd, mi fydd ein gwlad ni wedi mynd yn eiddo i estron cyn pen dau leuad.

Ydyw, mae C. Tomos yn gweld y dydd yn cilio pan fydd estron a Sais yn galw am Hôm Riwl i'r hen wlad fach ma. A mae Saeson o'r tu mewn yn waeth na Saeson o'r tu allan ym marn C.

**"Pa wlad wedi'r siarad mân**
**Sydd mor lonydd â Chymru lân?"**

Ofnaf ein bod fel Cyngor Plwyf wedi bod yn ddifeind a 'sgeulus yn y cyfeiriad hwn, yr ydym esys ar fin colli dau lwybr cyhoeddus yn y Ffoltia, estron wedi rhoi gwifren bigog ar draws ceg Llwybr Godre'r Foel a chwt iâr mawr ar draws ei gynffon.

Mae si ar led fod y pentrefwyr, o dan arweiniad Gryffudd Jôs a Ffani Whîl, yn benderfynol o symud y rhwystrau hyn. Byddin Ffani fydd yn ymosod ar y wifren a byddin yr Ysig fydd yn gyfrifol am ddifa'r iargwt. Os byw ac iach bydd y ddwy fyddin yn cyfarfod haff wê gyferbyn â drws ffrynt Mejor Sgwash yr hwn sydd gyfrifol am gau y llwybr. Does wybod beth a ddigwydd, mae'r Ffani mor benderfynol, mae'r Ysig mor wyllt a mae Sgwash yn ddiguro ar y ddwy faril.

Does ond gobeithio na ddigwydd gormod cyflafan. Cewch adroddiad manwl o faes y frwydr yr wythnos nesaf.

## BRWYDR GALED:

Hawl Llwybr yw popeth yn y Ffoltia y dyddiau rhain. Rhydd C. ei holl ofod a'i sylw i'r pwnc llosgawl hwn yr wythnos hon. Gryffudd Jôs o'r Gorsan Ysig Bach (gynt) gododd y grachan (os crachan hefyd) mewn cwr' plwy' fis Hydref dwaetha. Daeth Gryffudd i'r Sgoldy â map manwl iawn o'r Ffoltia a'i Llwybrau Cyhoeddus dan gesail.

Pan ddaeth "Unrhyw fater arall" gerbron fe gododd Gryffudd fel powlten ac fe daenodd ei fap ar y pwlpud bach gan wahodd penteulu a threthdalwr i'w insbectio.

Dyma yn fyr golic Gryffudd: Bum mlynedd yn ôl rhestrid dwsin o lwybrau fel rhai cyhoeddus ar y map. Erbyn hyn mae'r nifer wedi edwino i'r hanner. "O'r hanner dwsin sy'n cael eu listio fel Llwybrau Cyhoeddus," ebe Gryffudd, "mae pump wedi cau gan frwgej a mae Mejior Sgwash wedi blocio un, sef Llwybr Godre'r Foel.

"Mae o wedi rhoi weiran bigog ar draws un pen a chwt ieir ar draws y pen arall. Be ydan ni am neud?"

"Chwythu'r diawl i ebargofiant," medda rhyw lafn o'r Cownti Sgŵl. Galwodd C. am drefn "Cynnig bod ni'n gyrru llythyr reit siort i Sgwash," ebe Rhwydi, "yn gofyn iddo fo symud y cwt a thorri'r weiran in diw cors."

"Nid gofyn ddylan ni," ebe Gryffudd, "ond deud. Ni pia'r llwybra." Mae'n amlwg i bawb fod yr Ysig yn awdurdod garw ar lwybrau. Aeth ef rhagddo i ddyfynnu'n helaeth o lyfr y diweddar Jiorj Borox, "Hwn Sydd Lwybr".

"A wir Dduw Annwl Dad," ebe Gryffudd, "'ma hi'n amser agor llygad ddalia i. Fel'ma rydw i yn 'i gweld hi a fel'ma ma Borox yn 'i gweld hi. Dorwch lathan i Sais a mae o'n cymyd dwy. Does neb gwaeth na fusutor am gerddad ein llwybra ni, gerddi ni hefyd weithia . . .

"A'n tir pori ni," medda gwraig Hendra Hirlwm.

"Ag ylwch chi," ebe Gryffudd, "munud ma nhw'n prynu tŷ ne ffarm yn lle ma, ma nhw'n cau'r llwybra. Gosod arwydd Preifat ym mhob congol, dyna'u hanas nhw i gid fel 'i gilydd."

Yn fa'ma dyma Ffani Whîl yn codi (a dau'n dri o betha ifanc wrth 'i chynffon hi). "Rydan ni efo Gryffudd Jôs ôl ddy wê," medda Ffani fela, "os na wnawn ni rwbath a hynny'n fuan fydd pia ni mo'r hyws bach."

Cododd C. (y cadeirydd) a siaradodd ef yn bwyllog iawn. Goddefgarwch a chyfaddawd yw pethau C. Erfyniodd ef ar i'r wrthblaid (Yr Ysig a Ffani) glaearu un briwsin bach. Addawodd ef y byddai'n ceisio dandwn Sgwash a'i gael i weld rheswm.

"Mi rown ni fis i chi," ebe Gryffudd, "os na fydd Llwybr Godre'r Foel yn gorad i'r cyhoedd pen mis mi fyddan ni yn delio efo Sgwash fel byddwn ni'n gweld ora."

Teg dweud i C. ynghyd â dirprwyaeth gref o'r Cyngor Plwy' fynd i weld y Mejior Sgwash ond nid oedd ef am smitio modfedd. Dau air dros y trelis ac alsyisian wrth ei sodla, dyna'r croeso gafwyd gan Sgwash. Dyna gefndir y stori wedi ei rhoi i chwi yn deg a diduedd.

Echnos fel yr oedd Musus C. Tomos yn cau cyrtansia'r ffrynt rŵm, "Dowch yma C. diyr," ebe hi. A wir i chi dyna welsom ni, rhes ddwbwl, ddwsin ne bymthag o hyd yn martsio fel soldiwrs tu ôl i'r

Ysig a Ffani Whîl. Sylwodd C. fod dau neu dri yn cario gyrdd a thrysolion a theclyn torri weiran. Yn ôl ei arfar mewn argyfwng rhedodd C. i'r giarat i benlinio a gofyn am arweiniad. Am unwaith tybiodd C. nad oedd ei Feistr yn chwarae'r gêm.

Er cymaint yr hoffai C. swatio yn nghesail ei wraig neidio i'w dop côt ddyffl wnaeth efe a dilyn y fintai o hirbell fel y Nicodemus hwnnw gynt. Dach chi'n gweld, wnae hi mo'r tro i C. wadu'r Ysig a Ffani a fydda hi ddim yn dda i'r Sgwash ei hâff ladd chwaith.

Pan oedd y fintai ar gyrraedd y weiran bigog dyma rywun yn chwythu cord ar y Fywth a dyna Cathrin Whîl yn taro "Hogia Ni" nes oedd y lleuad yn boddi. A wyddoch chi yn fan'ma fe deimlodd C. y trawsgweiriad rhyfedda rwla tua phwll ei galon. Nid oedd arno ef ofn mwyach, do, fe ganodd yntau 'Dydi'r sgwâr ddim digon mawr i'n hogia ni' yn ei diwn Sabothol gora.

"Rŵan," ebe Gryffudd, "ma hi'n bumdrigian wedi naw. Mae Miss Whîl a un hannar ohon' ni yn aros yn fa'ma i dorri'r weiran bigog. Mae'r hanner arall yn dŵad hefo mi i dorri neu symud y cwt iâr. Gyda lwc mi fyddwn yn cwarfod y'n gilydd yn nrws ffrynt y Sgwash i ddeud yr hanes ymhen deng munud.

Un gair bach o rybudd, neb i danio ond in sel diffens."

Ni allai C. lai na chwerthin wrth wrando ar yr Ysig o bawb yn ymbil am addfwynder. Mae ef fel matsen o wyllt. Waeth chi un gair mwy na chant, dyna Rhwydi ar gais Ffani yn agor yr efail dorri, dyna'r efail yn cau ac yn mynd drwy'r bigog fel llinyn trwy gaws. "Hwre," medda ifainc a chanol oed fel 'i gilydd a dyma Robaits y cyn-sgŵl yn agor 'i Lyfr Tonna ac yn taro "Maglau wedi torri" nes oedd y Grwbi'n eco byw.

Gwaetha modd doedd petha ddim yn gweithio ryw hwylus iawn yn y pen arall. Nid gwaith dau funud yw mudo clamp o gwt iâr deg wrth ddeuddeg troedfedd â'i denantiaid ar 'u clwydi, ia, hanner cant yn Whyit legorns, a blac minorca a dau geiliog plumwth roc. "Does dim symud arno fo ddyliwn i," ebe Gryffudd, "mi awn ni drwyddo fo." A dyna wnaed.

Gryffudd (yn 'i oed o) yn cymryd trosol a wib yn erbyn talcen yr iargwt a chredech chi byth cymaint bwlch ddaru o mewn pum munud. Biti hefyd rwsud ond doedd y Roc ddim yn fodlon yn tôl i gael sdyrbio ei gyntun, rhuthrodd ef yn big a sbardun i war yr Ysig a bu raid i'r hen wron roi tro yn ei gorn gwddw. Rhagor onta "mi fydd yn lesn i'r lleill".

Dyna ni felly ta, mae'r frwydr Ffoltia v Sgwash yn ei hanterth. Fiw i C. Tomos fynd yn hyfach na'i ofod. Os bydd ef a'r ddirprwyaeth byw fe gewch hanes cyfarfod y Mejior yr wythnos nesaf!

## CYFLAFAN:

Chwi gofiwch i mi ddweud fod Ffani Whîl a'i byddin wedi llwyddo i dorri'r weiren bigog. Ni lwyddodd Gryffudd Jôs a'i fyddin ef i symud y cwt iâr o'r llwybr ond cafwyd twll trwyddo reit ddi-lol. A mae twll trwy gwt iâr yn profi 'reit o wê yn ôl cyfrath', rhagor Gryffudd.

Ffani a'i byddin oedd gyntaf i gyrraedd drws ffrynt Plas Sgwash, erchodd hi i bawb gadw'n ddistaw fel llygod.

"Ogla tail ieir," ebe Rhwydi Mawr, "ma'n nhw'n dŵad."

"Mae Mejior Sgwash wedi mynd i glwydo'n gynnar ddyliwn," ebe'r Ysig fela y funud cyrhaeddodd o.

"Rydach chi am 'i godi o decin i," ebe Ffani.

"Mi rown ni y peth i fôt," ebe Gryffudd. "Pawb sy'n selog am godi Sgwash godi law." A dyma'r Ysig rownd y ddwy fyddin efo lantar a chal fod y ddwy un ac oll yn gytûn. "Codi Sgwash," medda beinw a gyrfod.

Do, fe bwniodd Gryffudd Jôs y cnocar bedol ceffyl nes oedd platia piwtar Mejior Sgwash yn powlio hyd lawr y neuadd ac yn ddisymwth megis dyna Ffarosiys yr alsyisian yn deffro o gwngwsg trwm ac yn arogli dynolryw. Ffarosiys, dyna'r gair a dyna'r gân. Daliai C. am chwech ei fod ef wedi gweld blaen ewin blaen yr anghenfil yn ymwthio gryn hanner modfedd drwy'r llythyr bocs.

"Ond gwell fyddai dychwelyd yng ngolau'r dydd?" ebe C. Ond mae'r Ysig yn benderfynol fel mul tincar.

"Mi daliwn i o yn 'i wendid," ebe Gryffudd. Dyna ola letrig lyit yn llenwi ffenast llofft Sgwash a dyna'r Ffenast Ffrainc yn agor i'r nos a dyna fwstas mawr a Sgwash tu ôl iddo yn cerdded allan i'r balcyni.

"Wel," dyna'r unig air ddeudodd Sgwash ond 'i fod o'n ddeud o fel taran onide. Yn sdêj yma fe deimlodd yr Ysig mai peth reit gwrtais fyddai iddo ef symud i ganol y fintai a gosod ei hun o dan ffenast Sgwash i ddarllen ein Proclamasiwn. A dyna wnaeth Gryffudd Jôs tasa fo wedi gneud hefyd, rwsud neu'i gilydd (does neb dyn a ŵyr sut) fe aeth Gryffudd a'i Broclam a'i lantar o'r golwg i bwll y gowld-ffish. Tynnodd Rhwydi Mawr ei grysbas llian a'i feret i blwmdeifio ond pan oedd ef ar ei thri tŵ bi off daeth llaw Gryffudd Jôs (yn 'i oed o) i'r golwg trwy'r swigod a dyna Robaits y cyn-sgŵl (lyiff sefin a trigonometri a nafigeision) yn gweled ffats ac yn bachu bagal ei ffon o dan gesail yr Ysig a'i sgwlio fo i'r dorlan reit ddel.

Gweld plwc yn Gryffudd yr oedd C., er ei fod yn wlyb domen bwll aeth yr hen wron rhagddo i adrodd ein Proclamasiwn i Sgwash "Yr ydym ni yma i gyhoeddi bod Llwybr Godre'r Foel yn awr yn agored led y pen i'r cyhoedd . . . " chafodd Gryffudd fynd gam pellach na hynna. "Tresbasyrs wil bi prostitiwted," ebe'r Sgwash, "twenti seconds fflat i chi glirio."

Teg dweud mai C. yn unig a fanteisiodd ar rybudd Sgwash, ehedodd ef fel gwennol chwimwth i gwt rhawiau y Mejior, yn wir bu bron i C. dagu ei hun yn handl y rotari mywyr. Prin fario'r drws o'r tu fewn a gafodd efe nad oedd ffrydiau melys o olau llachar yn disgleirio ar bob congol i lawnt Plas Sgwash. Yn y cwt rhawiau yn swat y bu C. am ugain munud, ef yn llygad dyst o ddadl a chwffas gyda'r ffyrnica a welodd dyn byw. Mejior a gwn yn ymladd dau ddwsin o bentrefwyr di-ildio.

Yn y wir gwefreiddiwyd C. unwaith neu ddwy, ni welodd ef well paffiad ers dyddiau'r Cid Lewis yn y Sowth ers talwm. Mae'r Mejior yn bictiwr o Dori, ef yn dalgryf fel ffawydden Norwe (atgoffa C. o'r Carneddog, ta Carnera deudwch) ac nid anghynnil fyddai cyfeirio at ddau bawen mawr Sgwash fel dwy badell bobi. Roedd Gryffudd Jôs ar llaw arall (yn 'i oed o) mor jumpi lyit a dim coc bantam, tra ragorai ef mewn ffwtwerc, gwreichion gleision yn codi o'i glocsiau. Cyfiawnder ei achos yn ddiamau a roddai nerth i Gryffudd.

Gwelodd Sgwash yn fuan mor amhosibl ydoedd taro'r Ysig Bach a gwnaeth ef beth call iawn, neidiodd am Gryffudd fel hwch am fesen a'i wasgu yn ei freichiau. Y foment honno dyna Ffani Whîl yn gwneud naid golomen ac yn rhuthro i fargod mwstash y Sgwash a hongian wrtho fo gyma fy llw. O'i weld ei hun yn colli tir fe ollyngodd Sgwash ei Ffarosiys i ganol ei elynion.

O drugaredd fawr iawn dewisodd Ffarosiys Rhwydi Mawr fel tamaid i aros, dyna'r lle methodd: mae Rhwydi yn fistar corn ar ffreti a llwynogod a phob anifail gwyllt. Fel yr oedd dau bawen blaen Ffarosiys yn disgyn ar ddwy ysgwydd lydan y Rhwydi gwelodd C. fraich y potsiar yn saethu fel piston trên stêm i rywle rhwng dwy goes ôl Ffarosiys.

Tebig ydi fod Rhwydi wedi gwasgu, clybuwyd sgrech angau yn dod o bwll stumog Ffarosiys. Ni bu ci ar daith fuanach.

Gwaith di-lol iawn ydoedd cael y llaw uchaf ar Sgwash unwaith yr oedd ef yn amddifad o'i gi. Yn sicr ddigon, byddai Sgwash wedi gollwng un os nad dwy faril ar yr Ysig oni bai i'r cyn-sgŵl daro trwyn y gwn tua'r ffurfafen serog. Cownt dwaetha gafodd C. gan yr Wilias, ein plismon tragwyddol, "Mae Mejior Sgwash yn dŵad ag achos yn erbyn Gryffudd Jôs a Ffani Whîl fore Merchar nesa am 10.30; rhaid rhoi stop ar y lol 'ma." Amser a ddengys.

## CWRT BACH:

Dichon mai y dydd Mercher o'r blaen ocdd y dydd Mercher pwysicaf oll yn hanes y Ffoltia Mawr, Gryffudd Jôs gynt o'r Gorsan Ysig Bach a Ffani Whîl o'u blaen nhw am 'mosod ar Mejior Sgwash. "Ymosod ar Sgwash ar ei dir ei hun," dyna'r modd y gosodwyd y cyhuddiad a'r Mejior wrth reswm pawb a ddygai'r cyhuddiad gerbron.

Go fychan fel gwyddoch chi, os gwyddoch chi hefyd, ydi'r Cwrt Bach yn dre, dal cwta ddeugain o betha heb fod ryw fawr iawn. Felly, mi ellwch amgyffred y tyit ffit oedd hi yno ddydd Mercher, trigain a phedwar (llwyth moto Crosli) wedi llenwi y cwrt ymhell

*O'i weld ei hun yn colli tir fe ollyngodd Sgwash ei Ffarosiys
i ganol ei elynion.*

cyn hanner awr wedi deg a phawb, chwar teg, yn Fatus a Sentar wedi ymroi iddi i ganu Rhagluniaeth Fawr a Hogia Ni a rheina i gyd. Oedd, yr oedd Gryffudd Jôs yno yn ei fedfford cord gorau a Ffani wrth ei ochor mewn siwt drywsus felfaréd fflamgoch a chap Robin Hwd o'r un defnydd a fêl o aur ysgafn dros ei hwyneb. "Bictiwr," meddai pawb.

Clerc y Llys (gasglem ni) ydoedd y cyntaf i godi a siarad, darllen y cyhuddiad reit ddi-lol ddaru'r dyn wrth reswm pawb. Wedyn, dyna alw ar ein Wilias ein plismon tragwyddol, i roi hanes yr achos ym Mhlas Sgwash a theg datgan i'r Wilias roi cownt manwl a chywir o'r gwffas yn ei ffordd drwsgwl ei hun. Nid yw ein Wilias yn rhy gyfarwydd â chyrtiau, setlo gartra yw ei bethau ef, clipan i ambell lafn cegog a hefr reit dda i ganol oed.

Teimlai C. i'r byw dros Sgwash, ef fel pyblican yn yr anialwch, ef yr unig Sais yn y cwrt. Gan nad oedd y cadeirydd yntau yn hyddysg yn y Fain bu raid chwilio am gyfieithydd a daeth Robaits y cyn-sgŵl i'r adwy yn sdêj yma. (Robaits wedi gneud y gyfraith fel syiglyin pan oedd o yn Rhydychen a fuo fo ddim yn swil o fynegi hynny i Fainc a meincia, chwar teg). Diau i'r sgŵl weithredu yn ôl y golau oedd ganddo ond eto teimlai C. fod ei Gymraeg ef mor llafurus ag ydoedd Saesneg Sgwash o ddieithr. Eisteddodd Robaits i lawr pen hir a hwyr a diolchodd y cadeirydd yn gynnes iddo am wneud.

Does dim dwywaith nad Ffani ydoedd y Sdâr Twrn. Gofynnodd ei thwrne, Ken Cyfrwys (Tegwch a Perserfiarans cyf.) iddi hi ddweud 'i phwt yn ei geiriau ei hun. Aeth Ffani gam ymhellach, mynnodd hi ail-fyw y sgyffl rhyngddi hi a Sgwash slap am slap. "Fel'ma Syr," ebe Ffani gan neidio i wddf Sgwash a'i fwrw ar ei gefn i'r dryi doc. Fe sdyrbiodd hyn bethau braidd, sylwodd C. fod hyd yn oed Musus Whyithed, Y.H. wedi codi ei phen o'i chroshio am un funud fer. Tebig ydi basa Ffani wedi tagu Sgwash yn y doc 'bai i'r Ysig ruthro i'w gwar. "Bellad bo chi yna," medda'r clerc, "waeth i ni'ch cymyd chi rŵan am wn i" a dyma fo'n slyifio Testament coch i law Gryffudd Jôs.

Dyletswydd a braint C. yw trosglwyddo datganiad yr Ysig Bach i chwithau "Mister Cadeirydd, sdusiad a gwnadrag (Musus

Whyithed pia honna). Rydw i yma, meddach chi am mod i wedi mosod ar Mejior Sgwash ar ei dir ei hun. Hold on, gawn ni gymyd y doman o'i chwr? Mosod? Ddarum i mosod? Naddo, sel diffens ydi taro dyn sy'n nelu dwy falir i'ch crwpar chi. Yr ail gymal 'ma "Mosod ar ei dir ei hun". Nid tir gwas mono fo, pawb pia fo, llwybr cyhoeddus ydi o."

A dyma'r Ysig (yn 'i oed o) yn rhoi pregath reit siort i'r Fainc yn sdêj yma "ylwch chi, tasach chi'n hannar effro, mi fasach wedi galw hwn (Sgwash) i gyfri ers tro byd. Fo ydi'r drwgweithredwr, nid Ffani a fi. Petha fel'ma'n dŵad i'r wlad 'ma mor larts â chlogod ffesant ac yn cipio'r tir sydd o dan traed ni."

Ma siŵr i araith Gryffudd gael argraff go sownd ar y cadeirydd a'r sdusiad. Dyma gyhoeddi toc bod nhw'n taflu'r achos allan yn erbyn Gryffudd a Ffani a rhybuddiwyd Sgwash gan y cadeirydd os gwela fo gwt iâr rhwla ar gyfyl llwybr Godra'r Foel y bydda fo'n rhoi yr hannar canpunt a'r carchar ac ella'r ddau i Mejior Sgwash am ei hyfdra. Os cafodd dyn rioed dorri grib, Sgwash yw hwnnw.

Ie'n y wir, hir y cofiwn ni ddydd Mercher. A phwy wêl fai ar y gialant griw am droi i'r Bliw Lagŵn i ddathlu? Ia, a'r Wilias os gwelwch chi'n dda fan honno wrth y bar (ei hoff far) yn ei lifra yn taflu'i wegil yn ôl cystal â neb.

Maddeued y darllenydd i C. am dorri tros y tresi y tro hwn, mae y Ffoltia sbel yn nes at ei galon ef nag ydyw ei orgraff a'i bapur newydd.

## MENTER NEWYDD SBON:

Mae Musus C. Tomos yn wraig sylwgar iawn, llawn mwy sylwgar na C. "Confal diyr," ebe hi neithiwr uwchben ei Hwyrol Horlics, "pa le mae Gryffudd Jôs a Miss Whîl a Roberts y cyn-sgŵl yn cadw y dyddiau rhain? Synnwn i yr un haden na tydyn nhw ar berwyl drwg." Cyn i C. gael ffads i na chadarnhau na chytuno dyma gloch y drws ffrynt yn canu cwcw a chwcw ac yn dal i ganu nes aeth C. i agor.

Yn y wir i chi dyna'r lle yr oedd y triawd dan oleuni'r portico, bagsia gleision mawr dan lygaid y tri fel 'i gilydd. "Rydan ni wedi bod wrthi ddydd a nos," ebe Gryffudd.

"Goelia i wir," ebe C. "Dowch i'r tŷ yn Tad Mawr."

Eisteddodd Robaits a'r Ysig ar y soffa a Ffani ar y ffwdsdwl.

"Projegt sy gynnon ni Confal Tomos," ebe'r Robaits.

"Un fydd yn rhoi gwaith i naw ne ddeg o'n pobol ifanc ni," ebe'r Ysig. "Dwsin ella."

"A mi fydda inna'n gofalu am ochor y bwyd," ebe Ffani.

Ni sdyrbiodd C. na Musus Tomos yr un briwsin, hwynt hwy yn hen gyfarwydd â syniadau'r Ysig. "A mi rydach chi yma i ofyn am y festri i gynnal te parti decin i?"

"Go brin y byddwn ni angan y festri," ebe'r cyn-sgŵl. Yn sdêj yma aeth ef i dyrchu i waelod ei gariar bag a'r funud nesaf dacw fo'n tannu plan map crand ar lawr ein parlwr, un wedi ei ddroinio'n fanwl mewn indian inc coch. (Sgêl modfedd sgwâr i'r filltir.)

Tybiodd C. am funud ei fod yn gweld melin wynt yn sefyll ar ben y Grwbi. Snwyrodd yr Ysig ei fod mewn peth dryswch, "nid Melin na thŵr silwair monno fo," ebe ef. "Ciaffi."

"Dowch hefo mi," ebe Robaits. A dyma fo'n cymyd pensal lèd ac yn arwain C. drwy'r project o'r sawdl i'r corun. A dyma fo. Tŵr cerrig crwn fel peipen landern ond ei bod yn beipen enfawr o fawr ac uchel, can troedfedd o daldra. "Gweld y Wiglos pan fyddwch chi'n cal te ar top ylwch," ebe Ffani.

"Cwt yr injian sydd ar y llawr isa' ma," ebe'r Ysig.

Fe ffromodd y cyn-sgŵl braidd yn sdêj yma ac fe erchodd i'r Ysig a Ffani fod yn ddistaw fel taen nhw blant bach desgis ac fe aeth ef rhagddo i ddweud ei stori yn ei eiriau sgoldy. Daiff C. ddim i'ch llwytho chwi hefo manion technegol, dim ond dweud fod dyfodol llachar iawn i'r Ffoltia. Dyna ni felly, tŵr cerrig cadarn can troedfedd i'r nef a deugain ar draws daear lawr. Cwt yr injian, rhagor Gryffudd, ar y llawr isaf. Neuadd sgwrsio a dwnsio a lifing pigjyrs yn dangos sglyids o'n diwydiant a'n diwylliant lleol hanner y ffordd i fyny, Y Purdan yw ei henw hi. Ac ar y top oni'n te, y Te Gardn. Ac Eden yw ei henw hi.

"Feri wel plan," ebe Musus Tomos.

"Ond sut ar arfath hon y ddaear mae mynd i Eden?" ebe C.

"Y fasgiad," ebe'r Ysig. "Welwch chi y pwli mawr olwyn manglan 'na? Mae 'na injian-Blister oel yn troi honna a mae hitha yn troi'r rhaff weiar rôp a mae'r weiar rôp yn codi'r fasgiad i fyny ne i lawr y twr fel fynnoch chi. A mae'r fasgiad yn dal dwsin, pymtheg o betha' heb fod rhy fawr."

"Ffansi," ebe Musus Tomos.

"O ran tyrment yn fwy na dim fe ddywedodd C. y byddai congol o'r fath yn tynnu'r Twrist yn 'u geinia i'r Ffoltia ond wir roedd y triawd wedi rhagweld i perig.

"Ma nhw yma tydyn?" ebe Ffani. "Does dim ond glaw trana cadwith nhw adra. Te Cymraeg gan nhw gin i, bara ceirch a teisus cri a isda ar feincia rownd bwrdd moel i fyta."

"A gofyn a thalu amdano fo yn Gymraeg ne lwgu," ebe'r Ysig.

"A mi rydach chi am i mi drïo cael caniatâd y planning i chi decin i?" ebe C.

"Nagdan," ebe'r Robaits, "rydan ni esys wedi cal sêl bendith yr hen beth hwnnw, meddwl roeddan ni basa pedwar pen dafad yn well na thri a mi rydan ni angan arian go sownd. Dywedodd Musus Tomos Noswaith Dda Iawn wrthym un ac oll gan frysio i fro breuddwydion."

Am dri o'r gloch y bore daliodd C ei hun yn teliffonio i'w fanijiar banc yr hwn a gododd yn ei goban a'i gwrw. "Tydw i ddim yn cadw cownt cwsmar dan cobennydd," gafodd ef a hynny reit siort.

"Yr hen gleiriach pigog," ebe'r Ysig dros ysgwydd C.

"Pardwn," ebe'r Cregin Heddwch.

"Blanc," ebe Ffani Whîl, "Twll dy deliffôn di."

Fel y codai'r haul ei eiliau dros y Grwbi ac fel y sdrejiai Plumwth Roc Hendre Hirlwm ei gorn gwynt i ddymuno bore hyfryd i'r Ffoltwyr ffarweliai C. â'r triawd yn y portico gan eu sicrhau y byddai ef yn cyfrannu'n helaeth i'r fenter newydd tae hynny'n golygu iddo ddifa ei ddifi dend olaf yn y Coparét. Yn sdêj yma rhoddodd Ffani glamp o gusan boeth i C. Aeth ef i'w wely a throi at y pared.

## GALWAD SYDYN:

Ben bore heddiw â C. Tomos wrthi'n brysur yn rhoi enwau ar pura nwddion wele foto tacsi du'r angladd yn aros o flaen drws Grosars and Drepars a dacw Mr. Amgorn, Banc y Medlan yn rhuthro i'r siop, cyrcydodd C. o'r golwg i'r Bocs Hadau Bach. Funud cododd o dyna law wen Amgorn yn saethu rhwng yr ham a'r bara sglyis ac yn ysgwyd llaw C. yn gynnes odiaeth.

"Ga i gymall dau ffriwt drop i chi fel offrwm bach o hedd?" ebe C.

Na doedd fiw sôn, fiw sôn.

"Mil, dwy, tair, chi pia nhw Tomos," ebe'r Amgorn, "ni sydd wedi handlio cownt ych taid, eich tad a ni sydd wedi handlio eich ofardrafft chitha. Melys, moes mil Mr. Tomos."

Cyn bod y moto tacsi wedi gweld pen y Grwbi prysurai C. ar y beic cario allan i dŷ Ffani Whîl, ei galon yn curo'n gyflym a'i lyfr siec yn llosgi'n golsyn.

Wrth reswm pawb bydd cyfle i chwi oll gyfrannu tuag at y fenter newydd, diau y cewch weld y manylion yn y Dyilis a'r Misolion maes o law.

## MERCHED Y WAWR:

Cyfarfu y gangen leol o Ferched y Wawr eto byth yn y Sgoldy nos Fercher a Musus C. Tomos yn llywyddu. Croesawodd hi Mrs. Roberta Redot i'r Wawr, hyhi yn ferch i'r Lora Meri ein gwniadreg. Mae Mrs. Redot yn Ben Blocyr yn ffyrm Reslyrs, Llundain, ers blynyddau rai a balch iawn ydoedd y gangen o gael y fraint o'i gwylio yn riblocio amrywiol hetiau. Yn wir, nid gormod yw dweud i Mrs. Redot gyflawni gwyrth ne ddwy nos Fercher, troi cap mynda-dŵad Ffani Whîl yn het sasiwn grand, troi casiwaliti yn sbesialiti a hynny mor ddi-lol.

"Rydach chi'n cofio rhen ddiharan," ebe Redot. "Mi glywsoch sôn am ben punt a chynffon ddima, mae'r gwrthwyneb yn wir hefyd. Does dim hyllach na gwraig ganol oed wedi gwisgo yn dda o'i sgidai i'w gwddw ac eto ei phen hi'n noeth."

"Ond ma het rispectacl yn costio ffortiwn hogan," ebe gwraig

Hendre Hirlwm, hyhi mewn siwt ddu'r angladd, un wedi costio cryn gragen.

"Nag ydi," ebe Redot, "dowch yma." A wir Dduw Annwl Dad (rhagor Ffani) ni bu y Blocyr ond cwta bum munud yn rigio het fach ddigon o ryfeddod i wraig Hendre Hirlwm. Dacw hi yn cymryd dolen fawr wen o bapur gwydn fel pasbord a dacw hi'n rhoi swyrfdro ne ddau i'r pasbord gwyn rywnd pen Mrs. Robaits, Hendre Hirlwm. Sdep nesa dacw hi'n gwthio gwiallen ddu trwy basbord trwy wallt a thrwy basbord drachefn. Wedyn dacw hi yn taro rhuban llydan, rhuban moof piws rywnd y cwbl, fodfedd reit dda o'r cantal ac yn 'i rwmo fo yn gwlwm dolen ddela fuo rioed o'r tu ôl. Ni welodd y Wawr fawr erioed fuddioled het, het oedd yn mynd i drwch blewyn efo'r siwt ddu.

Mae Mrs. Redot yn hyddysg iawn mewn hanes ffasiynau hefyd, treuliodd weddill y noson yn darlithio ar y pwnc hwn gan ddechrau yn Het y Wrach a gorffen yng Nghap y Robin Hwd. Diddorol iawn ydoedd sylwadau Redot ar y Mywrning. Y Wrach yn ôl Redot, a ddyfeisiodd y Mywrning Du. Gwisgai y Wrach het goryn uchel ddu bitsh bob amser, y du yn drogan tywyllwch wrth reswm pawb gan na fynnai gwrachod arddel Anfarwoldeb ar gyfri yn y byd. Pan mae gwrach yn cau'i llygad mae hi'n cau'r cwbl yn tydyw? Marw fel geist yn cwt oni'n te? Mae hyn yn mynd yn ôl i'r cyfnod paganllyd hwnnw rhwng oes yr arth a'r blaidd.

Fesul tipyn fe gafodd pobol golej gan eu tad a dŵad i weld fod mwy o swyn mewn sypreis na sypresor, pawb am fynd i'r nefoedd decin i ond bod nhw'n mynd fesul un wrth reswm pawb. Dyma'r cyfnod y daeth y ruban bach gwyn i rownbandio yr het fawr ddu.

Yn raddol fe weithiodd Redot ei hun i fyny i'n cyfnod ni lle mae gwryw a benyw am y gora yn gwisgo hetiau amryliw a rhai yn ben noeth. "Syicls," rhagor hithau, "cyfnod diddim ydi hwn, y naill yn ormod o wlanen i golli ffydd a'r llall yn ormod o Domi Benci i gredu."

Diolchwyd i Mrs. Redot am ei darlith bregeth gan y Llywydd, Musus C. Tomos, yn ei dull dihafal ei hun ac eiliwyd gan Mrs. Robaits, Hendre Hirlwm, yn ei het orau un. Braidd yn hirwyntog ydoedd yr eilydd, hyn yn ddiamau a barodd i Ffani Whîl fygwth jôc fawr y noson a methu. Mae na rwbath yn bendew iawn yn Ffani weithia, "Peidiwch â siarad drw'ch het, Mrs. Robaits," ebe hi.

## BARBARAIDD:

A fel y mae ambell i air yn peri poen a thrafferth i blant dynion oni'nte? Cymwch y gair Barbwr neu Barbar neu Barber, mae'r tri fel 'i gilydd wedi mynd yn bur ddiarth i'r to ifanc ond stori arall yw honno.

Fore Mercher dwaetha dacw Gryffudd Jôs gynt o'r Gorsan Ysig Bach, i Grosars and Drepars yn fwg ac yn dân i mofyn pot bychan o wyn inamel a brws o flew camelod. Serfiwyd ef gan Musus Tomos yr hon o weld y Gwanwyn yn gwenu'n gynnes arnom a ofynnodd i'r Ysig a oedd ef yn dechreu brys sgleinio.

"Na, does gin i fawr i ddeud wrth sbring clinio," ebe'r Ysig a dyna hynny gafodd Musus Tomos. Fodd bynnag, nid hir pob ymaros. Be wela C. a Musus Tomos wrth fynd am dro gerdded y prynhawn ond twr o bobl wedi hel rywn-bywn cwt torri gwallt Yr Ysig.

"Mae Gryffudd Jôs wedi ailagor y busnes," ebe C.

"A mae o'n go brysur a barnu oddi wrth y ciw T wela i," ebe Musus Tomos.

"Go brin bod rheicw yn aros am y siswrn," ebe C., "fasa Ffani Whîl byth yn mentro ei chyrlen i'r Gryffudd."

Buan y gwelwyd fod C. yn llygad ei le unwaith yn rhagor, nid ciw siafio nac ychwaith ciw barbio ydoedd y ciw eithr yn hytrach o lawer, criw dadleugar a beirniadol oedd wedi amgylchynu y cwt torri gwalltiau.

Dyma welodd C. a Musus Tomos: Gryffudd yn eistedd ar sdepladar yn pregethu sbelin a chylch cymysg o ifanc a chanol oed o'i gwmpas. Yr oedd yr Ysig esys wedi llwyddo i brintio y gair BAR mewn gwyn inamel ar ddrws ei gwt.

"Be sy'n mynd ymlaen yma?" ebe C. er mwyn agor y bool.

"Mae o am ddechra gwerthu diod," ebe'r cyn-sgŵl, "mae o'n slotian ar y slei ers tro."

"A mae o'n rhannu hiddiw," ebe Ffani, "siamp hen i bawb."

Yn sdêj yma dacw'r criw yn ymroi i chwerthin, pawb ond Gryffudd. "Confal Tomos," ebe ef, "rydach chi'n duall yr orgraff, rydach chi yn ddyn ryiti pen. A ta E sydd yn "BARBAR?"

"A, decini," ebe C. "Ma hwna reit hawdd."

"Ydi, nagdi, ydi," ebe Gryffudd a dacw fo'n dechra curo'r sdeps efo'i ddyrna. Gwelodd C. mewn munud bod Yr Ysig mewn cryn ddryswch ac o dipin i beth daeth i ddeall ei fod wedi dechrau peintio yr enw BARBAR ar ddrws ei gwt er yn gynnar yn y bore a phetae ef wedi cael heddwch a llonyddwch ac un briwsin o dangnefedd y tebig ydi basa'r Ysig wedi printio BARBAR reit ddel cyn cinio. Ond pan oedd Gryffudd wrthi'n llawn dilyit yn peintio'r R ganol dyna gwbyn o Urdd Gobaith Cymru Fach ne un o'r rheina yn geg i gyd yn gofyn i'r peintiwr oedd o am roi'r enw yn ddwyieithog.

"Nagdw," ebe Gryffudd. "Dest BARBAR yn Gymraeg."

"Saesneg ydi BARBAR," ebe Gobaith.

Yn twniad yma dyma Robaits yn dŵad i'r fei o'r Cross Pyips a Ffani Whîl o'r Becws a dyma'r Robaits yn cadarnhau heb help na cholej na geiriadur mai BARBWR oedd y ffurf Gymreig a hynny, ymhell cyn bod injian dorri gwallt.

"Feri wel ta," ebe'r Ysig. "BARBWR amdani." Yn sdêj yma dacw Ffani Whîl (y ffliwtan ag ydi hi) yn deud ar 'i pheth mawr hitha hefyd y dyla Gryffudd Jôs ar les ei fusnes ac ar les ei iechyd roi BARBWR a BARBYR ar y drws. "Rhaid i ni gyd drïo mynd i'r Coman Marcet yn ddwyieithog," rhagor Ffani.

Ond nid o'r Farchnad Gyffredin y daeth ymwared i'r Ysig Bach eithr yn hytrach o'r Hen Lyfr. Cofiodd bod sôn yn yr Actau am un Seimon BARBER. Ac yn wir i chi BARBER a welir mwyach ar ddrws y cwt torri gwalltiau. Ni faidd C. atgoffa'r Ysig mai Barcer yw'r Seimon hwnnw yn yr Actau.

## PRYFÔC:

Nid pob nos Wener y mae dyn yn cael ei ben-blwydd yn ddegathrigian ac yn sicr ddigon nid pob bore Sadwrn mae hynafgwr yn cael ei ddewis record ar "Helo Sudachiheiddiw". Fore Sadwrn o'r blaen tra'r ymgeleddai Robaits y sgŵl ei drwyn o flaen y lwcin-glas tybiodd iddo glywed ei enw yn dod drw'r portabl a dacw droi'r dwrn i'w fan uchaf a dyma glywodd ef: "Hwyl a fflag, dau wisgi byr a dwy sdê in hir i Robaits y sgŵl". Ples go fawr oedd cael clywed ei enw drwy'r portabl ond nid cymaint ples oedd gorfod gwrando ar ei ddewis gân. Dacw "Mae rhywun wedi dwyn fy nhrwyn" yn byrlymu o'r Tebot.

Ond tydi hi yn hawdd ei gwneud hi onitydyw? Siort fach glenia yw Cathrin ferch Ffani, bychan wyddai hi wrth deliffonio am y record i Robaits y byddai ef mor ffôl â disgyn ar ei drwyn ym mhortico'r Cross Pyips.

## DATHLU CANMLWYDDIANT:

Ffeirio, dyna fu hanes y Ffoltia pnawn Mercher, y plant bach yn cael hanner diwrnod o ŵyl a'r plant mawr yn dychwelyd i'w desgis. Hyn ar achlysur dathlu pen-blwydd ein hysgol yn gant oed leni. Anerchwyd y dosbarth yn drefnus iawn gan dreseliad o wŷr a gwragedd dethol a deallus tu hwnt, pob un am y gora yn rhoi gair da i'r Ysgol Bach.

Llywyddwyd yn ddi-lol iawn gan Musus Robaits ein Hed Misdress. Yng nghyntaf peth fe alwodd hi ar y gŵr gwadd i'n hannerch, efe hefyd yn hanu o'r Ffoltia. Mab y Cynghorydd a Musus Elis Elis, Hendra Rochian, yw efe, wedi gneud yn dda iawn fel Hed of Sgŵls dros glwt mawr yn yr Alban, efe wedi ymddeol ar llynedd ac yn ymroi iddi i fagu marlod mynydd rwla naill du'r Shitlands.

Mae hi'n llawn cnesach ffor'ma nag ydi hi'n Shitlands, ebra fo, fe ddwedodd un ddau o bethau eraill reit ulw werthfawr hefyd wrth reswm pawb.

Dyn wedi pyslo, dyn y Tair Er yw efe. Ma droinio yn iawn ar 'i dro, rhagor onta. A ma siŵr fod galw rŵan ac yn man am wneud grejis hefo bocsus sgidia ond ffracsions a desimals a HCF a HTV a rhein sy'n meithrin ciarictor yn y plentyn sigo.

Ie, gŵr llym yw efe. Câi o ei ffordd mi ddoe o â'r gansen i'r golwg unwaith eto, a tydi dŵad â hi i'r golwg ddim digon, ma isio'i bwrw hi reit sdyrn ar dinna noethion llafna sy'n cadw reiat ac yn cymyd rhegi'n ofar. Mi licia fo weld dwsin ne ddau o farlod yn rhedeg a rasio yn y Ffoltia medda fo, y feri lle i farlod. Mae marlod yn rhoi ciaricter i le.

A tasan ni'n dewis cael marlod mi mwrola fo ein bod ni'n cael y brîd gora bosib a mi ofala fo am 'u trycio nhw yn pen arall a ninna gael tan mis y Medi i dalu. Chwar teg oni'n te?

Mi ddiolchodd Musus Robaits i'r Hed of Sgŵls. Be arall fedra'r gryduras wneud oni'n te?

"Rydan ni'n dŵad yn nes adra rŵan," ebe Musus Robaits. "Rydw i am alw ar Miss Eirin Blac cyn athrawes yn yr ysgol hon."

Siarad ar lawsgrifen ar 'i hista ddaru Miss Blac, Mwsog Melyn, a deud mor bwysig ydi llawsgrifen glir a ma isio gorffan llythrenod yn grwn gryno fel medar pawb 'u darllan nhw. Roedd C. yn colli llwerodd o berla Miss Blac, efô wedi gorfod ista yn bac desg wrth ochor y cyn sgŵl a hwnnw'n chwrnu (chwrnu digofaint ym marn C. am nad oedd neb wedi gofyn iddo fo siarad).

Os iawn y catsiodd C. fe ddywedodd Miss Blac fod yna modern cylt ym mysg yr ifanc hiddiw a bod nhw'n meddwl 'u bod nhw'n llancia am 'u bod nhw'n sgwennu traed brain. A mae sgrifen flêr wedi arwain gwledydd i ryfal cyn dydd heiddiw, rhagor hitha a dyna hi'n rhoi engraifft fach syml ddigon o sgwenu blêr yn Nghytundab Fersais.

A mae doctoriaid yn berig bywyd, yn ôl Miss Blac, run ohonyn nhw yn cymyd pryid yn byd yn 'u llaw sgrifan wrth neud brysgripsion drygist. "Fi'n cerad o gricmala," ebe Miss Blac, "a'r drygist yn rhoi mi botal fawr o Sury Po Ffix. Rhedeg buom i am ddyddiau."

Fe ddaeth Musus Robaits i'r adwy yn sdêj yma a gofyn oedd yn y clasrwm rywun a garai dalu diolchiadau. Mi fasa C. wedi diolch petae ei gyd-ddisgybl wedi osio un brisiwn bach i gyd ymddŵyn. Hen dric gwael yw dal yn erbyn oni'n te?

Methu codi ddaru C., allan o bob rheswm rhoi dau ddyn nobl i ista yn nesg sdandard tŵ. Un garw am weld ffads yw yr Ysig Bach, manteisiodd ef ar gaethiwed C. gan ymroi iddi i ddiolch. Nid gormodiaeth yw datgan i'r Ysig fynd dipyn yn eithafol y tro hwn.

"Mejior Marlod a'r Erin Duon," ebe'r Ysig. "Fuom i fawr rioed yn teimlo mor benisal, i feddwl bod yn plant ni wedi bod wrth draed peth fel hyn . . . "

## RHWYDI MAWR:

Wyddwn i ddim fod gynnoch chi blant.

Aeth Gryffudd Jôs rhagddo i fwrw ei lîd ar bawb a phopeth yn ddiwahân. Daliai ef fod ein gwlad fach ni yn prysur fynd â'i phen iddi. "Penbyliad sydd yn ein swyddi breision ni bob wan," ebe Gryffudd.

Yn y wir, fe ddechreuodd yr hen wron restru swyddi a phersonau a hynny wrth eu henwau. Ni faidd C. (yr hen wlanen ag ydi o) ailadrodd yn y fan yma. "Os ydach chi am wneud marc yn y Gymru sydd ohoni," ebe Gryffudd, "cerwch i ffwrdd i fagu marlod a gofalwch bod ych Cymraeg chi yn waeth na'ch Saesnag . . . "

Mi synhwyrodd Ffani Whîl (fel ma hi) fod ei chyfaill a'i philer yn mynd i ddyfroedd dyfnion. Merch hirben yw Ffani, yn hytrach na pherswadio Gryffudd i dewi dacw hi yn taro Hogia Ni. Fedar yr Ysig ddim cynnig madda i Hogia Ni, roedd o'n morio canu cyn pen dim.

Cyfarfod go ryfedd a dweud y lleia oedd cyfarfod y dathlu. Ta waeth, fuo dda rioed nad ydi o ddrwg i rywun, mi gafodd rhen blant bnawn i'w gofio yn rowlio casgenni gweigion dros y Grwbi.

## GŴYL DDRAMA:

Dyna ydoedd yr hanes yn y Ffoltia yr wythnos hon. Mae yr ardal i'w llongyfarch yn ganolog iawn ar ei harbrawf a'i menter newydd. Nid bychan o beth yw cynnal gŵyl ddrama mewn lle bach, a hyfryd oedd gweld y Sgoldy dan ei sang o nos Fercher hyd nos Wener.

Am bump o'r gloch nos Fercher daeth Mr. Morus Mulyr ymlaen i yrru'r cwch i dŵr, cawsom ganddo ddarlith ddiddorol ac addysgiadol tu hwnt ar "Y Ddrama Ddoe, Heddiw ac Yfory os Byw ac Iach". Does un dim tebyg i ddramas am ddŵad â phobol at 'i gilydd, medda fo, a mae isio morwl bod ych cyrtansia chi yn gweithio'n iawn. Cyrtan smwwf sy'n gneud drama yn ôl Mulyr, run fath â mae ffrâm yn gneud llun.

Mae cyrtan gwichian bownd o ladd drama dda, rhoddodd ef engreifftiau o ddramâu da ac amal i wich. Wir, mi âi o cyn belled â deud mai gwich ydi'r prif wahaniaeth rhwng y proffesiynol a'r amatur ac yn sdêj yma aeth y siaradwr rhagddo i'n hannog un ac oll i forwl ein bod ni'n tendio dramâu fel Coronesiyn Stryd a Wan Ffôr Ddy Pot a Dramâu Mr. Bryian Rics yn y Whyit Hors. A mor falch oedd Mr. Mulyr medda fo o weld y Ffoltia yn mynnu gwneud yr ŵyl yn un gystadleuol.

Cwmni Enwog Hirlwm Hen ydoedd y cyntaf i'r llwyfan, hwynt hwy wedi ennill y tos ac wedi dewis chwarae nos Fercher. Cawsom ganddynt berfformiad gwastad iawn at 'i gilydd o'r "Morthwyl a'r Efail" (cyf. o'r ddrama Rwseg "Hamyr an Tongs"). Roedd yr Ysig yn sdowt iawn wrth Hirlwm am iddynt ddewis cyfieithiad. Trueni na challia Gryffudd, fe ŵyr pob ffwlcyn erbyn hyn fod cyfieithiad yn amgenach peth. Cafodd Hirlwm gryn ganmoliaeth gan Mulyr. "Hwynt hwy wedi dysgu llefaru fel actorion," rhagor onta, "yn union fel ma nhw yn gneud yn Llundan."

Hoffodd C. y ddrama hon yn fawr iawn fel drama. Drama a gwers ynddi hi yw "Y Morthwyl a'r Efail". Gwaith morthwyl yw taro'r hoelen ar ei phen oni'n te? A swydd yr efail yw gwarchod. Y fam annwyl yn gwasgu ei phlentyn sigo yn ei breichiau a rheina i gyd, rwbath fel'na sydd gan C.

Nos Iau am saith daeth llond Sgoldy ynghyd unwaith eto i wrando ac i wylio Cwmni'r Groes, Morfa Mawr, yn perfformio'r gomedi hwyliog "Ewyllys Taid" gan Meth Mathew. Comedi wreiddiol ymhob ystyr yw hon. Er nad yw C. yn sgit am gomedi fel comedi, teg dweud i'r Ewyllys adael cryn lawer i'r gynulleidfa. Siŵr gan C. fod hon yn ddrama wedi ei chynllunio yn grefftus tu hwnt.

Cegin a phantri Jên Jôs, gweddw Tomos Jôs (a gladdwyd bythefnos ynghynt, cnebrwn bach i ferchaid) ydoedd sinari act 1. Pantri a chegin ydoedd act 2. Enynnodd y sinari werthfawrogiad y gynulleidfa miawn munud a chafodd y cwmni glap reit dda cyn dechra. Yn y wir yr oedd y dresal dderw a'r dysglau gleision a'r cloc mawr yntau yn werth chweil. Er, biti garw i'r hen gloc ddewis taro y nawfed awr pan oedd Jên yn deud wrth ei merch ei bod yn chwarter wedi wyth. Fel'na mae hi wrth reswm pawb. Gofyn am drwbl yw dod â mysinyri i'r sdêj oni'n te?

Yr oedd gan y Morthwyl a'r Efail hithau ei gwers i blant dynion. Os iawn casglodd C., dweud mae hi mor bwysig ydi hi i ni wario'n helaeth un ac oll cyn mynd o'ma.

Daeth yr ŵyl i'w huchafbwynt nos Wener â Ffoltia Mawr ar y llwyfan yn perfformio drama fawr Tom Telor, sef "Talu'r Pwyth". Drama dair act a hanner yw hon a chawsom gan y cwmni hwn ddwyawr cofiwn i amdanyn nhw am blwc go dda. Dyma'r ciast:

**Lewis Lewis** (Ffermwr cefnog a phechadurus. 58 oed) – Robaits y cyn-sgŵl.

**Violet Brown** (Ffansi Ledi Lewis. 27 oed) – Cathrin Whîl.

**Wiliam Owen** (Ffarmwr bach rhinweddol yn trïo'i ora glas. 88 oed) – Gryffudd Jôs yr Ysig Bach.

**Elin Owen** (Gwraig Wiliam, gair da i bawb. 62 oed) – Ffani Whîl.

**Trefor Wyn** (Mab Wiliam ac Elin Owen. 30 oed) – Ben Box.

**Ci** – Fflos (Gast ddefaid Hendre Hirlwm).

Fel pob drama dda, mae talu'r pwyth yn agor led y pen a hynny'n fuan. Mae Lewis ddrwg yn cymyd Violet ar ei lin ac yn canu "Hip hip hwre, pawb yn mynd i'r Rhyl". Yna, mae Violet yn cnoi darn o glust chwith Lewis ac yn bygwth cnoi y llall os na chaiff hi ffarm cadw paenod yn nes i'r pentref. "Ac fe gei di ffarm a phicoc, fy anwylyd," ebe Lewis.

Sdep nesa rydan ni'n gweld teulu Nant y Grafal (Wiliam, Elin a'r hogyn mab) yn bwyta swper (pennog coch). A mae Wiliam reit ulw ffond o bennog coch ond 'i fod o'n cal dŵr poeth bob gafal ar 'i ôl o.

**Elin Owen:** Gymwch chi fechdan suryp llew Miss Violet.

**Violet:** Hitio dim am y sglyfath, mi gymai panad os liciwch chi.

Yn fama yn rwla mae Lewis yn dweud ar 'i ben 'i fod o isio Nant y Grafal i gadw paun neu ddau.

**Wiliam** (hynaws): Faswn i'n deud dim tasach chi'n gofyn amdani hi i dyfu rynar bîns.

**Trefor** (reit sdyrn wrth Lewis): Sut basa ti'n licio mynd allan? Trw'r drws ta drw'r palis?

Yn sdêj yma mae Lewis, Wiliam ac Elin yn mynd trwadd i'r neuadd i drafod busnes gan adael Trefor a Violet yn y gegin wrth reswm pawb.

Cafwyd actio grymus rhwng Trefor a Violet yn y sîn hon. Nwydol ynteu trydanol yw y gair i ddesgrifio? Nid yw C. yn siŵr. O, mor dawel ydoedd y gynulleidfa, fe glywech rwden yn disgyn.

**Violet:** Wyt ti'n licio Fi?

**Trefor:** Dydw i ddim yn licio d'enw di.

**Violet:** Tasa ti'n fy mhriodi i mi fasa dy dad a dy fam yn cal aros yn dymp yma 'u hoes yli.

**Trefor:** Fedra i ddim meddwl am fyw efo hogan â'i henw hi'n Violet.

**Violet:** Swabia i, mi alwai fy hun yn Eirlys.

**Trefor:** Oreit ta.

Yn y wir, fela reit ddi-lol, tra mae Lewis yn y neuadd yn rhoi Nant y Grafal yn enw Violet, mae hi (V) yn hwylio i briodi Trefor yn y gegin ac yn falch o gael gneud, rhagor hitha.

**Lewis** (yn y gegin rŵan yn cau ei lyfr siec): Dyna ni Violet, chdi bia'r cwbwl rŵan.

**Violet:** Diolch fawr. Ma Trefor a fi yn priodi'n roffis bora fory.

Mae Lewis yn cael ffatan yn sdêj yma a mae o'n disgyn ar ei ben-ôl i'r bwcad lo, a mae Violet yn canu'n dawel.

Mae Lewis yn y côl bocs glo

Mae pawb yn marw ynddo fo.

Dyna i chi ddrama dda oni'n te?

Daeth awr fawr y cloriannu a dacw Morus Mulyr ar y llwyfan â llond atlas fawr o nodiadau dan ei gesail. Roedd o wedi mwynhau hun na fuo fath beth debig iawn. Ag eto run funud dacw fo'n dechra sbeitio cwmni'r Ffoltia'n gyhoeddus gan roi iddynt hwy y drydedd a'r olaf wobr. Ni ddaw fe i'r Ffoltia rhagor.

## LLADWEN LLUDW:

Lladwen ludw'r Ffoltia ydoedd pwnc trafod y Cyngor Plwy' nos Lun, hyhi wedi mynd yn fregus sobor, mae damwain a damwain yn dweud ar drwmbel. Gwahoddwyd Llew Lludw i'r Cyngor a chafwyd ganddo gownt manwl o ddiffygion y lladwen, diffyg braciau, diffyg pŵer, diffyg awyr iach, diffyg popeth. "Mae sipsiwn heddiw mewn gwell lyri," ebe'r Llew.

Darllenodd Robaits y cyn-sgŵl amryw o lythyrau, llythyrau gan y trethdalwyr yn cwyno fod yr olwg ferthaf ar ein palmentydd a'n gwrychoedd, pura nwyddion a dail cabaits yma ac acw ar hyd y wê o'r Ffoltia i domen y byd.

**Llew:** Bedach chi'n ddisgwl? Ma fy nhrwmbal i'n dylla byw.

**Gryffudd J.:** Oes dim modd patsio peth run fath?

**Llew:** Nag oes thanciw mawr.

**Gryffudd:** Oes oed ar y lyri dwch?

**Llew:** Oes, ma hi'n hŷn na'r doman, ma hi'n berig bywyd.

Rhoddodd C. Tomos ei big i mewn yn sdêj yma. "Wel," ebe ef, "rydan ni un ac oll yn cytuno fod Llew wedi ymlâdd yn arw ac wedi gweithio'n galad . . . "

**Llew:** Clywch, clywch.

**Gryffudd:** A mae o'n haeddu lyri newydd danlli grai. Dwi'n cynnig wir ein bod ni fel cyngor yn symud ymlaen i geisio lyri ludw sbesial, un â chaeada yn cau'n glos ar y trwmbal, un o'r rheini sy'n llosgi nialwch ar y daith.

**Pawb:** Ia, wir.

Dacw'r Llew ar ei draed fel powlten. "Naci," ebe ef, "mi dreia i ymladd am flwyddyn ne ddwy arall, chewch chi ddim lyri newydd yn un man lawar o dan ddwy fil." Na, doedd dim troi ar y Llew. Ysig wrth C. o flaen Grosars and Drepars, "Ond tydw i'n gyfrwys dwch?"

**C.:** Bedach chi'n feddwl Gryffudd Jôs?

**Gryffudd:** Synnu atoch chi na fasa chi wedi gweld hi. Tydi lyri gyfar, tydi lyri gaeedig yn da i un dim i fynd â jygun ar y slei debig iawn. Cofiwch, Llew, go brin medar o fyw ar y mymryn ydan ni'n dalu iddo fo'n te?

*Cofiwch, Llew, go brin medar o fyw ar y mymryn*
*ydan ni'n dalu iddo fo'n te?*

## SASIWN Y PLANT:

Neis a hyfryd oedd cael gweld yr hen blant yn cychwyn i'r Sasiwn eleni eto, yn enwedig gan mai cael a chael ydoedd eu hanes. Yr oedd C. Tomos (fel diacon) wedi trefnu i'r Rial Red godi plant y Ffoltia am chwarter i un o'r gloch o flaen y Festri.

Chwarter i un yn dod â dim hanes o fws, un o'r gloch a ddaeth a dim lliw o fws na siari. Am bum munud wedi aeth C. ar y teliffôn i holi hynt y bws. Clerces hanner Cymraes a hanner Saesneg atebodd. Dywedodd hi nad oedd ganddi yr un bws na choij ar gyfer y Ffoltia, y goij ddwaetha un wedi mynd i nôl llwyth cymysg o Foi Sgows a Gyls Gyid i Gornwal. Aeth C. yn llwyd ac yn wyn a gollyngodd y teliffôn i'r ddysgl press-bîff.

Rhaid datgan yma i Ffani Whîl ddod i'r adwy unwaith yn rhagor. "Mi geith Llew fynd â'r petha bach," ebe Ffani. Yn wir, cyn pen ychydig funudau roedd Ffani wrthi'n brysur yn rhoi hors pyip ddŵr ar drwmbel lladwen ludw Llew. Buan iawn hefyd y cnociodd Llew ofar garfan gylch y trwmbel (rhaid ydoedd cael hon gyda golwg ar ddiogelwch a'r Traffic Act wrth reswm pawb).

Aeth Gryffudd Jôs, gynt o'r Gorsan Ysig Bach, i'r trwmbel i gadw cow ar y llwyth, collodd Gryffudd ei het orau cyn pen dim, mae'r Grwbi'n enwog am wynt troelli.

Hen lol wirion ym marn C. yw cynnal Ffair Glogi ar Sadwrn Sasiwn y Plant, rhen blant bob gafael yn mynnu mynd rywnd y stondinau cyn mynd i'r orymdaith. Dyna fu'r hanes eleni eto, ceg sugno'r hwch gan yr hen blant un ac oll, pawb yn injia roc a chrwij am gwela chi, drugaradd fod gan Ffani Whîl gadach gwlanen yn ei bag.

Cafwyd holi ac ateb gwerth chweil eleni, plant y Ffoltia ar 'u gora. Roberts y cyn-sgŵl ydoedd yr holwr, ef yn cymryd dilyit mewn plentyn.

"Pam fod yr ebol asyn wedi'i rwmo?" ebe ef.

Sami Whîl: Byta gormod ddaru o. Wedi bod â'i drwyn yn cnaea coch reit siŵr chi.

Deil C. mai dylni ac nid direidi Sami sy'n cyfri am ateb o'r fath.

Derbyniodd plant y Ffoltia lu o lyfrau lliwgar eleni am hel arian i'n cenhadon tramor. Dyma y rhestr yn nhrefn teilyngdod:

Defi John – Ysbrydion Mawr y Byd gan B. Wylyr Ghost.

Neli Jôs – Cofiant Evan Phillips gan J.J. Morgan.

Sami Whîl – 1001 Party Games gan Talhaiarn.

Robert Puw – Y Mochyn Coed a Cherddi eraill, gan Isac Parry.

Ifan Hendri – Ple'r Aeth yr Amen? gan Ben Set.

Llongyfarchion canolig iawn i'r hen blant ar eu dewis oni'n te? Mawr yw dyled y Ffoltia i Ffani am drefnu y te a'r crîm byns.

## CRICET:

Hwya'n y byd bydd dyn byw y mwy a wêl a'r mwy a glyw oni'n te?

Dacw'r Rhwydi Mawr yn rhuthro i'r Grosars and Drepars fore Llun gan ddal ei ddwylaw ar ei glustiau. "Wyddoch chi rwbarth am gricet?" ebe ef wrth y Wilias ein plismon tragwyddol. "Chydig iawn," ebe hwnnw, "rydw i llawn mwy cyfarwydd â ffwtbol."

Gwelodd C. miawn munud nad criced wiced oedd gan y Rwydi ar ei feddwl ond yn hytrach o lawer y pryfyn hwnnw sydd yn lojio yn y twll dan grât. Aeth y Rhwydi rhagddo yn huawdl i felltithio y cricedyn. "Dim munud o heddwch i'w gael o fora tan nos," rhagor onta. "Fedrwn ni ddim sgwrsio yn lle cw, hen bryfaid na'n uwch 'u cloch na neb. Sgynnoch chi rwbath trechith nhw Confal Tomos?"

Nid pob dydd mae siopwr yn gweld galw am laddwr cricet wrth reswm pawb. Rhedodd C. ei lygad ar hyd y silff uchaf. Trap llygod bach, crogleth, trap twrch daear. Ia, yn wir, tâp glynud melyn hongian hwn o'r seilin, fydd yno'r un cricedyn . . . Na, ni fynnai y Rhwydi dâp melyn.

"Ar lawr ma cricet yn byw," ebe ef. "A ma nhw'n epilio'n amlach na chwningod, Confal Tomos."

Yn sdêj yma y cofiodd C. fod ganddo baced o Dusaslyg (Powdr difa'r falwen) yn y warws. Derbyniodd Rhwydi hwn yn llawen a rhoddodd ddogn helaeth o'r Dusa ar yr aelwyd peth dwaetha cyn mynd i'w wely. Ymddengys i bethau fynd o ddrwg i waeth, deffrowyd y Rhwydi a'i wraig am dri o'r gloch y bore gan grawcian aflafar. "Rhwydi. "Maen nhw yma." Ni welwyd cymaint criced, naddo yn y Ffoltia, roedd yno dair malwen hefyd yn dringo'n hamddenol i'r popty.

Erbyn hyn o ddydd mae y Rhwydi wedi gorfod smitio i ofyn barn yr hen wron Gryffudd Jôs, gŵr yn cymryd ei waith o ddifri yw Gryffudd.

"Rhaid tynnu'r sdôf i ni gael mynd at wreiddyn y drwg," ebe'r Ysig. Rhedodd Musus Wilias Rhwydi i fyny'r grisiau gan wylo'n hidl. Ta waeth, tynnu'r Ryibyrn fu raid.

Hyfryd fyddai medru datgan nad oes yr un cricedyn byw yn y Ffoltia heddiw. Gwaetha'r modd, mae yma fwy nac erioed. Credwch neu beidio, mae C. yn eistedd ar y cownter yn eu gwylio y funud hon. Dacw nhw yn neidio o'r uwd i'r Fflegorn ac o'r Fflegorn i'r Crisbis. Ceisio barn arbenigwr fydd orau oni'n te?

## CYNHADLEDD:

Go anamal y bydd C. yn canfod ei hun yng nghanol nythiad o ffarmwrs glew ond fel 'na mae hi oni'n te. Mae gwaith gohebydd lleol yn mynd â fo i lefydd go ryfadd rŵan ac yn y man. Teg dweud i C. fwynhau ei hun yn arw ym mharlwr mawr y Cross Pyips y nos Fercher o'r blaen a llawer o ddiolch i Gryffudd Jôs cyn-amaethwr Yr Ysig Bach am y gwahoddiad. Yr Athro Harold Root, Suntur Mawr a Cholej Aberystwyth ydoedd y siaradwr, ef yn agor y mater – "Cyfraniad Carafán i Amaethyddiaeth".

"Diffyg cyfalaf, dyna wendid mawr amaethyddiaeth heiddiw," ebe Root, "dyna wreiddyn y drwg."

"Clywch, clywch," ebe'r amaethwyr un ac oll.

"Os oes rhywun wedi diodde," ebe Root, "y ffarmwr ydi hwnnw. Mac o yn diodde ac yn diodde'n ddistaw. Fedr ffarmwr ddim byw heb bres i droi yn 'u canol nhw."

"Clywch, clywch" – un ac oll.

**Root:** Very well, sut ma byw ta?

**Yr Ysig:** Torri mieri i gychwn.

**Root** (reit neis): Ia wir.

**Yr Ysig:** Codi ben bora a dal ati drw' dydd. Dwi'n adwyn ffarmwrs sy'n tendio telfision drw pnawn Sadwrn a hynny'n nhraed 'u sana.

**Pawb:** Rydach chi'n mynd yn bersonol.

Galwodd Byiliff Hendre Hirlwm (cadeirydd) am osteg yn sdêj yma, a phan gafodd o un briwsin o heddwch aeth Root rhagddo i ddadansoddi argyfwng dyn y tir. Dydi'r mochyn fawr o beth bellach, h.y. heb chi gadw ryw hwda gynddeiriog o beth run fath, mae gwartheg llaeth yn gofyn gormod o dendans a chyn ildio rhy fychan o beth dim rheswm, mae gneud stôr yn eitha tasa modd cal sicrwydd o brisia teg. Ydi'r Llwodrath yn helpu? Ydi'n Tad Mawr, ma hwnnw'n rhoi hyn a hyn o grand i ffarmwr mynyddog ac am bob ffos 'gorith ffarmwr tir gwastat mi gorith llwodrath bydew am ddim i'w derbyn hi. Yn fa'ma dyma Root yn dyfynnu Ceiriog ne Cybi ne Ŵan Ŵans Cors y Wlad – "Troi y gors yn weirglodd ffrwythlon hir". "Ond," ebe Root, "er bod y Byns Nefol hyn wedi disgyn gawod ar ffermydd Cymru, rydan ni'n dal i'w chael hi'n anodd byw."

**Pawb:** Debig iawn.

**Root:** Ond mae gwaredigaeth . . .

**Pawb** (ond yr Ysig): Gwerthu i ffarmwrs mawr Lloegar.

**Root:** Na, na, na, dim yn tôl ulw. Ciarifans. Gosodwch chi giarifans, arian mwy di-lol o'r hannar. Gofynnwch a chwi a gewch.

Gofynnwch am igian i ddechra, codwch i hanner cant a fela a fela a fela. Chwi fyddwch fyw megis Prinsis.

**Pawb** (ond yr Ysig): Hwre, mi wnawn ni, gnawn wir Dduw Annwl Dad.

Dyma'r Ysig yn cael y gwyllt yn fa'ma a dacw fo'n gofyn i ffarmwrs y Ffoltia un ac oll wrth 'u henwa oeddan nhw mewn difri wedi clywad am enedicath frain? Roedd amball un wedi clŵad am beth felly, wrth reswm pawb, ond arian gloywon a digon ohonyn nhw sy'n bywsig, i'r ffarmwr heiddiw.

Aeth Yr Ysig i ddadl ar y gwastad yma hefyd. "Oreit," ebe Gryffudd, "yn ara deg iawn mae dal iâr, cysidrwch am funud. Heiddiw, rydach chi gyd yn cadw pobol ddiarth, dydi Lefi Trethwr yn gwybod dim am hwnnw, ceiniog bach ar slei i chi ydi hon. Ystyriwch, os ydach chi am weithredu plan yr Athro Root, os ydach chi am gadw nythiad o giarifans, dyna chi'n mynd i fusnas newydd ar ych union a mi fydd Lefi yn ych tendio chi fel gelan. A mi fydd raid i chi godi hywsus bach dŵr yma ac acw, fydd troi i gongol gadlas yn da i un dim."

Ie, yn y wir, araith danbaid iawn ydoedd araith Gryffudd Jôs. Hoffodd C. ddull Gryffudd o gau pen y mwdwl – "Ffarmio ydi busnes ffarmwr," ebe Gryffudd, "busnas jipsiwns ydi cadw ciarifans."

Gobeithio yn arw bydd ffermwyr y Ffoltia yn dwys ystyried sylwadau Gryffudd Jôs oni'n te?

## GYRRWYR GOFALUS:

Mr. Keneth H. Code o Lundain ydoedd y gŵr gwadd yng nghynhadledd Y Gyrrwyr Gofalus yn y Metropôl y nos Fercher o'r blaen. Ef hefyd oedd yn rhannu'r gwobrau.

Defi Dyilyit (Lyri Oel Lamp) – dwy seren aur.

Parri Pwyllog (Blacs Ymgymerwyr) – Croes at y groes sydd esys ganddo.

Ffredi Fflywyr (Van Bara Brown) Bar Pres – deng mlynedd.

Bobi Bloneg (Van Sosej) Tystysgrif ddilychwin – pum mlynedd.

Ll. Lludw (Garbeij). Canmoliaeth uchel – Dau dolc dwy Wablen a sgid hwch.

Dymunir ar i'r Drych gofnodi'r uchod.

## SIALI:

Hyfryd yw synhwyro'r haf oni'n te? A chlywed llais y durtur yn ein gwlad. Mae tai busnes a thai bach y Ffoltia wrthi am y gora yn darparu ar gyfer pobol ddiarth. Bro Sodom hithau wedi'i gosod hyd at y glannau eleni. "Pa fodd y cwympodd y cedyrn?" Briw i fron Gryffudd Jôs oedd deall fod Ffani Whîl wedi cael y chwiw cadw fusutors. Sut manejith Ffani? Ni ŵyr Gryffudd Jôs, mae si ar led fod Cathrin yn cysgu ar y cowj a Sami ar y setl a Meri Bach ym masged yr ast a'r ast ar clwt.

Yn gynnar ar ôl cinio dydd Llun gwelwyd lyri artig yn arafu ac yn aros o flaen tŷ Ffani. Beth meddech chi oedd ar y trwmbel? Ie, yn y wir, cwt pren mawr (siali) yn ei grynswth. Curodd y gyrrwr ar ddrws Ffani gan ofyn yn Saesneg ym mha le yr oedd Miss Ffani

Whîl yn byw "Myfi yw Ffani" ebe Ffani. "Ydw i beidio bod wedi ennill gwobr yr Ideal Home deudwch?" "Naddo," ebe'r gyrrwr. "Lle cymwch chi'r siali?"

Oedd, roedd y Llew wedi bod yn tŷ ers tair wsnos yn piltran peintio sgertins. Ta waeth, toedd o ddim adra hiddiw wrth reswm pawb. "Cym in tŵ wêt ffôr ddy Leion," ebe Ffani.

A fel mae ryw hogia fel'na oni'n te, ar y Cym In dacw'r dreifar yn llyfu 'i geg ac yn camu i lobi Ffani, ond welsoch chi rioed fel bagiodd o ar y 'Leion'. I dorri stori fer yn fyrrach dacw Ffani yn deud ar 'i pheth mawr hitha na ordrodd hi na chwt na siali. Wir, doedd ym mro Sodom ddim lle i'r fath anghenfil. Do, fe sdyrbiodd Ffani yn arw iawn a dacw hi'n rhedeg i Grosars and Drepars i ddweud ei chŵyn.

"Rhowch y siali yn yr ardd," ebe C.

"Mae'r gwely riwbob a'r cefn slots yn fan honno," ebe Ffani, "a mae'r cefn slots yn un arbennig iawn Confal Tomos, fel gwyddoch chi mae o wedi ennill gwobr Y Diwc Annwyl of Edinbrog." Gwelodd C. mewn munud na allai ef wneud dim amgen na phwyso ar Ffani i dalu am y cwt.

"Ordris i mo'r sglyfath peth," ebe Ffani reit siort. Yn sdêj yma fe welodd Rhagluniaeth Fawr yn dda i anfon Robaits y cyn-sgŵl a Gryffudd Jôs, gynt o'r Gorsan Ysig Bach, i Grosars and Drepars.

"Mi dafla maich oddi ar fy ngwar," ebe C. Da y gwyddai ef fod problem o'r natur yma wrth fodd calon y ddeuddyn. Gallu y naill ac ynni y llall oni'n te? "Gwell yw gwneud yn siŵr fod y gyfraith o'n tu," ebe'r sgŵl fela.

"Ffidls," ebe Gryffudd, "clocsan dan 'rolwyn ydi'r gyfraith."

Fodd bynnag, galwodd y triawd yn nhŷ'r Wilias, ein plismon tragwyddol. Rhag cywilydd i'r Wilias, ni chymrodd ef unrhyw ddilyit ym mhroblem Ffani, ymddengys fod ffrî whîl ei feisicl wedi drysu ac erbyn fod y Wilias wedi colli un o'r ddau dafod bach sy'n codi dan y dannedd . . .

"Tymor ym Mhicadili wnae ddyn ohonach chi," ebe'r sgŵl, a ffwrdd nhw i dŷ y Robaits i bwyso a mesur. Gwagu'r gwir o Ffani ydoedd tasg gyntaf y Robaits. Buan y gwelwyd mai'r Llew a ordrodd y siali.

"Feri wel ta," ebe'r sgŵl a dacw fo'n tynnu yng ngwegil y Bwc of Nolej, Foliwm Sefn, a'i agor ar y rowl top desg. Darllenodd y Robaits baragrafft hir ar Matrimoni.

"O'r gora," ebe ef, "gyda golwg ar ac o berthynas i eich byw tali chwi a Llew mae gynnoch chi hawl i wrthod y siali. Cofiwch, rhaid cadw'r Llew o'r golwg."

Gair i gall oni'n te? Yr oedd yr Ysig ar ben ei ddigon, ei lygaid esys yn cyhoeddi rhyfel rhwng Cymro a Sais. Gorchmynnodd ef i Ffani fynd i rybuddio dreifar yr artig, "Pum munud i glirio," rhagor Gryffudd.

Yn y cyfamser, aeth yr Ysig ati i gorlannu dwsin o lafnau tebol o'r Cownti Sgŵl (rhai medrus gyda'r sling). O drugaredd fawr iawn, un ergyd a ollyngwyd, diflannodd yr artig dros y Grwbi. Pluen arall i'r Ysig.

Mae Ffani wedi rhoi'r gorau i gadw fusutors o barch i Robaits y sgŵl a'r Ysig Bach. Mae'r Llew yntau wrth ei fodd yn swatio yng nghesail Ffani, camp go fawr fydd ei symud i'r gadair freichiau.

## LLONG:

Braidd nad yw Cymru wedi bod yn swil o roi sylw i'w chrefftwyr oni'n te? Lluniwch awdl neu bryddest neu'n wir rigwm bychan a chwi a gewch glod hyd Ddydd y Galw. Ar llaw arall, cynlluniwch brocer neu gwnewch sielf ffiar dân a phrin cewch chi snyb am eich cymwynas.

Iechyd calon i C. oedd canfod ym mysg ieuenctid y Ffoltia fachgen tra pheniog. Elis, deg oed, mab y Rhwydi yw efe ac y mae'r Elis wedi cynllunio ac wedi adeiladu llong sydd yn mynd ar dir sych. Galwodd C. yng nghartref yr Elis bnawn Mercher ac ni siomwyd ef, nid llong babwr mo hon. Safai y llestr yn jiarffes ar lawnt y cefn. Harddach yw hi na dim ceiliog ffesant. Glas a choch, a du o dani.

Dyma'r manylion rhag ofn y cewch chitha ysfa morio. Darn soled o lwyfen caled dwy lath wrth ddwy droedfedd yw dec a choes mop Cymreig yw y mast. Math o ddarpowlin (gwaith llaw Elis) yw yr hwyl, hon yn cael ei throi i'r Sô West neu'r Nor West yn ôl y galw gan gyrt (dwy lein redig). Dwy olwyn beic sydd ar y tu blaen a dwy olwyn coij bach ar y tu ôl. Mae Elis yn darllen pennod ar Nafigesion ac yn dweud ei bader deirgwaith cyn mentro dros y Grwbi ar CHWIMWTH (canys dyna yw ei henw hi).

Carai C. ddweud llawer mwy am y Chwimwth, e.e. ei chyflymder, sî wrddi, ydyw hi yn debig o gapsyis ar fwg taro. Cewch y manylion oll o lygad y ffynnon yr wythnos nesaf. Gwynt teg oni'n te?

## CARNIFAL:

Aeth y rhai canlynol i'r dref y dydd Mercher o'r blaen i gystadlu yn y carnifal blynyddol. Sami Whîl – dyn y tywydd ydoedd Sami. Ffani wedi rhwmo ceiliog gwynt ar ei ben a weddyr glass ar ei gefn a llun haul melyn ar ei fol. Cafodd Sami ganmoliaeth fawr canys yr oedd Ffani wedi tyipryito tabl y tyitiau mewn du ar ben ôl trywsus gwyn Sami.

Dipin o gywaith ar y cyd oedd cyfraniad ein Llew a Mr. a Mrs. Wilias, Rhwydi Mawr. Y Llew wrth reswm pawb yn cystadlu yn y Trimi Fyhicl gyda'r lladwen. Ryinbog, h.y. enfysg oedd enw ymdrech y Llew, bwa mawr mewn papur crêp seithliw dros y trwmbel. Biwtiffwl. Safai Mr. a Mrs. Wilias yn y trwmbel fraich ym mraich yn cynrychioli Siôn a Siân.

Sut bydd Musus Wilias yn licio ŵy wedi ferwi? Caled, reit galed 'ta calad iawn? Sawl cloc mawr sydd yn tŷ chi? Un, dim un, ta cloc larwm? Cafodd y ddeuddyn glap mawr gan y gynulleidfa a Hyili Comend gan y beiriad.

Gwnaeth Gryffudd Jôs o'r Ysig Bach gryn farc, ef wedi ei wisgo fel Babŵn. Siwt flewog amdano a phwt o gadwyn am ei ganol, yr hon oedd yn rhygnu'r stryd am lathenni. Roedd yr hen blant wedi gwirioni efo'r Babŵn canys yr oedd Gryffudd yn rhannu fferins botymau gwynion i bawb, dest rhwbath bach rhag dychryn y gynulleidfa oni'n te?

Yn wir, yr Ysig Bach gipiodd y wobr gyntaf, gresyn garw na fyddai'r Babŵn wedi mynd adra'n dawel â'i wobr yn 'i bocad. Yn hytrach o lawer, dewisodd Gryffudd Jôs fynd i brancio ar hyd y stryd fawr ar ei liwt ei hun. Cred C. i Gryffudd gymryd yn ei ben y gallai ef yn rhinwedd ei swydd fel Babŵn hel ein fusutors yn ôl i'r Midlands. Gwaetha'r modd, gwahanol iawn yw'r stori, doedd Gryffudd ddim ond wedi prin gyrcydu ar y pafin o flaen siop Picoch i godi un Clarens teirblwydd nad oedd ffon bagal taid y Clarens (ŵr nerthol) yn lapio am wegil yr Ysig via Babŵn. Chwarae'n troi'n chwerw, piti garw oni'n te? Cyn pen dim daeth dwy Wraig V.S. mewn ambiwlans wen i gyrchu Gryffudd i'r Hoom of Rest.

Aeth C. i ymweld â Gryffudd Jôs i'r Hoom. Crwydro ychydig yr oedd o fan honno yn ei wely, mynnu fod myncwn mawr melyn yn codi ei letis bob un. Yn wir, aeth yr hen wron yn wallgo' pan roddodd C. baced bychan sixpens o gnau mynci yn ei law.

Mae Gryffudd wedi gwella erbyn hyn, deallwn ei fod yn selog am ddod ag achos yn erbyn y Sais. Mae Ffani wedi ei gynghori i ohebu hefo Arolygydd yr S.P.C.K. Anifeiliaid. Amser a ddengys oni'n te?

## FFOLTIA GYID:

Llyfryn bychan clodwiw yw y Ffoltia Gyid, ef wedi ei gynllunio yn arbennig i ffitio poced fusutor. Mae y siaced lwch hithau yn grant du hwnt. Strepiau o goch gwyn a glas a ffotografft o Gaffi Mawr y Grwbi (ar ei hanner) wedi ei intyrfyinio yn y cefndir. Denu fusutors i'r Ffoltia yw pwrpas y Gyid wrth reswm pawb a diau y bydd iddo lwyddo tu hwnt i bob amgyffred. Mae y bennod ar y cynllun cydweithredol (Grwbi Caffi) gan C. Tomos yn bennod ddiddorol ac addysgiadol dros ben. Camgymeriad ym marn C. oedd i'r golygydd gwtogi mor llym ar restr y tanysgrifwyr, e.e. yr oedd Mrs. Edna Roberts, modryb Mrs. C. Tomos, Canada a'r Ffoltia wedi cyfrannu daugan punt ond nid yw ei henw hi i lawr yn un man.

Hoffodd C. yr ysgrif Mwyar Duon gan blant sdandyr 3 yn fawr iawn – "Ar frwgej y mae y mwyar duon mwyaf mawr a jiwsi i'w cael. Mae ein mam wedi blocio dwy ddeg tair o boteli mwyar cochion cyn iddynt dduo am bod es mae dyna'r ffordd iawn i flocio. Mae pobol dduon bitsh yn gwneud gwin mwyar duon. Mae pobol dduon yn tannu tomen o fwyar ar gefn gogor ac yn rhoi desgil molchi gwynab o dani, troednoeth yn dawnsio yn nhraed 'u sana ar y mwyar a'r sig sy'n rhedag i'r ddesgil efo siwgr lwmp am ben o ydi'r gwin, neis iawn. Mae pobol ddiarth o Byrnigham a Maenchester yn dŵad i hel mwyar duon am ddim i Ffoltia Mawr yn y Medi a maen nhw yn cau cau catia ari hola ac yn siarad Saesnag efo pawb a mae Gryffudd Jôs yn mynd o'i go yn ulw uffar".

Neilltuwyd y bennod olaf i hysbysebion, wrth reswm pawb. Yn Saesneg, fel basach chi'n meddwl. Dyma i chwi ragflas bychan:

**HENDRE HIRLWM**:
Thirty five acorns of good ciamping in pheasant surroundings. No rocks, ideal for peging. Dogs welcym home always. Ffresh Botogias in stock. No gates for open or shit, cattle grids for trelyrs and carafans. Applyi Lusa Huws (Prop.).

**17 BRO SODOM**:
Bed and Brecwast and ifning mul. £1.50. Homli too and clean too and situate within a throw to the path of the Prilgrim's Progress from Clynnog Fawr to Bargsi Eyeland too. Fresh home lawn eggs two. Childrens of all over the ages welcym to. Lili W. Robaits (Prop.).

Mae C. yn ffyddiog iawn y bydd i'r llyfryn hwn roi hwb sylweddol i'r diwylliant ymwelwyr. Mae cryn ddwsin ar ôl ar gownter Grosars and Drepars. Pris 20c Clawr Cloth, 25c Clawr Caled.

**NEIS** yw gweld ein Pwyllgorau Addysg yn cymyd ffasiwn ddilyit yn Niogelwch y Ffyrdd oni'n te? Daeth Prif Gwnstabl Gwynedd i'r Ysgol Bach bnawn Llun i roi drul i'r hen blant ar sut i farchogaeth y beisicl. Dyma'r ffordd i feithrin dinasyddion cyfrifol oni'n te?

Ni welwyd tlysach golygfa ar gowrt yr ysgol fawr erioed, C. yn cael ei atgoffa am wlad liwgar ein Tylwyth Teg. Biwtiffwl, rhen blant am y crandia efo beiciau glas, melyn, coch a gwyn. Biti dros Sami, fab bychan Ffani Whîl, nid oes ganddo ef yr un beic. Chwi gofiwch i'w feisicl ef lithro dros y Grwbi i'r Pwll heb Sami yn ystod Rhew Mawr 70. Do, fe griodd Sami ei ddau lygad yn bowjis cochion, criwtiodd fymryn pan roddodd Ffani iddo un Bliwmels Pwmp Beic; y Llew nillodd hwn yn nhomen y byd. Roedd y pwmp yn rhywbeth i Sami ddal yn ei law oni'n toedd? Ar llaw arall peth sâl yw pwmp heb feic i bympio oni'n te?

Prun bynnag, tra'n sipian ei hadog melyn ar ei ffordd i'r ysgol y prynhawn tebygodd Sami iddo glywed llais o'r tu ôl i wrych Gryffudd Jôs.

**Yr Ysig:** Sut na twyt ti'n mynd i'r rasus?

**Sami:** Mi faswn tasa gin i feic.

A dyma'r Ysig Bach yn actio y Samariad Treigarog unwaith yn rhagor. Deen mae dyled ardal yn fawr i ddynion fel Gryffudd Jôs. Wedi rhoi hefr iawn i Sami am falu dwsin o feisicls y basa y rhan fwya o bobol, deud nad oes dim ond croen 'u bolia ddeil i'r Whîls. Nid un fel'na yw'r Ysig. Aeth ef yn syth i'r groglofft a dadfachu ei feic preifat ef ei hun; Swifft bac pedlin ynghyd â dwy bowlen twentiêt oddi tano. Hyfryd, ebe Gryffudd oedd gweld Sami yn ei rhodli hi i'r ysgol fel Barnwr i'w Lys, a'r hen feic yn stwytho blwyddyn am bob rhodlad.

Un garw yw y Siwper Inatendant, ef yn medru mynd i fyd plant, biti braidd na fasa'r rhen blant yn medru mollwng i'w fyd ef. Do, fe gymrodd y Siwper yr hen blant dan ei adain amddiffynnol gan roi iddynt ddarlith ar Feicio Cyffredinol. Yn wir, fe gafodd hyd yn oed C. agoriad llygad, roedd yma feiciau penni ffyrling yn ein gwlad cyn dyfodiad y pres newydd, yn ôl y Siwper, a'r tebig ydi basan nhw yma hyd dydd heiddiw bai bod yr olwyn flaen mor wirion o fawr o'i chymharu â'r olwyn ôl. Syrcwmffres oedd gan y dyn wrth reswm pawb. Peth arall na wyddai C. mohono, mae y Traffic Windicetor yn gompylsari ar feisicls gwledydd heddychol y Pasiffig, ni raid i wŷr beiciau y fan honno godi y fraich dde cyn troi i'r chwith.

Felly, mae hi reit bwysig i blant Cymru wybod pa un yw y fraich dde a'r fraich chwith. "Eich llaw Biro yw eich llaw dde," ebe'r Siwper. Tueddai Sami Whîl i golli cydit ar bethau yn sdêj yma gan ei fod ef yn sgrifennu efo'r llaw chwith. Waeth chi'n byd befo, cafwyd pnawn buddiol ar y cowrt a chafodd Miss Ifas y sgŵl misdres godi thraed ar yr îsl am ddwyawr gron.

Yn y wir, planiwr da yw y Siwper. "Rydw i am i chi smalio mai siop yw y clocrwm," ebe ef, "dyma i chi fasged, ewch i gyrchu'r neges i'ch mam."

**Defi John** (Rhwydi Mawr): "Ma coparet yn galw yn tŷ ni Syr."

Plan y Siwper oedd gollwng y plant bob yn driawd, fe synnech mor anodd ydi nôl neges heb gyfeiliorni. Cafodd Isobel wan ffolt am beidio canu'r gloch cyn rowndio'r Hyws, a chafodd Lewis ddau ffolt, un am oryrru a'r llall am godi llwch wrth fracio. Enillodd Tomos dri o ffoltia mawr iawn am beidio rhoi arwydd cyn codymu, dadleuai ef mai y fasged oedd drwg, hyhi wedi dewis cloi rhwng ei benglin a'r cyrn.

Do, fe ddaeth tro Sami Whîl ac, yn y wir, cafodd Sami rownd glir heb unrhyw staen ar ei gymeriad. Gan fod cyfrwy y Swifft droedfedd o afael Sami bodlonodd ef ar reidio drwy'r ffrâm, ffens garw oedd cael rhwymo ei fasged ar y cariar. (Does na run cariar ar petha modern 'ma.) Cafodd Sami ganmoliaeth hir gan y Siwper a ma siŵr chi caiff o fedal os daw na fedals.

Daeth Miss Ifas y sgŵl misdres i'r lan tua thri o'r gloch. Diolchodd hi yn fyr ac i bwrpas i'r Siwper a mwynhaodd y Siwper ei de mewn cwpan a soser. Mygiau oedd gan y plant wrth reswm pawb.


## GWAIR RHAD:

Braint C. yw cael datgan fod gwair y fynwent i'w gael am ei dorri a'i gario eleni. Ar gès, mae yno drillwyth sylweddol iawn. "Y cynta i'r felin gaiff falu," wrth reswm pawb. Cyfle ardderchog i dyddynwyr bach, mi fydd y porthiant yn brin leni a ninnau yn hwylio i'r coman marcet a phob peth. A gwair gyda'r gora ydi'r gwair, fawr 'sgellyn ar 'i gyfyl o.

Un gair bach o rybudd caredig. Dydi Pwyllgor y Fynwent ddim yn rhy awyddus i ganiatáu dod â thractor drwy'r porth. Cryman, bladur neu fywar os gwelwch chi'n dda a phawb glirio ar ei ôl oni'n te? Nid yw C. yn cynghori troi y buchod yno i bori ychwaith. Chwi gofiwch, dyna oedd y drefn y llynedd a mawr fu ein colled. Dal i dalu am rithoedd blodau a rithoedd gwydr yw ein hanes fel pwyllgor.

Ymofynner â C. Tomos, Grosars and Drepars.

## PLANT:

Fe gofiwn ni oedfa bore'r Sul tra byddwn byw. Y Parch. Gryffudd Gryffis, Hirlwm Hen, ydoedd ein cennad. Gadawyd y rhannau dechreuol yn gyfan gwbl i'r hen blant. Cathrin Whîl ydoedd y gyntaf i godi ei phen yn ein sêt fawr, hyhi yn canu Pererin Ŵy i gyfeiliant ei gitâr hi ei hun a'r gynulleidfa yn ymuno yn yr Anial Dir. Yna, cododd gweddill plant Ffani yn ddel sobor i adrodd dwy adnod yr un o'r Salm Fawr â Cathrin â'r gitâr yn cyfeiliorni iddynt y tro hwn eto.

Gyda bod y Salm Fawr wedi gorffen y Whîls dacw Defi John (Rhwydi Mawr) ar ei draed fel sowldiwr i adrodd ryw siort o weddi bach o eiddo Robaits y cyn-sgŵl. Diolch am y sêrs a'r haul a'r tywydd braf oedd byrdwn cyfraniad Defi John, trueni ei bod hi'n bwrw mor gynddeiriog ar y pryd ond fela mae hi wrth reswm pawb, fedar hyd yn oed y cyn-sgŵl ddim rhagweld rhagolygon Rhagluniaeth.

Un da hefo plant yw gweinidog Hirlwm Hen. Dewisodd ef draethu ar Arch y Noa. "Cymwynas Ddwbl" yn ôl yr Ysig Bach gan fod yr hen blant yn mynd am wibdaith i Sŵ Fawr Caer y Sadwrn nesaf. Ni wybu C. erioed fod Arch y Noa ffasiwn aceri, yn wir yr oedd angen pob tropyn o'r dilyw i'w chadw ar yr wyneb.

Yn ei ragymadrodd aeth y pregethwr ar ôl Archimidis (Ecsodus 2-3) a'r Ypward Thryst. "Mae lle i'r Gwyddonydd a'r Dirwynydd ar dir a môr," ebe Gryffis wrth yr hen blant. Biwtiffwl ym marn C.

Aeth ein cennad rhagddo i ddesgrifio gŵr mor beniog ydoedd Noa. Rhoi'r anifeiliaid trymaf yn yr Howld oni'n te? h.y. yr elyffantod a'r hipotomasod a'r gwertheg llaeth a'r gwartheg stôr. Ar y dec canol fe roddodd ef y jiraffod a'r merlod ac ar y dec uchaf yn wynebu'r haul mwrolodd roi y myncis chwareus a'r tyrcwn piwis gan roi pen rhyddid i'r ieir dodwy hwythau gerdded y dec fel y gwelent hwy yn dda. Stori drist ydoedd honno am y tyrcwn yn rhostio yn eu plu wrth basio y Mynydd Tanllyd yn Nepls. Fel'na mae hi oni'n te? Rhaid ydoedd i'r Noa a'i docyn plant fwyta'n fan honno fel ninnau yma.

Dotiai C. at y modd y rowndiodd y Parchedig ei sylwadau ar y diwedd, nodyn o obaith a chysur oedd ganddo i bawb "Lle i fyw yw Arch, nid lle i farw". Yn fan yma dywedodd y pregethwr air bychan yn Saesneg: "Noa's Coffin was e ples tŵ lif, not e Hom tŵ Rest". Biwtiffwl.

O, y mae Ffani Whîl yn ferch gyflym ei meddwl. Be ddyliech chwi? Ar y funud olaf megis, i ddiweddu, trefnodd Ffani i'r plant ganu "I mewn i'r Arch â fo". Yn unswydd sbesial i'r Parch. Gryffudd Gryffis. Oedfa i'w chofio yn wir.

## SGINEDS:

Oes, mae cryn ddwsin o sgineds (os dyna eu henw) ar fotor beics wedi cael cast o alw yn y Ffoltia ar bnawn Sadwrn dwaetha'r mis. A rhai rywiog ydynt hwy a'u beiciau.

"Od," ebe Musus Tomos, "rydw i wedi notisio fod hwyl dda iawn ar Gryffudd Jôs yr Ysig Bach bob tro y mae y giwed hyn yn galw yn y Ffoltia."

"Tybed?" ebe C. "Mae yr Ysig i lawr yn arw ar bobol ddiarth fel rheol, ef a Ffani Whîl."

Waeth i chi hynna na mwy, ni allai C. lai na throi sylwadau Musus Tomos yn ei feddwl drwy gydol bore'r Sadwrn. Yn ystod ei awr ginio, ychydig cyn hanner awr wedi un, penderfynodd C. fynd i gael golwg iawn ar y Ffoltia. Pa beth a welodd ef? Ie, yn y wir, dwsin o fotor beiciau glandeg a nerthol, pob un wedi ei osod ar ei ungoes o flaen cwt barbar Gryffudd Jôs a smash helmet yn hongian ar gyrn bob un.

Nis gollyngodd C. y gath o'r cwd i enaid byw yn ystod y prynhawn. Ychydig funudau cyn cau dacw'r Ysig Bach i'r siop am ei ddwy owns baco a'i swîts Sabothol.

"Hogia clyfar iawn ydi hogia Nerpwl," ebe Gryffudd, "dŵad ata i yn un swydd bob cam o Nerpwl i dorri gwalltia. Fi ydi'r unig un yn wlad ma fedar dorri yng nghroen baw Confal Tomos. Ma nhw'n talu chweswllt yr un ar gledar llaw i."

Ond tydan ni'n bobol hawdd i'n prynu deudwch?

## Y FASGED:

Chwi gofiwch fod cynllun ar dro yma yn y Ffoltia i godi caffi enfawr ar ben y Grwbi. Ciaffi trillawr yw Ciaffi'r Grwbi yn cynnwys ystafell sgwrsio i'r hen a'r methiedig, ar y llawr isaf, lle i giniawa ar y glaw a'r tywydd mawr ar yr ail law a Gardd De (Tee Garden) ar y llawr uchaf. Bosib iawn byddwn ni'n gwneud swpars ar y llawr uchaf hwn, h.y. swpar o dan y sêr.

Roeddan ni'n disgwyl siŵr y bydda'r ciaffi'n powlio mynd erbyn yr Awst Pobol Ddiarth, ond fel'na mae hi oni'n te? Setbags ydi'r drwg, disodli'r bunt a'r tywydd gerwin a'r rheina i gyd. A mae angan pentyrrau o arian wrth reswm pawb.

Fella cofiwch chi hefyd i mi sôn am y fasged fawr ('Car Llesg') sydd yn codi a gostwng o'r tu allan i'r ciaffi ar gyfer cario'r henoed o'r Sgwâr i'r Tee Garden. Hyfryd yw cael datgan fod y fasged yn gweithio fel deiol erbyn hyn, mae ein dyled yn fawr i Morus y Garej, ef yw y Pen Cynllunydd. O weld y fasged yn codi a gostwng mor ddi-lol fe gafodd Gryffudd Jôs yr Ysig Bach via Ffani Whîl syniad pur chwyldroadol ddechrau'r Ebrill.

"Beth am redeg y fasged dros Bwll Gwrachod i ochr arall y dyffryn," ebe'r Ysig, "codi ugian ceiniog newydd ar petha diarth ma, mi gawn faint fynnon ni o arian i godi'r Ciaffi."

Ni ddywcdodd C. na bŵ na bc canys y mae ef yn drwglicio mysîns. Waeth i chi hynna na mwy, hoffai Morus y Garej y syniad yn fawr iawn.

"Matar bach iawn, matar bach iawn," ebe Morus, "run fath â inclên, dwy fasgiad arall a dwy filltir o weiar rôp a dyna ni'n landed."

Dyma y rhai a fu'n gweithio dydd a nos i godi'r basgedi symudol Morus, G. yr Ysig Bach, hyn, yn nhrefn teilyngdod. B. Bocs, Robaits y cyn-sgŵl (ar ochr y trigonometri), Rhwydi Mawr (plethu), Ffani Whîl (difyrru a chario'r sandwijis).

## YR AGOR:

Bnawn Sadwrn o'r blaen yr agorwyd y fenter yn swyddogol. (Roedd 'rhen blant wedi cael amal reid dros y dyffryn wrth reswm pawb.) Inigo Brigs a'i wraig o adran y Roods a Brijis oedd yr agorwyr. Un o blant y Ffoltia yw Inigo, wedi ei fagu yma yn Nyth Cacwn Bach ar laeth gafr eto. Siaradwr teidi yw Inigo, cymrodd ef "Y Ffordd Gynta i Ganaan" yn destun ac er budd y Saeson oedd yn bresennol fe ddywedodd mai y sdrêt lyin yw y siotest distens bitwin tŵ pyints. Rhoddodd Inigo air uchel iawn i'r cynllun basgedi, ail i un dim ond i Olwyn Fawr Lagsi yn yr Eila Man, medda fo.

Gyda fod Cathrin Whîl wedi canu ei chân newydd i gyfeiliant y Fywth dacw ddechra llwytho. Inigo a'i wraig, Musus C. Tomos a Robaits y cyn-sgŵl ym masged pen y Grwbi a Gryffudd Jôs, y Parch. Pitar Page, Ffani Whîl a Morus y Garej ym masged pen arall y dyffryn. C. Tomos (llywydd y pwyllgor) gafodd y fraint a'r anrhydedd o bwyso'r botwm, h.y. tynnu'r lifar. Gwnaeth ef ei waith yn burion lasa fo. Hwre, hwre, gan bawb, yn ifanc, canol oed a hen, a dacw'r ddwy fasged yn symud yn araf a sicir i gwarfod 'i gilydd dros Bwll Gwrachod. Biwtiffwl.

Och, (er mawr ddifyrrwch i'r hen blant) am ryw reswm sydd tu hwnt i amgyffred meidrol dyn fe styffylodd y ddwy fasged gyferbyn union â'i gilydd hanner ffordd dros Bwll Gwrachod. Ni wnaent hwy na thwsu na thagu. Sdyrbiodd C. braidd yn sdjej yma ac fe ddyrnodd ef ei lifar megis gof gorffwyll, ond na, nid oedd symud ar y basgedi. Oedd, yr oedd pawb ond yr Wilias ein plismon tragwyddol, wedi sdyrbio'n arw aruthr. "King Dic setlith y busnes," ebe'r Wilias. Rens fechan ydoedd y King Dic a gwthiodd yr Wilias ei erfyn hyd braich i fol y mysîn. Do, aeth pethau o ddrwg i waeth, gwir y gair, ni allai ein plismon gael ei fraich allan o goluddion y peiriant.

Aeth oriau heibio, tegelli'n berwi, te yn stiwio. Daeth syrthni ar ein cŵn coethi a daeth diflastod dros ein cathod gyrfon. Codwyd cyflogau a gostyngwyd shytars. Caeodd llygad y blodyn afal a phisodd meddwyn ei ofid olaf ar bared becws. Dyrchafodd Gwen Whîl ei golygon i'r basgedi styc a phwysodd Sami Bach ei glust yn drymach ar glun ei fodryb Gwen. Teimlodd Sami lwmpyn sysbendar Anti Gwen yn grwn ddel yn nhwll ei glust a breuddwydiodd y pryifat bach di-gefn am fam wen a basged felen a chartref i blant amddifad.

Ychydig funudau cyn i'r haul lithro ei wên sbeitlyd a'i bicadili ffrinj dros y Grwbi cipiodd y Rhwydi Mawr sbienddrych oddi ar war Sais o Wlfarhampton. Dododd y Rhwydi y sbienddrych dros ei sbectol. "Ma nhw'n fyw bob un," ebe ef, "rhoswch, mae Morus yn fflagio."

Ni chatsiodd C. eiriau y Rhwydi canys yr oedd ef yn planio ar y pryd pa wres i roi ar y sdôf drydan i rostio ei gig Sul yn absenoldeb Musus Tomos. Rhaid hefyd fyddai rigio cwarfod gweddi ym Methel trannoeth yn absenoldeb cawellog y Parch. Pitar Page.

"Be mae Morus y Garej yn ei ddweud," ebe C. wrth y Rhwydi.

"Chlywa i mono fo ond mi gwelaf o. Troi a throi a throi'i fraich mae o."

"Cadw'n gynnas yn yr entrych ma siŵr chi," ebe Citi o'r Semi Ditaj. Yr oedd Ceti, ei chwaer anllythrennog, esus wedi anobeithio ac wedi morol am Ymgymerwr.

Yn sdêj yma daeth Vincent, mab C. Tomos i'r adwy. Mae Vincent adra o'r colej, bydd ef yn B.A. cyn diwedd y gwyliau os deil pobol i siarad Groeg.

"Rhoi arwydd i chi droi handlan mae o Tada," ebe Vincent.

"Ond does yma yr un handl," ebe C.

Dyma lle mae colej yn fuddiol. Gwnaeth Vincent archwiliad manwl o'r peiriant weindio a daeth o hyd i Fodyn sgwâr yn portriwdio gryn ddwy fodfedd o dalcen y peiriant. Ac, yn wir, mewn 'Argyfwng' uwchben y bodyn cafodd Vincent (mab C. Tomos) afael ar handl haearn drom. A fel'na, pawb i bwl o droi y daeth gôr nefol i'r lan.

Rhuthrwyd yr wythawd llegach i sbyty'r Si an En yn Lladwen Llew er gwneud yn siŵr na ddigwydd dim a fyddo waeth.

Bosib iawn cawn ni glywed rhagor am brofiadau y glewion fu'n hofran rhwng byw a marw uwchben Pwll Gwrachod.

## DIHANGFA GYFYNG:

Bu ond y dim i ni gael ein hamddifadu o'n trol ludw yr wythnos ddiwethaf hon, y drydedd mewn pum mlynedd. Deallwn fod Llew, cariwr gyrrwr a gofalwr y Lludw yn cael ei de ddeg yn nhŷ Miss Ffani Whil fore Mercher Lludw cyfredol.

"Diolch i'r Tad Nefol" – Parch. Pitar Page – "fod Ffani a Llew Lludw yn y ffrynt a'r tocyn plant yn y cefn neu yn ddi-os byddai'r lladwen wedi rhedeg ar ei phen i domen y Byd."

Os yw'r stori a glywais i yn wirionedd y mae'r Llew i'w feio yn yr achos hwn. Sibrydodd Ffani yng nghlust y Llew "Dy lyri di yn mynd hebddat ti", ond ni chyffrôdd y Llew odid ddim, ymddengys ei fod ymhell iawn ar y pryd. Galwodd Ffani ar Wili y mab hynaf a'r mwyaf mentrus o'r garfan gyntaf ac fe neidiodd Wili yn ei ddillad ar feic hagun ei hanner chwaer gan ddilyn y drol ludw i ba le bynnag yr elai.

Gwelodd Wilias plisman yr hwn oedd yn codi ei fresus dros ei ysgwyddau o flaen lwcin glas y wardrob lyri a beic yn pasio. Gan fod lwcin glas yn medru camarwain dyn fe gymrodd y Wilias mai i fyny ac nid i lawr yr elent, yn rhinwedd ei swydd ni chyffrôdd yntau.

Hanner ffordd i lawr y rhiw fe safai Gryffudd Gorsen Ysig Bach a'i gefn at y bobol a'i goesau ar led yn darllen Geni Priodi Marw yn y D L. Post. Gan fod Gryffudd mor fyddar â'r Post ni sylweddolai ei fod ar drothwy tranc. Gwyrth yn unig a'i harbedodd, llwyddodd y lyri drwy gymorth Gras i'w basio heb ei daro. Ond Wili, gan ei fod ef yn gorfod dilyn ychydig o'r tu allan i wêc y lyri a fethodd osgoi Gryffudd.

Ar amrantiad (ma raid) fe etifeddodd Wili gyfran helaeth o gyflymder ymarweddiad ei fam Ffani, crymanodd dros gyrn semi drop y beic a llwyddodd i fynd rhwng coesau Gryffudd yn eithaf deheuig. Gan fod pen ôl beic hagun gryn droedfedd yn uwch na'r pen blaen ni chafodd Gryffudd fawr ddewis ond derbyn pas-gwyllt ar y cariar.

Ymddengys i bwysau ychwanegol Gryffudd Jôs ar y beic brofi'n gryn ffens i'r deurodydd Wili. Ni fu beic ar daith fuanach. Teimlodd Wili ddwylo mawr Gryffudd Jôs yn claddu i'w asennau a

*Hanner ffordd i lawr y rhiw fe safai Gryffudd Gorsen Ysig Bach a'i gefn at y bobol a'i goesau ar led yn darllen Geni Priodi Marw yn y D L. Post.*

magodd hyder newydd sbon, trodd ei fenter yn rhyfyg. Ni welwyd cymaint gwib, naddo yn y Ffoltia. Fesul troedfedd a llathen enillai beic ar lyri.

Ar hanner yr allt yr oedd y deurodwyr gyferbyn union â drws y dreifar. Yn y fan yma fe orchmynnodd Wili i Gryffudd Jôs neidio i lyw y lyri. Do, fe lwyddodd yr hen Gryffudd yn ei oed o i gael ei hun i sêt ddreifio Llew Lludw ond nid oedd yn rhy siŵr beth i'w wneud â'r llyw.

Ar ôl gweld nad oedd gweiddi Wê yn tycio fawr mentrodd droi ychydig i'r chwith. Aeth y lyri, Gryffudd a'r llwyth yn syth drwy drelings Rainbow Cottage i'r ardd.

Deallwn na wnaed gormod o ddifrod, torri un pig tebot, dyna'r cyfan, digwyddai gŵr y Rainbow fod yn rhoi dŵr dros tebot dan y feis yn y cefn. Y Cyngor Plwyf fydd gyfrifol am drwsio'r trelings.

Daeth dau arbenigwr o Ffortrex Motors yn un swydd i'r Ffoltia i archwilio y lladwen er gwneud yn siŵr nad oedd â wnelo sabotwaith.

Ar ôl oriau o ddadansoddi ac archwilio, pasiodd y ddau yn unfrydol mai brêc llaw diffygiol oedd yn gyfrifol am y gyflafan, teclyn bychan o'r enw Paul yn cau sefyll yn ei rych ar waelod y lifar, ebe nhw.

Lle i ddiolch sydd gennym yn ddi-os, oni bai am blwc Wili a lwc Gryffudd gallasai'r canlyniad fod yn llawer gwaeth, e.e. hanner canllath arall ac fe fyddai'n trol ludw, y drydedd mewn pum mlynedd wedi mynd ar ei phen i'r Cyfleusterau Cyhoeddus.

## DOD I'R LAN:

Ie, y dydd Sadwrn o'r blaen ydoedd Dydd y Panic Mawr, brodorion a fusutors fel 'i gilydd yn dal 'i gwynt ar Ben y Grwbi â dwy fasgedaid o wŷr a gwragedd y Ffoltia yn hongian uwchben Pwll Gwrachod. Diolch i Vincent (mab C. Tomos) daeth yr wyth i'r lan yn ddiogel, a hyfryd yw datgan fod pawb ar y ddaear isod ac yn y basgedi uchod wedi dŵad dros y sioc yn deidi.

Mae Mrs. C. Tomos hithau wedi gwella yn dda iawn ac wedi ailafael ynddi o ddifri i gega ac i biwsio C. Diolch fod Vincent gartre y dyddiau rhain, pob tro mae Musus Tomos yn torri tros y tresi mae Vincent yn bygwth rhoi ei unig fam yn y Fasged ac, yn wir, y mae Musus T. yn tawelu megis gast fechan becanî. Wnaeth pum awr yn yr entrychion fawr o niwed i'r Parch. Pitar Page chwaith, mae ef yn pregethu yn well o'r hanner â'i draed ar y ddaear, sbel yn fyrrach hefyd, anodd yw ei gael i aros i fyny yn y pulpud yn hwy nag ugain munud y dyddiau rhain.

Cyndyn iawn o drafod ei brofiadau yn yr wybren yw Gryffudd Jôs yr Ysig Bach, ef am gadw ei stori i'r Deli Drych. Ydi, mae pen Gryffudd wedi chwyddo yn arw. Mae Ffani Whîl ar llaw arall yn rhedeg a rasio hyd y Ffoltia megis gafr ar daranau ac yn diolch bob funud awr am gael dychwelyd i'r hen ddaearen. Mae Piwis Parri, Cross Pyips, reit ulw boenus ynghylch Ffani, ei jin yn prinhau a'i lechen yn llenwi. Ymddengys fod Ffani wedi ymroi iddi i godi diod i gydnabod ac estron fel 'i gilydd. Dyletswydd C. yw cael gair yn gyfrinachol efo Ffani pan ddaw ffads sobor heibio i'r ffiwtan ffôl.

## OCSIWN:

Brynhawn Mercher cynhaliwyd ocsiwn yn y Sgoldy pryd y gwelwyd stât Mejor Sgwash y Plas yn mynd o dan y morthwyl. Stât gymysg o ffermydd, tyddynnod a thai bach yw stât y Mejor. Deallwn fod y Mejor wedi hysbysebu yr ocsiwn yn helaeth ym mhapurau gorau Lloegr – disgwyl Saeson ariannog i brynu, wrth reswm pawb. Do, cafodd y Mejor gefnogaeth gref gan ei gyfeillion o Loegr, pobl ariannog iawn reit hawdd gweld, ein maes parcio yn llawn Dyimlars a Bentlis a Biwgatis.

Aeth C. i'r ocsiwn yn brydlon, mwy fel gohebydd na phrynwr. Sylwodd C. mai go chydig o'r trigolion oedd yn bresennol. Yn wir, ni welodd ef neb o'r Ffoltia. Oedd, yr oedd Piwis Parri yno yn gwerthu diod potel wrth ddrws y Sgoldy.

Yn y wir i chwi, gyda bod yr ocsiwnïar wedi darllen rheolau'r ocsiwn, dacw gynnwrf yn y lobi. A be ddyliech chwi? Dacw fintai fechan yn cael ei harwain gan Ffani Whîl a'r Ysig Bach yn cerdded yn dalog i'r Sgoldy, pob un yn cario poster, ambell i boster yn y Gymraeg ac un arall yn yr iaith fain "Mae Saeson yn Bla" a "Weels ffôr ddy Welsh" – pethau o'r natur yna oedd ar y posteri. Draen yn ystlys C. oedd gweld Vincent, hogyn wedi cael colej, ymysg y fintai.

Cymrodd yr ocsiwnïar y llefydd yn nhrefn yr A.B. Adwy'r Bwlch, bwthyn wedi mynd â'i ben iddo, oedd y cyntaf i fynd dan y morthwyl "biwtiffwl cotij in phlesant syrownding, dwy fil, ga i ddeud," ebe'r ocsiwnïar, ond ei fod o'n deud yn Saesneg wrth reswm pawb. Ac yn sdêj yma cafodd C. gip ar Vincent, ei unig fab colej a'i etifedd yn stwyrian.

Dacw Vincent yn codi ac yn cerdded yn araf rywn bywnd pwlpud yr ocsiwnïar gan ddal llun ffotografft anferth o Adwy'r Bwlch uwch ei ben. Dangosai'r ffotografft hwn holl wendidau'r murddun, y to cefnbant, y tyllau llygod, y mieri a'r brwgej, y cyfan. Aeth wyneb yr ocsiwnïar yn biws.

"Rybits," ebe Bwgati. "Ffrywyd," ebe Bentli. Ni chafwyd yr un cynnig gan y bobol ddiarth a wir, roedd yr ocsiwnïar reit falch o gael derbyn trichant am Adwy'r Bwlch gan Sam Sment ein bilder lleol. Fydd Sam fawr o dro yn rigio'r Adwy yn bincas o le bach del. Hanna Meri, y ferch, sy'n mynd yno i fyw, mi fydd y bwthyn yn barod erbyn mis Medi, reit handi, cyn i Hanna gael y babi cynta.

"Berllan Bell," ebe'r ocsiwnïar reit ffyddiog tro yma. "Biwtiffwl smôl holdin wudd twefl ecorns of gwd land."

"Wan hyndryd pownd," ebe Gryffudd Jôs reit larts yn Gymraeg.

Pan oedd Mr. Cotswold, dyn diarth efo mwstas mawr melyn, yn cynnig pymtheg cant am y trydydd tro, dyma Ffani yn sibrwd fod yna ysbryd yn Berllan Bell.

"Gwaedda fo yn Saesneg," ebe'r Ysig.

"Hywnted," ebe Ffani ar dop ei gwich, "dder is e spirit yn ddy atic and bac cijin ai haf siin soon ut myiselff, and ut us sbuting hyr ffyiyr brwmstan ofar ddy pantri."

Do, yn y wir, fe sdiciodd Berllan Bell yn stond ar bymtheg cant.

"Pryna fo llwfr," ebe'r Ysig yn nhwll clust yr Wilias, ein plisman tragwyddol, "lle bach handi i ddyn diog."

"Mi wnawn," ebe'r Wilias, "cawn i fenthyg mil yn rwla."

"Mi gei di fil yn ddi-log gin i," ebe'r Ysig.

A gwir y stori, mi brynodd yr Wilias y Berllan Bell am un cant ar bymtheg. Prynu o gariad at ei boced oedd yr hen dwmpath wrth reswm, nid o gariad at ei ardal na'r wlad nac un dim gwleidyddol fel'na. Ta waeth, rhaid yw cystadlu efo'r gwds diarth hyn ar eu tir eu hunain. Tir busnes bob tro.

Ni wyddai yr ocsiwnïar pa le i droi yn sdêj yma. Roedd o ffansi garw rhoi pregeth reit siort i'r Cymru am gambihafio. Ar llaw arall, roedd colli Cymro yn golli cwsmar oni'n toedd? Ac yn sdêj yma (ym marn C.) y gwnaeth yr ocsiwnïar ei gamgymeriad, aeth rhagddo i annog y Saeson i beidio gadael i'r Cymry eu trechu. Magodd hyn hyder newydd ym mhobol y Ffoltia, fuo ffasiwn godi prisia rioed. Pawb, gan gynnwys y cyn-sgŵl (hawdd galla fo) yn codi fesul chweugian.

Teg dweud ar ddiwedd y dydd fel hyn i'r Ffoltia gael buddugoliaeth deidi dros ben ar y Saeson dŵad.

"Ydi'r arian gynnoch chi deudwch?" ebe C. wrth yr Ysig.

A dyma'r ateb gafodd C. "Ydi'r arian gin y Saeson 'ma Confal Tomos?"

Hyfryd yw gweld y Cymry yn deffro oni'n te?

## SYRCAS:

Daeth syrcas i'r Ffoltia y dydd Mercher o'r blaen. Rydan ni esys wedi blasu cymanfa, sasiwn a charnifal, ond dyma'r tro cyntaf mewn hanes i syrcas fentro i'n plith. Cynhaliwyd yr ŵyl hon ar dir Hendre Hirlwm, drugaredd fod Musus Robaits wedi hel 'i gwair. Cangen fechan o syrcas fawr ac enwog y Brodyr Bostach a Wimbels ydoedd hi, syrcas odidog iawn oedd y syrcas. Pobol glên hefyd, un dim yn ormod ganddynt ei wneud i helpu'r Ffoltia, cymall troi'r merlod i gae tatws Musus Robaits a phopeth. Roedd y Ringmistar, Mr. Wipli, yntau yn draa awyddus i fod o help i C. gyda hyn o lith. Yn wir, cafodd Musus Tomos a C. docyn compliment yn rhad ac am ddim. Tocyn poster i Musus Tomos a thocyn y Wasg i C.

Penderfynodd C. a Musus Tomos mai mwy detha iddynt hwy fyddai mynychu gwasanaeth y prynhawn gan nad yw nerfau Musus T. wedi llawn setlo ar ôl ei phrofiadau yn yr uchelder, hyhi yn dal yn driw i'r Sanatojen. Hyfryd ydoedd gweld y Marc Ci yn llawn, plant sugno ar y seti isaf, yr hen a'r methiedig a'r canol oed ar y seti canol a'r to ifanc yn llenwi yr ofargarfan. Na, does un dim fel syrcas am ddod â phobol at eu coed, llond pabell o Gymry ymroddedig a phenchwiban yn gytûn yn yr un lle, pnawn o chwerthin harti am ben troeon trwstan dynol ryw.

Ar glec cyntaf chwip y Ringmistar dacw ferch ifanc tebol a glandeg i'r golwg a hanner dwsin o gŵn ffurt yn ei wêc. Ni wŷr C. beth yw ci ffarten yn y Gymraeg. "Ddy Wedin," ebe hi, clunia mawr, fel'na yn Saesneg. Cawsom weld priodas cŵn am y tro cyntaf erioed. Digon o ryfeddod, ci gwyn cyrliog yn chwarae y Wedin Marts ar iwffonia bychan, ie, a hynny o gopi hen nodiant sylwch chi.

Gyda bod y miwsig allan dacw gi a gast i mewn fraich ym mraich, y Hi wedi ei gwisgo mewn siwt sidan pêl blŵ a threlar o feri myild lemon ynghyd â hedres o binc y jereima. Y Fo yn gwisgo y Dinfain a Het Silc Ci am ei ben. Cyflwynwyd y briodferch i'w gŵr gan ei Hewythr Cainc, ci dipyn mwy o Labrador, ef yn gwisgo menygl ysgarled o fysedd y cŵn. Darllenwyd rhan o'r Ysgythrydd gan y Tad Ffocs, ci bychan coch o gyffiniau Alseshia, biti garw i bethau fynd o chwith yn sdêj yma, y funud gwelodd Chwimwth, ci defaid Hendre Hirlwm, y ci Ffocs dacw ef yn saethu i'r ring megis melltith o wddw potel, ac ni welwyd ffasiwn gnoi a choethi, naddo yn y Ffoltia. Trueni, chwi wyddoch mor anodd yw tynnu ci oddi ar ei dylwyth.

Er mawr ddifyrrwch i'r hen blant, dacw gangarŵ galluog iawn i'r golwg, ef yn berchen pibell glai â llond ei bowj o dybaco. Pregeth i'r plant oedd ganddo ef, dywedodd heb flewyn ar ei dafod fod teulu y cangarŵ at i gilydd yn gallach na dynion ac yn llawer mwy medrus wrth reswm pawb. Dacw fo'n herio unrhyw un o'r gynulleidfa i ymuno ag ef mewn cwffast-ddyrnau "twelf rywnd contecs".

Cyn bod o wedi gorffan gwadd dacw Twm Tursia Mawr, gwas Hendre Hirlwm, i'r ring. Mae na rwbath yn fyrbwyll iawn yn Tomi weithia, ond fo ŵyr 'i betha, mae ganddo ddwy law fel dwy sielf forter. Dacw'r Cangar yn dechrau neidio a dawnsio fel dim sbinbrwc o gwmpas y Tursia. Cyn pen dim roedd Tursia Mawr wedi gwallgofi, ni allai ef yn ei fyw daro i ddiben. Poenus tu hwnt yw caff gwag yn dilyn caff gwag oni'n te? Toc (diolch i gwrteisi y cangarŵ) llwyddodd Tursia i lapio ei law dde am glust Bywiog a disgynnodd ein cangarŵ fel bag sment i'r gwellglas.

Trodd Tursia i wynebu'r gynulleidfa am ei glap. Yn od iawn, ni ddaeth clap, yn hytrach fe ddaeth y cangarŵ i'w lawn sensus drachefn.

Gwir y gair, dyma fo'n taro Tomi ar ei ben yn pywj ac yn tynnu ei drywsus ac yn rhoi chwip din gynnes chwareus ar ei hirdrons. Oedd, yr oedd Tom wedi torri'r grib yn arw.

Gwell na thonic potel oedd cael edrych ar wyneb Gryffudd Jôs, gynt o'r Gorsan Ysig Bach, pan ddaeth y merlod i'r ring. Arferai ef gadw dwsinau o ferlod yn yr Ysig Bach. Daeth merlen wyllt iawn i'r golwg yn sdêj yma, merlen â'i mwng yn ei dannedd. Cyhoeddodd y Ringmistar fod croeso cynnes i unrhyw un o'r gynulleidfa geisio ei marchogaeth at ownars risg.

"Cerwch," ebe Ffani Whîl.

"Berig bywyd," ebe'r Ysig, "mae na hen elfan llympio yn 'i llygad hi."

"Plîs, plîs, plîs," ebe Ffani, "ne ddo i byth efo chi i bryfocio Saeson."

"Reit ta," ebe'r Ysig, "dal fy arian gwynion i." Ac fe wagiodd G. bocedi ei drywsus i ddwylo Ffani.

Er ffasiwn hen gringron ydi Gryffudd ar lawar cyfri, chafodd clown rioed fwy o glap "Hwre", medda pawb fel tae H Along Casidi ei hun wedi troi mewn. Tipin o gamp, merlen foel oedd y ferlen, doedd hi rioed wedi gweld na chyfrwy na chap na rensan. Pan welodd hi ei joci newydd dyna hi yn cymryd gwib roownd y ring nes oedd cyrt y Marc Ci i'w clywed yn canu grwndi, a thywyrch y ddaear hwythau a godent i'r ofargarfan, ond dal ei dir a wnaeth Gryffudd Jôs. Toc fe arafodd Gorffwyll i gael ei gwynt ati a gwelodd G. ei gyfle.

Do, fe neidiodd yr Ysig (yn 'i oed o) ar gamelêd ar gefn y beth wirion. Y mae C. wedi gweld rasus motor beic yn Ynys Manaw droeon ac y mae ef wedi gwylio rasus cyryclau ar y Ddyfrdwy Ddofn, ond ni welodd ef yn ei holl ddyddiau siopio y fath newid ymarweddiad mewn merlen. Os oedd y ferlen yn wyllt cynt roedd hi'n wallgo rŵan, cafodd y gynulleidfa un gip ar y ferlen a'r joci ar ei chrwper yn diflannu drwy bared clwt y Marc Ci. Aeth selogion a ffrindiau calon Gryffudd Jôs a C. yn eu plith drwy'r bwlch i gael gweld ai byw ai marw ydoedd yr hen wron. A wir i chi yr oedd y ferlen a'i joci yn dal yn uned gron gyfan ond fod yr Ysig wedi llithro o dan fol y beth wirion. Ta waeth, o dipyn i beth, fe lwyddodd Gryffudd Jôs i wneud merlen car llaeth siort ora o'r hoedan hon ac fe gafodd ef docyn yn compliment i fynd i wasanaeth y nos gan y Ringmistar.

Gan mai y Fflyi Trapî oedd yr eitem nesaf ni ddychwelodd C. a Musus Tomos i'r Marc Ci. All Musus Tomos ddim cynnig codi ei golygon i'r entrychion ar ôl ei phrofiad yn y Fasged. Aeth C. i'r tŷ i wneud paned reit gref iddo'i hun a dôs reit dda o Sanatojen i Musus. Na, does dim fel syrcas am ddod â dyn ac anifail at ei goed.

## CYNGOR PLWYF:

Daeth aelodau y Cyngor Plwyf ynghyd yn gryno iawn i'r Sgoldy nos Wener â C. Tomos yn y gadair. Ar ôl briwsin bychan o ymgecran pasiwyd i godi cronfa i brynu gweddillion y Tai Ar Werth. (Canlyniad yr Ocsiwn yw hyn o grafu.)

Credwch neu beidio, Mejor Sgwash y Plas oedd y cyntaf i addo dwy fil. Rhagor onta, doedd o fel Sais rioed wedi meddwl fod yna arian nac asgwrn cefn yn y Ffoltia. Aeth y Mejor rhagddo yn Saesneg i bwyso ar y Cyngor Dosbarth i basio deddf newydd danlli yn dweud fod yn rhaid i bob tenant a phrynwr fyw yn ei dŷ "ôl ddy iyr rownd". "Hen ffocsyn ydi o," ebe'r Ysig, "ofn gorfod codi'i bac mae o."

Prun bynnag am hynny, cam i'r cyfeiriad iawn yw hwn ym marn C., fydd y candi fflos a'r mwyar duon ddim mor awyddus i gipio ein bythynnod o dan y drefn newydd hon. I Vincent (mab colej C. Tomos) a Ffani Whîl a'r Ysig Bach y mae'r diolch am y deffroad hwn, wrth reswm pawb. Biwtiffwl a sensibl oni'n te?

Mae gan C. grapgof bychan iddo ddarllen adnod yn Llyfr y Pregethwr neu yr Apocryffa – "Dydd mawr fydd hwnnw pan dyr yr Academi trwodd at y Werin . . . "

## Y GWRES MAWR:

Mae rhywbeth yn hirben iawn yn Musus Tomos weithia a mae hi yn llygadog iawn i fusnes. "Confal," ebe hi noson o'r blaen a ninnau yn sipian ein Hwyrol Horlics "rydw i wedi bod yn meddwl."

"Meddwl am be diyr?" ebe C. fel 'na.

"Rydw i i lawr leni," ebe hi.

Ydach, diolch byth," ebe C. gan ddiolch i'r drefn fod Musus Tomos wedi dychwelyd o'r Fasged i'r Ddaear Lawr.

"Naci," ebe Musus Tomos, "rydan ni lawr sbel ar y tecins o'i gymharu â'r adag yma llynadd, rydw i reit dipress."

"Ga i gymell Sanatojen i chi," ebe C. Ond ni fynnai Musus Tomos na gwin na licar, yn hytrach aeth hi rhagddi i annog C. i dorri tir newydd. "Rhaid inni geisio Gwd Selar," ebe hi.

"Ond mae'r eisus a'r lolis yn gwerthu'n dda," ebe C. "Mae'r tywydd poeth wedi hybu pethau."

Gwelodd C. oleuni llachar yn dod i lygad Musus Tomos, "Y gwres mawr yw ein hiachawdwriaeth," ebe hi. "Mae ein ffrindiau diarth, yn ganol oed, ifanc a phlant bach yn diodda, maen nhw'n crasu'n grimpin. Rhaid i ni geisio cyffur i leddfu llosg haul."

Awgrymodd C. mai peth reit ddoeth fyddai stocio dwsin ne ddau o ambarelos, rhai cwmpas mawr amryliw, fe gadwai y rhai hyn y gwres draw, a phe digwyddai'r tywydd droi'n wlyb, wel ardderchog oni'n te? Na, ni fynnai Musus C. glywed gair am yr ambarelos, petha anlwcus ac yn cymryd gormod o le. Daliai hi mai cyffuriau pia hi. Dywedodd C. fod yna botel ne ddwy o olew y Morus Ifas yn y warws.

"Loshion," ebe hi, "rhaid ichi geisio stoc helaeth o Camamyil Loshion."

"Sawl potel ordra i?" ebe C.

"Deg dwsin," ebe Musus Tomos.

Nid yw Musus Tomos wedi bod yn llawn hi ei hun yn ddiweddar, canlyniad ei phrofiad yn y Fasged. Yn y wir, tybiodd C. fod ei unig wraig yn drysu, ond calla dawo ydi hi bob gafael oni'n te? Addawodd C. y byddai'n ordro deg dwsin o boteli at wans. Dwsin crwn ordrodd o wrth reswm pawb. Wir, cryn gamp ym marn C. fyddai gwerthu cwta ddwsin mewn lle fel y Ffoltia.

Onid yw y dyfodol yn dywyll i ni blant dynion? Credwch neu beidio, doedd C. ddim ond wedi taro'r placard "Camamyil Loshion" yn y ffenest nad oedd dau Sais blin yn y siop yn crefu am botel yr un. Cyn bod yr haul wedi mynd o'r golwg dros y Grwbi roedd pob dafn o'r Camamyil Loshion wedi ei werthu. Na, ni bu tul erioed brysurach, gwerthwyd hanner dwsin o boteli i un teulu cringoch coch o Brasil a'r ddwy arall i Weinidog Batus oedd yn drwg ama ei fod wedi cael synsdroc.

"Go dda," meddach chitha, "dwrnod bendithiol iawn i Grosars and Drepars." Na, nid mor fendithiol. Yn ôl ei harfer daeth Musus Tomos i'r siop i syrfio Saeson tra piciai C. i lyncu tamaid o swper.

Ac yn wir i chi, yn ystod y lyl hon dacw Saesnes dinoeth bron i'r siop i ofyn am botel o'r Camamyil.

"C.," ebe hi drwy gil y drws canol. "Ydach chi rioed wedi gwerthu y Loshion i gyd?"

"Do," ebe C.

"Deg dwsin? Dydach chi rioed wedi gwerthu deg dwsin mewn deng awr decini Diyr?"

Temtasiwn gref ydoedd hi i C. ddweud ei gelwydd cyntaf yn sdêj yma ond glynu wrth y gwir ddaru o gwaetha'r modd. "Un dwsin crwn ordris i," ebe C.

Do, fe aeth Musus Tomos i sdericl. "Ynfytyn," ebe hi, "ewch ar y teilffôn y funud yma, ordrwch ddeg dwsin arall." Do, yn y wir, bu ond y dim i C. alw y naw naw naw yn ei ffrwcs.

Ben bore trannoeth â C. allan yn codi'r shytars, dacw drafeiliwr y Camamyil yn cyrraedd yn ei foto bach. Chwar teg, dyn da ei waith oni'n te wedi danfon y Camamyil yn un swydd, ylwch chi. Cafodd y dyn ei dalu ar law wrth reswm pawb, a daeth gwên i wyneb Musus Tomos drachefn. "Ga i gymall tamad o frecwast i chi?" ebe Musus

Tomos, ond roedd yn well gan y dyn gael mynd cyn i'r tywydd dorri.

Gredwch chi fel yr oedd ein trafeiliwr yn pwyso botwm cychwyn ei foto, dacw daran decin i, a dacw gawod o law yn disgyn o awyr a fu'n las ers tridiau, clapiau breision fel sego. Mae llai peth na hwn wedi troi capelwr selog yn anffyddiwr droeon. Ydynt, mae y poteli yn solet ar y silff a mae pwyntil y glass ar Sdormi. Hen dro cwta oni'n te. Be ddyla siopwr neud dwch? Gwrando ar ei reswm ta gwrando ar ei wraig? Tydi hi yn anodd 'i hitio hi?

Oes, mae yn Grosars and Drepars ddeg dwsin namyn un o boteli Camamyil Loshion yn gwenu ar C. y funud hon. Gryffudd Jôs, Yr Ysig Bach, oedd ein cymwynaswr, tystiai ef ar ei lw ei fod yn teimlo fel hogyn deunaw ar ôl yfed ei botel.

## CARTREF AR WYLIAU:

Croeso cynnes i blant y Ffoltia i'n plith yr Haf hwn eto, hyfryd iawn yw eu gweld un ac oll wedi brownio. Ma nhw'n gefn garw i wasanaeth y bore ym Methel ac yn gryn help efo'r canu.

Trodd y rhai canlynol i mewn atom fore Saboth dwaetha: Mr. Harri Tomos (Harri Bach), Hendre Hirlwm, ef wedi gneud yn dda iawn yng Nghanada. Deallwn ei fod erbyn hyn yn berchen ei fferm rynar bîns ei hun yng nghyffiniau Montriôl. Does fawr gynnon ni gofio fo yn was bach yn cysgu yn y rhesi. Estynnwn ein croeso gwresocaf i Musus Tomos a Rodric y mab hefyd. Mae Musus Tomos yn gontralto reit dda a chyn-aelod selog o gôr enwog Y Montriôl Melodis.

Mr. Jiorj Blac, ef yn genhadwr dros y môr dros Loegr ers tro byd bellach. Nid yw ef wedi bod yn rhy dda yn ddiweddar, iselder ysbryd. Clywsom ei lais ar y rhaglen boblogaidd "Lufft Yp Iwyr Haarts" yr wythnos hon. Deallwn ei fod yn dychwelyd dros y môr cyfle cynta ddaw.

## GŴR DELFRYDOL:

LLONGYFARCHIADAU canolog iawn i Miss Ffani Whîl, y Tai Cyngor, am ennill ohoni hi y wobr gyntaf, sef pum cant o bunnau (rhoddedig gan y Mri. Whyitbred, Byrton on Trend) yng nghystadleuaeth Gŵr Drych-frydol, y Dyili Drych.

Tasg Ffani oedd gosod deg o bwyntiau yn nhrefn teilyngdod a jotio paham (ar waelod y pysl). Dewisodd hi osod pwynt wan yn pwynt tŵ a pwynt tŵ yn pwynt wan a fela a fela oni'n te. Trefn driff draff rwsud rwsud y Drych yw'r isod, wrth reswm pawb:

1. Gŵr Rhinweddol
2. Gŵr Mawr
3. Gŵr Dawnus
4. Gŵr Drwg
5. Gŵr Ifanc
6. Gŵr Ffoglyd
7. Gŵr Gweddw
8. Gŵr Meddw
9. Gŵr Pen y Bryn
10. Gŵr Tin Claw.

Dyma i chi y drefn fuddugol, h.y. trefn Ffani – Meddw, Gweddw, Ifanc, Ffoglyd etc. Miss Whîl oedd yr unig un drwy Gymru a'r profins yn Lloegr i nodi'r drefn gywir. Aml un wedi rhoi Gweddw o flaen Meddw a dyna hi'n ffliwt oni'n te.

Yr oedd Ffani ar ben ei digon pan aeth C. i ymweld â hi heddiw'r bore i bwrpas hyn o lith.

C.: Sut daru chi ennill?

Ff.: Cal gair drw post bore ma.

C.: Be barodd i chi ddewis fel daru chi?

Ff.: Ma hi'n anodd deud braidd.

C.: Ar ba awr o'r dydd daru chi lenwi'r cwpon? Ben bora ta . . . ?

Ff.: Duw Duw naci, tua chwarter i unorddeg nos Sadwrn, roedd Llew newydd gyradd o Cross Pyips, gwên ar ei wynab o i'r hen blant a photal Brown yn ei bocad o i mi.

C.: A mi roedd rwbath fel'ma'n help?

Ff.: Ffact, Confal Tomos.

C.: Be dach chi am neud efo'r pum cant? (Ryit dinfain gan led obeithio byddai Ffani yn clirio ôl-ddyled y Crysmas Clyb Dolig.)

Ff.: Fory dwi'n cal nhw.

C.: A phan cewch chi nhw?

Ff: Parti yn Cross nos fory, dowch draw os liciwch chi.

C.: Fasach chi'n deud wrach fod na fymryn lleia o ddylanwad Samiwel Bycet ne Harold Pyintyr ar ych dewisiad chi?

Ff.: Bosib bod. Mi fasa'n beth neis ar bapur yn basa? Rhowch o i lawr i'r diawl Confal Tomos.

C.: Ma siŵr fod yna riwin wrth ych penelin chi?

Ff.: Llew te. Dyna chi gariad, â'i drwyn o'n rhedag fel afon.

C.: Ydach chi wedi darllan llawar? Ydach chi wedi sdydio cypla priod?

Ff.: Naddo. Do gin gofio, mi gês i ddau dymor ar Hysbandri yng Ngholej Madryn pan on i'n llefran.

Ylwch chi, perl o ben llyffant oni'n te? Rhaid cael colej os ydan ni am wneud marc.

Dyma nodyn Ffani yn yr iaith yr ymddangosodd ynddi ar waelod y cwpon buddugol, "Ddi yidial horsband us ddy hapu horsband. Drywn hun in drinc efrig copartiwniti iw giet. Sing sics swit songs tw Grani and Grani sings tw iw". Biwtiffwl a sensibl oni'n te?

## Y BETHEL A'R BEDOL:

Cynhaliwyd cyfarfod llongyfarchion i Ffani yn y Festri nos Sadwrn, y drysau yn agor am bump o'r gloch ac yn cau am chwech cysact. Rhwng ffrindiau Ffani a'r elusenwyr roedd y Festri yn orlawn. Cyfarfod i gyflwyno ei siec i Ffani ydoedd hwn yn bennaf, ond fel mae pobl ar achlysur fel'ma, bu raid i ddau ncu dri gacl traddodi areithiau go hirwyntog.

Gwrthododd y Parch. Pitar Page yn lân deg â dweud gair ar goedd, ond chwar teg, deallwn iddo ymweld â Ffani yn breifat yn ei chongol. Ffrind mynwesol calon fawr Ffani oedd y cyntaf i godi yn y Sêt Fawr, Gryffudd Jôs, gynt o'r Gorsan Ysig Bach. Dagra fel sego yn 'i lygad o, cofiwch. Roedd y dyn dan deimlad, wrth reswm pawb. Dywedodd ar ei beth mawr onta na fedra'r pumcant ddim mynd i well lle. A mor falch oedd o rhagor onta fod yr arian mawr wedi mynd i gartra sobor, i dŷ total. A mi wydda pawb oedd yn nabod Ffani na fuo na rioed fraich dyn am ei chanol na chlust peint yn ei llaw. Cyfeiriodd Gryffudd at Ffani fel gwraig garedig, "Un â'i chroeso yn gynnes i bawb". A dyma'r llafna ifanc i gyd yn dechra clapio yn sdêj yma.

Ar ôl cael Gryffudd Jôs i eistedd, dacw Parti Godre'r Grwbi yn codi i ganu "I ba beth mae'r byd yn dod?" i gyfeiliant y Fowth, a Cathrin Whîl yn cyfeiliorni iddynt.

Daeth nosdalgaidd lwmp i wddf C. wrth edrych ar Llew a Ffani fraich ym mraich yn y Sêt Fawr. Da y cofiai ef Llew yn cael ei dorri mewn i'r Seiat yn bymtheg oed a'i dorri allan yn hanner cant. Pwy a ŵyr oni'n te? Ella reit hawdd mai rwbath fel'ma ddaw â'r Llew yn ôl i'r gorlan.

Cyflwynwyd y siec i Ffani ar ran Whyitbred Boclyrs gan Mr. B Whyit Barrel, Byrtn on Trend. Ar ôl iddo ddweud bestolyc yn Saesneg, rhoddodd Barel bwys go sownd arno'i hun i ddweud "Yecyd da pob Cymro" yn Gymraeg. Neis, oni'n te? Yn sdêj yma, fe sibrydodd Ffani dri'n bedwar o eiriau dan ei gwynt. Ni cheisiodd C. ddeall ond sylwodd i wynepryd y Parch. Pitar Page welwi dros dro.

Gyda bod y siec yn llaw Ffani, dacw bawb, yn gyfaill, gelyn ac elusennwr yn croesi i'r Cross Pyips. Sylwodd C. fod Yr Ysig yn dal her yn y gynffon hefo'r Page, ond i'r Cross y daeth yr hen wron maes o law.

Oedd, yr oedd Ffani yn ei llawn hwyliau. Daeth hi i'r bar gan roi pregeth hallt i'r Rhwydi Mawr a Harri Hendre Hirlwm a'r Selogion. "Taeogion," ebe Ffani, "llercian yn lle sala'n tŷ. Mae hwn yn iawn i Saeson, dowch trwadd i parlwr hefo mi. Pawb â'i een i fyny, hogia. Mae Cymru wedi ennill." A dacw godi geen a dacw godi Ffani i'r awyr a'i chario hi i'r parlwr lywnj gora'n tŷ a'i rhoi hi i ista ar y bar rhwng poteli shampên. Toc dyma Ffani yn taro "Hogia Ni" reit ddisymwth ac yn dechra arwain efo'i choesa hirion.

Cyn pen hanner awr yr oedd Ffani wedi mynnu cael codi Gryffudd Jôs ar y cownter. Golygfa dlos oedd hon, Ffani a Gryffudd yn ei chesail yn morio canu. Do, fe gafodd C. gip ar y Gymru Newydd, ac un dda ydoedd hi.

Yn y wir, roedd hi'n taro dau o'r gloch y bore yn y Grosars and Drepars pan oedd C. yn hebrwng yr Ysig Bach i'w wely.

"Confal," ebe ef, a dyna'r cynta yn y Ffoltia i alw C. wrth ei enw iawn, "dydan ni ddim ymhell Confal."

"Nagdan," ebe C., "rhyw ddau ganllath a mi fyddi yn dy wely Gito."

"Naci, naci," ebe'r Ysig, "tydan ni ddim ymhell o'r Gymru Newydd."

Ac yn fan'ma, dan firanda Grosars and Drepars y gwnaeth Gryffudd Jôs, gynt o'r Gorsan Ysig Bach, ei ddatganiad mawr. "Argyhoeddiad," ebe fo, "Teyrngarwch," ebe fo, "Hwyl," ebe fo. "A'r mwyaf o'r tri hyn yw Hwyl."

Cyn pen dim roedd yr Ysig yn troi at C. drachefn. "Oes, mae gan Gymru hawl i gael hwyl, Confal. Ma'i thalcan hi wedi bod yn rhychiog yn rhy hir."

Ac er dirfawr loes i C. dacw Gryffudd yn cymryd tuth a dechrau canu "Mynci'n codi gynffon".

Fel'na ma hi oni'n te? Ni cheir y chwarae heb y chwerw.

**WYTHNOS** yr Hen Bethau ydoedd hi yn y Ffoltia yr wythnos hon a rhaid yw dweud iddi fod yn wythnos lwyddiannus dros ben. Ffani Whîl via Merched y Wawr gafodd y syniad basa rwbath fel'ma yn taro reit ddel i godi arian tuag at gronfa Ciaffi'r Grwbi.

Swyddogion: Llywydd, Musus C. Thomos; ysg., Miss Ff. Whîl; Trys., Mr. Lloyd (Banc Lloyd). Pwyllgor Cyllill, Roberts (cyn-sgŵl) ynghyd â'r uchod.

Rhoddwyd cae i gynnal yr ŵyl yn rhad ac am ddim gan Musus Robaits Hendre Hirlwm a llogwyd Marc Ci enfawr gan Pegs of Chester. Nid bychan o beth yw hel llond Marc Ci o hen greiriau, ond mewn undeb y mae nerth oni'n te? Gwir a ddywedodd Pabwr Prys, A.S. wrth agor "na welodd ef well fawr erioed". "Dydi Sain Ffagan ddim ynni," ebe fo fela, ond 'i fod o'n deud yn Saesneg, wrth reswm pawb. Ac i feddwl bod y creiriau hyn oll yn dod o ardal y Ffoltia. Hawdd iawn yw sgleinio wrth brogio pellafoedd byd, Lanterydd o Japan, powlen o'r Poland a fela a fela, ond cynnyrch lleol, bob eitem, oedd yn ein Marc Ci ni. Gwell yw i C. ddweud gair am rai o'r creiriau hyn er budd y plant lleiaf, mae llawer ohonynt hwy na welsant na rhadell na maen llifo.

Adran ddiddorol odiaeth ydoedd Adran y Peiriannau. Swynwyd C. yn arw gan y Blacsdon. Injian gref yn mesur dwy lath ar ei gorwedd yw y Blacsdon; hyhi yn pwyso pymtheg tunnell fwy neu lai: ie injiam grand yw y Blacsdon, bol o wyrdd am ei ganol. Dotiai'r brodorion a'r fforinars at y fflyi whîl enfawr ar ochr yr injian, pedair troedfedd in daiamityr. (Gweithiwch chi y syrconffrans, rydach chi yn cofio eich Pyi R2. Length plus Breth x 2 oni'n te?) Uchafbwynt y Blacsdon hon yw ei selff sdartar. Rhaid tanio lamp chwthu (blywlamp) a'i dodi dan gynffon y Blacsdon i'w chychwyn. Cafodd y Blac ganmoliaeth uchel gan yr Arbenigwr Ben Bocs. Rhagor onta "Pwy fasa'n methu cychwyn ar ôl cael blywlamp dan 'i din?"

Teclyn arall prin a diddorol iawn oedd y Gwn Caru (adran yr Arfau). Gwn cyffredin ond ei fod yn wahanol yw y Gwn Caru. Sdoc o bren y Walnyt Gymreig, dau drigar a baril o gopor yn tapro allan at y trwyn, ffonografft y Misdars Fois.

Diben y gwn, yn ôl Gryffudd Jôs (ei berchennog) oedd tynnu sylw'r merched. Amser maith yn ôl pan arferai merched ifanc gysgu yn eu gwlâu eu hunain, doedd hi ddim i chi weld llanc ifanc yn taflu metlin at ffenestr llofft. Ond rhagor Gryffudd, mi fydda mrynion ffermydd yn cysgu'n drwm iawn weithia ac yn methu clywed sdyrbans cerrig mân ar wydr. A dyma decini, ple bydda'r Gwn Caru yn dŵad i iws.

Safai'r carmon, boed o Was Bach neu Ben Porthwr, gamalêd ar yr iard o dan ffenast llofft y forwyn. Wedyn, tywallt hanner ffiolad o rownd corn yr ieir i lawr baril ei Wn Caru, bwnio fo reit dda, a thanio'r ddau driger wrth reswm pawb. Mi fedra nelwr go dda gael gobennydd y forwyn os bydda ffenast yn gorad. A dyma'r forwyn yn codi i'r ffenast oni'n te, a dyna'r gwas a'r forwyn yn mynd yn ffrindia mawr iawn, rhai yn priodi ar gorn y glec, rhai erill yn ffraeo wrth reswm pawb.

Crair prin yw y Gwn Caru. Mae gan Myrddin gyfeiriad byr ato

yn ei Lên Gwerin. Dywed ef mai wyau cornchwiglod a ddefnyddid yn Sir Gaernarfon (h.y. yn y faril) ddechrau'r ganrif.

Daeth C. ar draws teclyn creulon iawn yr olwg yn Adran yr Amrywiaethol. Trap i ddal dyn ydoedd hwn. Benthycwyd ef gan Mejor Sgwash, yr hwn hefyd a roddodd i ni beth o hanes y trap. Dywedodd Sgwash fod hwn yr unig drap o'i fath yn y Gogledd. Peth arall ddeudodd o fod y trap yma wedi bod yn drap eirth yng nghyffiniau Tre Fforest tua chanol y bymthegfed ganrif. Diddorol oni'n te?

O weld ei hun yn cael gwrandawiad mor astud, aeth Sgwash rhagddo i ddangos sut yr oedd ei filan drap yn gweithio. Claddwyd y trap mewn pydew gwag yng nghwr pellaf gweirglodd Hendre Hirlwm a dail coed dros ei wyneb. Trueni garw na fasa'r Sgwash wedi codi ei hen drap cyn i'r Ysig fusneslyd daro heibio.

Neilltuwyd gwasanaeth y prynhawn yn gyfan gwbl ar gyfer cerbydau symudol o bob gradd, ymgynnull ar clwt ddaru nhw, wrth reswm pawb. Hyfryd oedd cael cip unwaith eto ar fflôt lefrith Hendre Hirlwm a throl a cheffyl Pwll Crwn. Oedd, yr oedd yno wagen goed, hyhi, yn ôl traddodiad, wedi bod yn eiddo Tomos Edwart o'r Nant. Biwtiffwl. Car bychan twt iawn ydoedd y Car Crwn, eiddo y Misesus Gittins, clustoga bytyma o felfed coch y capel ynddo ef.

Bu bron iawn iddi fynd yn gwffas rhwng yr Ysig Bach a Robaits y cyn-sgŵl ar gorn y Car Crwn. Y Robaits yn dal yn gadarn ma yr un un yn union yw y Dog Ciart a'r Car Crwn; a'r Gryffudd yn taeru mai car gwahanol iawn yw y Dog Ciart. Car llai o'r hanner yw efe, yn ôl Gryffudd Jôs, wedi ei gynllunio ar gyfer rhoi ci yn y llorpia, fel y mae'r enw yn awgrymu wrth reswm pawb.

Adrannau eraill diddorol iawn ydoed Adran y Chwaraeon ac Adran yr Ymladd, teganau ac arfau di-ben-draw. Cewch glywed am y rhain dro eto.

Gwnaed elw sylweddol tuag at Gronfa Ciaffi. Mawr yw ein dyled i ddycnwch a dyfalbarhad Miss Ffani Whîl.

## CYFLEUSTERAU CYHOEDDUS:

Daeth tyrfa fawr ynghyd i'r Sgoldy bnawn Mercher i ddathlu achlysur agor y Cyfleusterau Cyhoeddus. Y Syrfeior oedd y cyntaf i'n hannerch a chawsom ganddo ef grynodeb hir o hanes yr achos o'r pwyllgora i'r plymio.

Ein Haelod Seneddol oedd y nesaf i'n hannerch. Pwysleisiodd ef y pwysigrwydd o gael cyfleusterau ymhob llan a thref. "Ni ddylai neb fod yn amddifad o'r rhain mewn oes mor brysur," ebe'r aelod, "maent yn gyfraniad sylweddol i'n diwylliant."

Aeth rhagddo i annog y plant i ddethol eu penillion yn ofalus iawn cyn dechrau cyfansoddi ar y p'rwydydd. Llongyfarchwyd trigolion y Ffoltia'n ganolog iawn gan yr Aelod ar eu dyfeisgarwch a'u brogarwch a'u cymwynasgarwch a'u lletygarwch, "mae'r Tŷ Bach yn gredyd i le bach mewn gwlad fach," ebe'r siaradwr, "mae pwys mawr yn cael ei roi ar sefyll yn yr oes gethin rydan ni'n byw ynddi hi, mi garwn i'n fawr iawn eich hatgoffa chi fod eistedd llawn cyn bwysiced. Gwnewch yn fawr o'ch cyfleusterau gyfeillion."

Ar ôl gwrando'n astud ar araith danbaid ein haelod, cerddodd cynulleidfa'r Sgoldy yn fintai daclus o ddau a dau i'r Cyfleusterau. Rhoddwyd yr anrhydedd o dynnu'r tsiaen am y tro cyntaf i aelod hynaf y Cyngor Plwy', sef yr hen wron Gryffudd Jôs gynt o'r Ysig Bach.

Cawsom gan Gryffudd air byr a phwrpasol ar "Anfanteision top yr ardd mewn storm a drycin". Yna, fe roddodd Gryffudd Jôs y plwc tyngedfennol. Mae dwy farn yn y Ffoltia ynglŷn â'r hyn ddigwyddodd nesa, rhai yn beio'r plymar am osod asennau gweiniad i gynnal y tanc a'r gweddill yn beio bôn braich Gryffudd.

Fodd bynnag, i lawr yn glats y daeth y tanc gan falu y sêt a'r pandy gwyn yn degins.

Cafodd Gryffudd gymeradwyaeth fyddarol gan y to ifanc. Diwedd claear i gyfarfod godidog yw barn C. Tomos.

## PWYLLGOR BRYS:

Galwyd pwyllgor brys o'r Cyngor Plwyf i'r Sgoldy neithiwr â'n Cyfleusterau Cyhoeddus ond cwta dridiau oed. Mae yr arwydd

*Yna, fe roddodd Gryffudd Jôs y plwc tyngedfennol.*

Toilet a ddynodai ein tŷ bach wedi diflannu.

**Cadeirydd:** Ni allaf yn fy myw ddwyn i gof a ydoedd yr arwydd ar y pared ddiwrnod yr agor.

**Plismon:** Oedd, cofio iddi daro yn fy helmet.

**Cad.:** Oes gan rywun oleuni ar y mater?

**Rhwydi Mawr:** Ffanatigs wedi'i gipio fo.

**Perorydd:** Am 'i fod o yn Saesnag.

**Ysig Bach:** Latin ydi toilet.

**Cad.:** Tybad?

**Ysig Bach:** Hebraeg ta.

**Perorydd:** Tydi o ddim yn Gymraeg yn nagdi? Yr hen hogia gwirion yna sydd wedi mynd â fo. Mae isio cosbi nhw i eitha'r gyfrath.

**Ysig:** Rydach chi'n gneud mynydd o ddim.

**Rhwydi:** Be haru chi?

**Ysig:** Dydio ddim gwerth rhech dafad.

**Cadeirydd:** Rydach chi allan o drefn Gryffudd Jôs. O gofio'r helynt ddaru chi ddydd yr agor, tewi ydi'r hardda i chi.

Camgymeriad ym marn C. Tomos oedd i'r cadeirydd atgoffa Gryffudd o'i drallod. Aeth wyneb yr Ysig yn goch ac yn las ac yna'n wyn yn y drefn yna. Ni chlywodd C. Tomos erioed mo Gryffudd yn siarad gyda'r fath arddeliad. Ar ôl dwrdio'r Cyngor am wario ar drimin di-alw-amdano nad oedd o'n da i ddim i neb ond i bobol ddiarth fe ollyngodd Gryffudd y gath o'r cwd.

"Gin i mae'r arwydd Toilet," ebe Gryffudd Jôs, "a gin i bydd o bellach, chwiliwch am un Cymraeg gynta medrwch chi."

**Perorydd:** Ond does yna ddim gair Cymraeg am Toilet.

**Gryffudd Jôs:** Beth am hongian llun pwcad yno ta?

## GWNEUD MARC:

Sgleinio ydoedd hanes y Ffoltia yn yr Hwlffordd fel ymhob man arall. Daeth enw ein hen bentref annwyl i'r wyneb droeon yn y Pafiliwn Mawr a'r Babell Lên. Nid pob lle bach fedar hawlio ffasiwn gredyd. Mae'r byd yn grwn erbyn hyn yn gwybod amdanom fel chwthwrs.

Bu ond y dim i'r Band Pres gipio'r wobr ddydd Llun, a chipio'r wobr fyddai ei hanes yn ddi-os onibai i Gorn Mawr Ffredi Ffywlar fagu êrloc "pry copyn wedi cropian i'r peipiau yn y Pru Lum," ebe Ffywlar. Aeth B. Bocs (Corn main) ar ei lw ger bron C. Tomos uwchben coffi ym mhabell Banc y Midland iddo weld sabotwaith.

"Dalis i o yn yr act Confal Tomos," ebe Bocs, "do, mi welis hen grymffast mawr cringoch o Fand Rhos Boeth yn gwadd pry copyn i gorn Ffywlar." Hen gast dan dîn oni'n te? Gallasai tric o'r fath ladd chwthwr llai profiadol. Aeth Ffywlar i weld Doctor Esgyrn yn y prynhawn, dest rhag ofn. Diolch i'r drefn, nid oedd ein gwron nemawr gwaeth, gwythïen fach wedi bystio yn ei dalcen a botwm ei fol wedi troi tu chwithig, dyna'r cyfan.

Na, nid yw anffawd Ffywlar wedi amharu fawr iawn ar ein Band, fe gofia Brodor ac Estron yn hir am ei berfformiad yn y Preseli Arms nos Lun. "Baach in Bi Fflat ffôr Bands" yw ei ddewis ddarn. Ma nhw'n 'i bygwth hi am Ddyffryn Clwyd flwyddyn nesa, ddyliwn. Chwar teg, oni'n te?

## Y GÂN WERIN:

Genedigol o'r Ffoltia yw Violet o'r Foel, hithau. Hyhi yn dod yn drydydd da yng nghystadleuaeth y gân werin i rai dros drigain a dwy, "Titrwm, Tatrwch gwên lliw'r ŵy" oedd ganddi hi leni, perfformiad biwtiffwl ydoedd barn pawb fel 'i gilydd. Er, dydi C. ddim yn deud mai'r Titrwm yw y dewis gorau i'r hanner cant. Darn anodd ydyw hwn yn cynnwys y llon a'r lleddf.

Mae isio bod yn lyifli a bywiog un funud, a'r funud nesa mae gofyn rejistrio teimlad a'i fynegi yn araf a dwys. Tueddu i gloffi chydig bach bach yn y llinell agoriadol "Titrwm Tatrwch" ydoedd hanes Violet leni. Mae'r linell hon yn hawlio tafod o arian byw a bodiau bali dansyr. Pob hwyl Violet Bach, i fyny bo'r noot.

Hyfryd yw cael datgan yn sdêj yma mai Cathrin Whîl, merch Ffani a orfu ar y Gân Bop i feinw. Fuo ffasiwn glapio rioed, doedd Mr. Morus Macnôt ddim ond newydd orffen ei sylwadau na doedd hi'n guro dwylo a churo traed. Cafodd Cathrin ganmoliaeth uchel gan y Macnôt ar ei dewis o ufferyn chwyth. Neis iawn yw gweled y

Fowth yn ennill tir unwaith eto, ffwlbri yw'r gred mai ufferyn llofft stabel yw y Fowth Organ Geg.

Teg datgan mai Robaits y cyn-sgŵl oedd awdur cân Cathrin, geiriau da iawn ac yn ffitio'n daclus i'r dôn "Y Bliw Daniwb". Tebyg i hyn ydoedd y pennill agoriadol:

**Mae coeden fala yn yr ardd**
**Mae coeden fala yn yr ardd**
**Coeden arall ar ben clawdd**
**Eirin, ella reit hawdd,**
**Mae pryf copyn yn y sinc**
**Un coch a pinc, coch a pinc**
**Mae crachan ludw'n twll dan grât**
**Un uwch na'i stât, uwch na'i stât.**

Ella na welwch chi fawr o synnwyr yn y llinellau uchod ar y darlleniad cyntaf, darllenwch nhw yr eilwaith a darllenwch yn ystyriol. Fe welwch toc mai pictiwr o'r hen Gymru Lân hen ffasiwn yw y pennill cyntaf. A'r ail? Gofid y Bardd gawn ni yn hwn, wrth reswm pawb, dweud mae o fel mae y fforinars wedi meddiannu ein traethau drochi a llenwi ein tai byw.

Do, fe ganodd Cathrin Whîl eiriau y Robaits gydag arddeliad. Llond ceg o Gymraeg cywir a naturiol oni'n te? Swniai gweddill y cystadleuwyr fel Saeson o'u cymharu â Cathrin. Tydi hi'n biti na fasa rhiwin yn deud wrth ein perfformwyr ifanc ni am siarad Cymraeg fel Cymry? Priodol iawn yw dyfynnu yr Ysig Bach yn sdêj yma, "tasan nhw hanner cystal â'm ysgwyd 'u tafoda ag ydyn nhw am ysgwyd 'u tinna ynte Confal Tomos?"

Anlwcus sobor fuo Cwmni'r Grwbi (Ffoltia Mawr) leni. Siomedig iawn. A Robaits, y cyn-sgŵl, wedi mynd o'i ffordd i godi'r safon a bod yn fodern. Drama fawr a drama dda yw "Cysgod Angau", cyfieithiad y Robaits o'r "Black Shadow". Daliai Ffani Whîl nad oedd y ffwlcyn beirniad yn deall y Robaits na'i ddrama.

## CWFFAST:

Ie, Gryffudd Jôs, yr Ysig Bach a Llew ein Lludw o bawb yn cwffio'n ffyrnig. Methodd hyd yn oed ein plisman tragwyddol eu gwahanu. Fel pob cwffas arall, cwffas heb ei hisio ydoedd hon. Ymddengys i Cathrin ferch Ffani ollwng y gath o'r cwd.

Slipio ddaru hi wrth reswm pawb, deud ar ryw gyfri uwchben 'i bîns boreol fod Ffani a Gryffudd yn cysgu yn yr un llofft yn yr Hwlffordd. Doedd yr hogan bach yn meddwl dim drwg, siŵr iawn debig. Wawriodd hi rioed ar Cathrin bach fod ei mam i gysgu efo'r un dyn rownd y rîl.

Ta waeth, pan glywodd Llew am yr anfadwaith dacw fo'n syth i wig Gryffudd Jôs yn rhesi tatws newydd. Do, fe dorrodd Yr Ysig droed y fforch datws yn dri darn ar gefn y Llew. Onibai i C. ddigwydd galw heibio efo'r Herald Cymraeg does dim dwywaith na fyddai un o'r ddeuddyn yn gorff yn rhes.

Lapiodd C. ddau wlyddyn am fferau'r Llew gan obeithio ei angori am un funud fach, "Be haru ti ynfyd," ebe ef, "mosod ar hynafgwr yn 'i resi tatws preifat 'i hun?"

"Cysgu efo Ffani a chynno fonta wraig a gwely plu," ebe'r Llew.

O dipin i beth llwyddodd C. i ddarbwyllo'r Llew nad yw Fatrimonial Drên yn gweithio'n gysact iawn yn ystod ein Gŵyl Genedlaethol. Ymhellach, aeth ef ar ei lw bod hors ddillad yn sefyll yn gadarn rhwng gwely Ffani a gwely'r Ysig Bach. Na, mae ciarictor Gryffudd Jôs yn ddilychwin. Be fedra pensiwniar fel fo neud i boles ifanc brofiadol fel Ffani Whîl?

Sylwodd C. fod y Llew yn cario biniau ar ei frest yn lle ar ei gefn y dyddiau rhain. Cleisiau'r fforch datws reit siŵr chi. Chwerthin dros y Gegin Bach ddaru Ffani pan glywodd hi am y gwffas a rhoi clompen o gusan i'r Llew. "Wyddwn i ddim fod gin ti gymint o feddwl ohona i Lludw," ebe hi.

## AIL A CHWECHED:

Hyfryd yw cael datgan i'r Ffoltia wneud yn dda iawn yn ochor lenyddol Eisteddfod Hwlffordd, Sowth Wêls, yr wythnos o'r blaen. Gan nad oes fodd i chi wybod pwy ydi pwy, plan reit dda fydda i C.

ddod â dipin o ffeithiau i'r wyneb. Yng Nghystadleuaeth ein Telyneg cafwyd pump yn euog o'r wobr. Craffwch chi yn y Llyfr Piws a mi welwch chi mai Tomi Tryi Agen oedd yr ail, h.y. y chweched. Un o feirdd y Ffoltia yw Tomi, ar ddannadd 'i bedwar igian a grôt. Mae Tomi wedi cystadlu droeon o'r blaen. Efô, fel cofiwch chi, enillodd ar y Gân Actol i'r Mwyar Duon yn Steddfod Capal Ucha yn 1908:

> **Dewch i hel y mwyar duon**
> **Pisar Pisar Pisar.**
> **Cofiwch luchio'r diawlad cochion**
> **Gwtar Gwtar Gwtar etc.**

Neis yw gweled Tomi yn canu mor ffres ag erioed. Telyneg dwt odiaeth yw ei delyneg i'r Gadwyn a ddaeth yn chweched leni:

> **Nid i gadwyn yr Hyws**
> **Nac i gadwyn y Ci**
> **Ond i gadwyn wats Taid**
> **Y canaf i.**
>
> **Cadwyn arian fwy na heb**
> **Run ffunud â chadwyn Ciaptan Web**
> **Lle cynt roedd loced llun fy Nain**
> **Yn hongian ar y gadwyn fain**
> **Mae heddiw lun ryw ferch o Sbaenes.**
> **Ple gythral cafodd Taid y baenes?**
> **Yr un yw'r Hyws**
> **A'r un yw'r ci**
> **A'r un yw'r Taid**
> **Sydd gennyf fi.**
> **Ond och, pwy yw y ferch o'r Sbaen**
> **Sy'n hongian weithion wrth y tsiaen?**

Sensibl a biwtiffwl oni'n te? A yn chwap yn nhraddodiad ein

Telyneg Fach Genedlaethol. A mor dwt mae Tomi wedi rowndio ei ddiweddglo. Congarots canolog iawn Tomi ar ddod yn ail. Ta chweched dwch? Anodd sobor ydi deud heb gael map.

## Y STORI FER:

Daeth Robaits y cyn-sgŵl o fewn trwch asgell gwybedyn i gipio y brif wobr am stori fer. Osgar Wyllt ydoedd ffug enw ein Robaits. Cafodd ganmoliaeth uchel gan y beirniad. Tebyg ydi basa'r Robaits wedi ennill reit fflyi onibai fod un stori well yn y gystadleuaeth, os oedd hi'n well hefyd. Bernwch chwi. Dyma i chwi baragrafft neu ddau o stori y Robaits:

### "Yr Hen Sgŵl

Mae hi'n ddwrnod dwaetha'r tymor," ebe'r ysgolfeistr hanner wrtho'i hun a hanner wrth ei ddosbarth.

"Hiyr, hiyr," ebe plant Styndyr Tŵ.

"A ma hi'n ddwrnod dwaetha un un i mi fel ysgolfeistar," ebe'r hen sgŵl annwyl.

"Hiyr, hiyr, hiyr," ebe'r plant, yn uwch y tro hwn.

"Fasach chi'n licio hel i gâl presant i mi," ebe fo.

"Na fasan," ebe nhw.

Safodd yr ysgolfeistar i gael ei wynt ato ar Lwybr y Grwbi, hanner ffordd i'w gartref, Efrydfa Fawr. Syllodd yn hir i lawr y llwybr wan in twenti. Roedd o rŵan yn dod uwchben cyrn mwg ei ysgol. "Cachu iâr," ebe ef.

Synnodd braidd ei fod wedi llwyddo i ddweud hen air mor hyll.

"O ailfeddwl," ebe ef, "y syndod ydi mod i wedi deud cyn lleiad ohonyn nhw." Cydiodd y sgŵl mewn clap o suntur caled, clap at faint swejan go lew, ac fe'i taflodd, ei daflu at random, lasa fo. Doedd y dyn ddim ar feddwl bynafyd neb. Fel tasa rwbath yn mynnu bod, hedodd clap caled, chwrli chwrli chwrli, fel'na, drwy y nen lle mae'r awyr lasa a disgyn reit ddel i gorn mwg yr hen ysgol.

"Ai nefar," ebe'r Sgŵl, a ffwrdd fo i Efrydfa Fawr i fwynhau ei de cyntaf fel dyn rhydd.

148

Gweld hi'n ddiwrnod dwaetha a ballu, "Mi liciwn i setlo'r hen Jac Do na sy'n simdda Styndyr Tŵ,"ebe Elin Enog, gwraig sy'n cael 'i thalu am beidio glanhau'r ysgol. Rhoddodd Elin ei phen yng ngrât Styndyr Tŵ i gael sbec iawn ar y blocej. Bwda Bach dyna chi glec debig a dyna chi sioc. "Datgysylltiad arall," ebe'r Enog, "ma Cymru wedi mynd i'w chrogi." Tasa'r hen ffolog wirion wedi tynnu allan oni'n te? Daeth cwmwl o huddug du ac un clap suntur ar ei phen cyrliog. Rhedodd Elin Enog yn 'i baw i deliffonio Mr. Mandril ei Chyfarwyddwr Diffyg Addysg. "Naw, Naw, Naw," ebe hi, "rydw i'n rityirio rŵan hyn."

Trannoeth y drin, agorodd y Sgŵl ei bapur newydd, "Yn eisiau, gŵr neu wraig neu ŵr a gwraig i ofalu am Ysgol y Cyngor".

"Ydach chi'n gêm Diyr?" ebe ef wrth ei wraig hoff o ddiod.

"Ydw," ebe hi, "penis ffrom Mulfford Hefn."

Gwir y gair, cafodd y sgŵl ei hun yn y tresi drachefn. Llai o gyfrifoldeb a llai o waith a fawr llai o gyflog, wrth reswm pawb.

Ym marn C. mae y stori uchod gan Robaits y cyn-sgŵl yn un o'r storis bach gora fu rioed mewn print. A'r diweddglo wedi ei rowndio yn dwt oni'n te? Biwtiffwl a sensibl.

## CYNLLUNIO SET:

Mae Mr. Ben Bocs yn cicio ei hun y dyddiau rhain, ef wedi cystadlu ar gynllunio set i unrhyw ddrama dair act. Droinin neu fodel bychan oedd ym meddwl y Steddfod wrth reswm pawb. Ta waeth, gwneud set yn hytrach na chynllunio set ddaru ein gwron. A set dda yw'r set dderw hon, degllath wrth ddeg llath a dwylath o daldra. Llew Lludw aeth â hi i'r Hwlffordd yn ei ladwen, a'r Llew dychwelodd hi i'r Ffoltia, wrth reswm pawb.

Chwi, garedigion drama, cofiwch am Bocs, da chi, mae'r set hon yn siwtio unrhyw ddrama dair act, un bedair act ar binsh.

## BONI BABI:

Treuliwyd orig ddiddorol a hyfryd dros ben yn y Sgoldy brynhawn Llun. Cyfrodd Musus Tomos a C. gryn bedwarigian o goijis bach (pranbiwletors) yn pasio ffenestr Grosars and Drepars. Erbyn gweld, i'r Sgoldy yr elent, famau ffyddiog a'u llwythi gwerthfawr, i gystadleuaeth y Boni Babi. Cowangêt a Trwthffwld ar y cyd a noddai y gystadleuaeth hon eleni, hwynt hwy hefyd yn rhoi y gwobrau, rhai gornestau yn agored i fyib y byd hwn, wrth reswm pawb, a'r gweddill yn gyfyngedig i fabis bach y plwyf hwn. Rhaid deud yn sdêj yma i fabis y Ffoltia sgleinio yn o arw y tro hwn.

Babi Tridia (Clas Wan Agored):

1. Huw Llwyd, Sowth Wêls.

2. Ceri P.P. Puw, Cadar Idris.

3. Ciwba Cordel, Ryinbo Cotej.

Hyili Comend – Samiwel Robaits, Hendra Lyffanta.

Babi Clwt (Clas Tŵ Beinw):

1. Daffni Dwp, Llyngaran Wen.

2. Mê Fflywyr, Wavelength.

3. Nansi Blac, Nant y Slebog.

Babi Siaradus (heb ennill gwobr goffa o'r blaen):

1. Elinor Defis, Tyddyn Wisgi.

2. Dienw, Cefn Rhyddni.

3. Robin Rydd, Glepia Fawr.

Babi Sycha'n Sioe:

1. Carneddog Elis, Cwm Corcyn Bach.

2. Geini Glwc Jôs, Gerlan Grimp.

3. Atal.

Babi Tlws (Cyfyngedig i Saeson): Neb yn deilwng.

Babi Trwm (Dan Wan Cwt):

1. Tomi Torllwyth, Ogo Dunall.

2. Mortar Morgan, Cerrig Byddar.

ywaith: Gefeilliaid Cae'r Epil a Triawd Bridfa Fawr (Cydradd).

Trimi Trimi Pram: 250cc Coij gadar Ffani Whîl.

500c.c. Silver Cross Musus Page.

Ie, sioe dda ydoedd hon. Cydymdeimlwn â'r byib anfuddugol. Dal i gystadlu pia hi oni'n te? Cyflwynwyd y gwobrau ar ran Trwthffwld gan Musus Oriog, Bryn Llefrith. Musus Robaits, Fuchas Fawr a weithredai ar ran Cowangêt. Biwtiffwl a sensibl oni'n te? Canwyd Cân y Gwobrwyo gan Cathrin Whîl a Ffani yn cyfeiliorni iddi ar yr ufferyn. Robaits y cyn-sgŵl ydoedd awdur y geiriau y tro hwn eto. Y gân isod i'w chanu ar Dôn y Botel. Ein Robaits piau'r Hawl a'r Fraint, wrth reswm pawb:

Wele blentyn yn ei bram
Cannwyll llygad gŵr ei fam
Si lwli pwt
Bob babi clwt
Cysgwch am y gora
Cysgwch dan y bora.

Rhydd y Robaits ryddid i'r gantreg newid ordor y cytgan yn ôl ei ffansi hi ei hun.

Cawsom anerchiad grymus i gloi. Anerchiad ar "Sut i ddwyn plant" gan Llew Llaw Flewog, Lerpwl a'r Ffoltia.

## CYMANFA'R GRWBI:

Bu peth anghydfod ac anghytuno ym mhwyllgor ein Cymanfa eleni. Rhai yn selog am ei chael yn yr allan fawr ar ben y Grwbi a'r lleill yn selog am ei chynnal dan do. Daliai yr Ysig Bach fod y capel wedi gwneud y tro yn iawn i'n Tadau a'n Teidiau. "A petha i'w canu dan do ydi emyna," rhagor Gryffudd, "fedrwch chi ddim canu geiria cysegredig yng nghanol motos a siarbangia." Rhoddodd Musus C. ei phig i mewn yn sdêj yma. Credai hi, am y tro, mai peth reit dda fydda mynd i ganu ar Ben y Grwbi, "Mi ddaw mwy o bobol ddiarth i fan honno," ebe hi, "a chofiwn fod yr elw bob dima yn mynd i gownt Ciaffi'r Grwbi."

Pen yr hir a'r hwyr penderfynwyd pleidleisio a chyfyngu y bleidlais i ddiaconiaid y Sêt Fawr. Gan mai chwech o'r blaenoriaid oedd yn digwydd bod yn y gorlan a thri dros a thri yn erbyn, rhaid ydoedd caniatáu procsi i'r Gweinidog, yr hwn oedd yn pregethu oddi cartref. Gan ei fod ef wedi pregethu'r nos ar "Ewch i'r priffyrdd a'r caeau," reit naturiol iddo fo, cradur, oedd bwrw ei groes dros fynd i Ben y Grwbi. Roedd Gryffudd Jôs reit ulw boenus. "Os canwch chi yn Saesnag," ebe fo, "mi fydda i yn rhoi fy llyfr hums yn 'y nghoffor o barch i'r Pêr Ganiedydd."

Nos Sul a ddaeth, a noson gynnes a sech ydoedd hi. Am wyth o'r gloch yr oedd cryn ddeugant o bobl a Saeson wedi hel i Ben y Grwbi, rhai i ganu a rhai i fusnesa, fel mae pobol oni'n te? "Ple mae'r arweinydd?" ebe riwin tua chwarter wedi'r awr. Wir i chi, ni chyrhaeddodd y Parch. Morus Macnoot ein Harweinydd hyd y dydd heddiw. Cafodd C. ar ddeall ei fod ef a'i foto wedi mynd i'r ffos. Blerwch garw y Parchedig wedi bwrw iddi i ymarfer yr Anthem yn lle cadw ei ddwy law ar y llyw. Ddyla fo ddim dangos 'i orchast yn traffic diarth. "Pwy gawn ni i arwain?" ebe Ben Bocs. "Brysiwch mae nodau'n boclio yn y mol i."

"Ffani Whîl," ebe llais o'r tocyn pobol, "ma gyni hi ddwy fraich fel dwy goes."

Daeth Robaits y cyn-sgŵl i'r adwy yn sdêj yma, "Mi arweinia i cawn i bwt o faton," ebe fo. A welsoch chi rioed cyn handied torrodd o ffon gollen a naddu'r bydings efo'i bencnyiff.

Do'n wir, cafwyd canu i'w gofio. Gan fod ein Robaits wedi cael colej a phob peth, roedd o'n medru deud gair neu ddau am gefndir yr emynau. Anodd ydi plesio pawb, wrth reswm pawb, roedd y Robaits yn tueddu at fynd yn hirwyntog weithia, e.e. pan oedd o'n cyflwyno emyn 495 yn Llyfr Ni, emyn mawr Tomos Jôs, Dinbach – "Tyd Robaits," ebe Ffani, yr hon oedd yn ysu am ddangos ei soprano i'r byd, "tydan ni ddim isio'i Ffamili Trî o."

Canwyd ymhellach emynau Miss Ann Gryffis, Dolwar, ac emynau Mr. Wilias, Pantycelyn, gydag arddeliad, â'n ffrindiau o Loegr yn dotio (fel ma nhw oni'n te?).

Er dirfawr ryddhad i C., fe aeth pethau ymlaen yn dawel a diffrwgwd nes GWAEDDODD Musus Robaits, Hendre Hirlwm, ei ricwest, "Newch chi ganu Jisiw Lyfyr er mwyn fy nghampars i," ebe hi. "Byi ôl mins," ebe'r Robaits, yr hen dwmpath dwl, yn lle torri'r consart yn 'i flas. Doedd o ddim ond wedi codi ei wialen gollen na sylwodd C. ar Gryffudd Jôs (gynt o'r Gorsan Ysig Bach) yn codi fawd ar Ffani Whîl. Dacw'r ddeuddyn yn rhychu drwy y dorf ac yn 'i gneud hi am ein Haromina Ufferyn, a'r selogion gan gynnwys Vincent ni yn gefn iddynt. Do, fe wthiwyd yr ufferyn dros y Grwbi. Drugaredd mai Ufferyn y Festri ydoedd hi, roedd dirfawr angen am ei thiwnio ers tro byd.

## AR Y CARPED:

Galwyd pwyllgor brys o Swyddogion Bethel yn hwyr nos Sul, ac erchwyd i'r Gryffudd a'r Ffani fod yn bresennol. Rhoddodd y Parch. Pitar Page anerchiad grymus i'r ddeuddyn a swatiai yn y sgwâr lle gynt bu'r ufferyn yn swyno Sasiwn a Seiat.

**Page:** Ydach chi'n sylweddoli peth ydach chi wedi neud?

**Yr Ysig:** Ydw, ddalia i.

**Page:** Rydw i'n cydweld â'ch amcan chi Gryffudd Jôs, ond mi rydw i'n anghytuno'n gwtrin â'ch dullia chi . . .

**Ffani:** Honna eto myn Diawl.

**Gryffudd:** SH.

**Page:** Ydach chi yn addo codi yr ufferyn a'i ddychwelyd i ddiogelwch y Festri?

**Gryffudd:** Dwn im, rydw i'n inclyin i bendro.

Roedd ein Gweinidog a'r Swyddogion mewn lle cas sobor. Y Gryffudd yw ein cyfranwr gorau, degpunt y flwyddyn mae o'n roi yng Nghasgl y Weinidogaeth a phump arall a bagaid o foron budron i Page bob Llun Diolchgarwch. Gwelai C. ar dalcen ei Weinidog ei fod yn cael ei dynnu'n ddarnau rhwng yr organ a'i gydwybod.

Nos trannoeth, â C. yn mynd am dro gerdded ar ôl ei Hwyrol Horlics, notisiodd ef drybedd mawr ar lun wigwam ar Ben y Grwbi. Ie, Morus y Moto oedd yno yn rhoi help llaw i Ffani a Gryffudd Jôs i godi yr ufferyn i'r wyneb. A diolch i'r Tad Mawr doedd ein harmonia nemor gwaeth, rhedynen wedi rhwygo un o'r meginau, dyna'r cyfan fydd y Teiliwr Main fawr o dro yn taro pwyth yn hwnnw. Daw fe ddaw Ffani a Gryffudd Jôs yn gyflawn aelodau i'r gorlan unwaith eto.

## GŴYL Y BLANC:

Cyfarfod pregethu, dyna'r arfer yn y Ffoltia bob Llun Gŵyl y Banc ers cyn cof. Galwyd Pwyllgor Trefnu yr wythnos o'r blaen â'r Parch.

Pitar Page yn y gadair. Doedd neb wedi dirnad bydda hi'n mynd yn ffatri yn y pwyllgor, dest enwi cenhadon a phasio pwy i'w bwydo a mynd adra, dyna oedd ym meddwl y saint. Buan y gwelodd C. fod drwg yn y cawl, "Pwy gawn ni leni gyfeillion?" ebe'r Parch. Pitar Page. "Fasach chi'n licio Huawdl Huws am newid bach?" Dim byj, nac Ie na Nage. "Dowch reit rydd," ebe Page, "liciech chi brygethwr ifanc o'r colej, os oes na un, i roi gwedd newydd ar bethau?"

Mentrodd yr Ysig Bach roi ei big i mewn yn sdêj yma, "Cynnig," ebe fo.

"Cynnig be?" ebe Page.

"Cynnig ein bod ni yn câl stiwdant yn pnawn a'r dyn Rees na, nai y Parch. Henry Rees, Liverpool, y nos. Ma nhw'n deud imi bod hwnnw'n well na disinffectant."

"Ydi pawb yn cytuno debyg?" ebe Page fela. Yn fama, dyma Ben Bocs yn agor 'i fflodiat a cyn deud 'i fod o'n meddwl 'i bod hi'n hen bryd newid y drefn.

"Pwy hiddiw sydd isio gwrando dwy bregeth ar ddwrnod poeth?" ebe Bocs, "Mi fasa'n llawer harddach i ni fynd â'r hen blant am ddwrnod i glan môr."

Gwir y gair, fe agorodd gwasgod ein Page bum botwm o'r gwaelod i'r top o glywed y fath feiddgarwch. "Pregetha, dyna'n harfer ni rioed," ebe'r Gweinidog.

"A dyna'r drwg," ebe Bocs.

Aeth wyneb yr Ysig yn biws, y mae ef yn sgit am bregeth. Cododd ar ei draed a rhoddodd i ni anerchiad maith a grymus am dri chwarter awr gan ddyfynnu pregethwr a phregethau lawer. Gredwch chi? Yn sdêj yma fe adroddodd Gryffudd gerdd hir yn cynnwys chwech ar igian o benillion, a hynny ar ei gof. "Cof Adael neu Garreg Fedd y Proffwydi" gan Ieuan Cadfan ydoedd y gerdd hon, ac un dda ydyw hi. Sôn y mae hi am bregethwr sydd wedi mynd i'r nefoedd. Fel rejistyr oni'n te?

> Gwelaf yno Batriarchiaid
> A rhyw lu o'r Cynddiawliaid,

154

Hen Broffwydi, Apostolion:
Gweinidogion, a Merthyron.
O mor hardd etc.

Gwelaf yno Howell Davies,
Jenkin Thomas, Dafydd Morris;
Dafydd Rees a William Thomas;
Evan Harris, Capden Williams.
O mor hardd etc.

Gwelaf Robert Roberts, Clynnog,
Griffith Solomon, Llanbedrog:
William Lloyd, o dre Caernarfon:
Daniel Williams, o Dregynon.
O mor hardd etc.

Waeth chi'm byd befo, ei drechu gafodd Gryffudd Jôs gan y Bocs. Gan nad oedd y saint yn unfryd unfarn, pasiwyd i beidio cynnal gŵyl bregethu y Banc hwn. Trist iawn oni'n te?

## SAITH O BOBTU:

Bu'r gêm bêl-droed saith o boptu'n llwyddiant mawr bnawn Llun Gŵyl y Banc. Rhai garw a phenderfynol yw'r Ffoltwyr, "Os na chawn i ŵyl bregethu, mi gawn ni gêm bêl-droed," ebe'r selogion. Ac yn wir, gêm i'w chofio ydoedd hi, yr hynafgwyr yn bwrw iddi o'r dechrau i'r diwedd.

Gan fod cae Hendre Hirlwm dipyn yn fychan a'n hynafgwyr ni yma dipyn yn brin, fe setlwyd ar ddau dîm saith, Pen y Grwbi yn erbyn Tan y Grwbi. Daeth tyrfa luosog ynghyd i dendio'r ymryson. Cafodd yr Ysig gryn sylw gan mai ef oedd yr unig un i ymddangos mewn hirdrons. Tronsiau byrion oedd gan y perfformwyr eraill.

Dyma'r timau yn nhrefn ymddangosiad:

Pen y Grwbi: Robaits y cyn-sgŵl (Cadben), Llaw Lludw, Mejor Sgwash, Piwis Parri, Ifan Enffild, Tomi Twrog a Wilias ein plismon tragwyddol (Gôl-geidwad).

Tan y Grwbi: Yr Ysig Bach (Cadben), Morus y Moto, Mr. Confal Tomos, Ifan Hendre Hirlwm, Tomos Robaits, Pitar Page a Rhwydi Mawr (Gôl-geidwad). Reffari: Ffani Whîl.

Am dri o'r gloch union dacw Ffani yn chwythu ei phib a dacw'r Piwis a'r Tragwyddol bochgoch yn llwyddo i ddŵad i'r golwg. Ar ôl i Ffani gael hyd i'w cheiniog yn y gwair, penderfynodd y cyn-sgŵl chwarae efo'r haul yn erbyn y gwynt. Chwthiad arall gan Ffani a dacw'r Lludw (yr hen ffŵl ag ydi o) yn gyrru'r gron yn syth a phwerus i dalcen yr Ysig, ond nid dyn i fynd wysg ei gefn yw Gryffudd Jôs. Trapiodd ef y gron yn ddeheuig iawn gan ei phasio i Morus y Moto. Un gwael yw Morus, ef yn well am drin y folberen na'r bêl-droed, yn lle rhoi troed i'r bêl, rhoddodd ef glem i'r Robaits yn ei grymog. Gwylltiodd y Robaits yn gacwn a dacw fo'n rhoi clipan gyda'r oreu i'r Moto ar ei glust (hen gast y sgwlyn). Dacw hi'n gwffast yn y fan a'r lle, y Page toc a lwyddodd i'w dadfachu.

"Os ca i ragor o nonsans," ebe Ffani, "Mi fydd ych enwa chi i lawr yn ffrynt y llyfr mawr." Penderfynodd Ffani mai gwell yn sdêj yma fyddai caniatáu cic rydd i Dan y Grwbi. Yr Ysig (fel Cadben) gymrodd y gic, bagiodd ef gryn bumllath i gael gwib iawn. Ow, y fath gic. Ehedodd y gron megis mesen o wn clai yn syth o esgid Gryffudd i wyneb ein plismon tragwyddol gan anfon ei getyn dros ei ben i'w gorn gwddf a nythu'n gynnes yng nghwr pellaf y rhwyd. Aeth y dyrfa'n wallgo yn sdêj yma, rhai yn dawnsio a'r gweddill yn rhedeg i longyfarch yr Ysig ar ei gampwaith. Cafodd ein plisman hefr iawn gan Ffani am smocio wrth ei waith, "Wan, man, wan, job," ebe Ffani, a dacw ail chwthu pib a dacw ail afael yn y chwarae.

Gŵr hirben yw y cyn-sgŵl, anfonodd ef Sgwash i'r aden am fod ganddo bâr o sandwij glan môr ysgafn am ei draed. Pasiodd y Sgŵl y gron i Sgwash a dacw'r Sgwash yn rhedeg yn fân ac yn fuan i lawr y cae a'r gron wrth ei fodiau, driblws heibio Pitar Page ac yna anelu ergyd lathen rhwng y Rhwydi Mawr a'r pyst. Rhy hwyr, roedd Y Rhwydi wedi rhagweld ei ddichell, yn lle aros yn ei unfan fel Golmon ffôl, dacw'r Rhwydi yn cymryd naid potsiar drwy'r awyr (lle ma hi lasa) ac yn disgyn yn ddestlus, draed a dwylo, ar ddwy sandwij y Sgwash a chipio'r bêl yn ei bawennau mawr. "Weel seef, weel seef," ebe pawb yn ifanc, canol oed a hen.

Taflodd Y Rhwydi y bêl yn deidi i draed Mr. C. Tomos (yr hwn a gafodd gynnig taer gan Blacbyrn Rofers pan oedd ef yn laslanc). Amlwg fod y dyrfa'n disgwyl pethau mawr gan C. ac fe gawsant bethau mawr. Byddai chwaraewr llai profiadol wedi cicio'r gron at random, h.y. i rywle i gael gwarad ohoni. Na, nid C. Heliodd ef ei chwaraewyr, pawb ond ei golmon i geg gôl Pen y Grwbi. Wrth reswm pawb, daeth byddin Pen y Brwbi (benbyliaid ag ydynt) yn un gorlan am C. a'r funud honno cafodd ef nerth a goleuni a chenadwri, bwriodd ef gic enfys reit heffti (ond medrus) i'r gron dros ben ei elynion.

Oes angen dweud rhagor? Cafodd Morus y Moto gyfle mawr ei fywyd, anelodd ef ergyd yn syth am stumog ein plismon tragwyddol, methodd ei ffoglyd darged o ddwy droedfedd a dyna gôl glodwiw arall i Dan y Grwbi. Pe clywech chi y dyrfa yn canu yr hen ffefryn, "Bydd canu yn y Nefoedd". Yn y wir, notisiodd C. fod grug bach y Grwbi yn plygu ben mewn cyfrin gytgord. Ie, gêm galed ydoedd hon. Tan y Grwbi yn trechu 2-0.

Sgorwyr: Gryffudd Jôs, gynt o'r Gorsen Ysig Bach, 3 munud; Morus y Moto, 13 munud.

Te 1/2 tyim: Cathrin Whîl.

Te tyim: Hendre Hirlwm.

## BEIC TSIOPAR:

Yr arfer ers talwm fyddai prynu beiciau i'r cybiau am basio y sgolarship i'r Cownti Sgŵl, a hen arfer godidog ydoedd yr hen arfer, canys pwy a wâd, roedd y sgolarship yn garreg filltir gyda'r bwysicaf yng ngyrfa dyn ar daith bywyd. A beth well na'r beisicl i symud o garreg i garreg? Ydyw, mae y beisicl yn bresant call i'w roi i lanc neu lances sydd ar fin mudo o'r ysgol fach i'r ysgol fawr. Wrth reswm pawb, diben y beisicl oedd symud plentyn o'i gartref i'r stesion drên. Bid siŵr, amrywiai'r ceffylau gorffwyll hyn lawer mewn pryd a gwedd a phris. Os byddai plentyn yn dod allan ar ben y rhestr, a'i enw yn gredyd i'w dad diog a'i fam ffôl, cawsai ef drip i'r Confentri i ddewis march moethus, h.y. ceffyl cadfridog.

Yn wir, coffa da gan C. am efeilliad a enillodd 100 plus i fynd i'r Doctor Wilias, prynodd eu Modryb Gaynor o'r Unol Dylwythau y Tandem Tŵ iddynt hwy. Yn Symbin oedd efe, un moethus odiaeth â llun haul cyfiawnder melyn yn codi rywle yng nghyffiniau twll ei din. Trodd haelioni y Gaynor yn weithred orllyd braidd gan nad oedd cymaint yn nhraed y gefail coch ag ydoedd yn ei ben, ni lwyddodd ef hyd y dydd hyiddiw i farchogaeth y Tandem. Slipiodd i'w sêt yn slei, dyna i chi sut yr aeth C. i'r Hyiyr Grêd, ar du ôl; y Tandem Tŵ.

Dichon fod a wnelo hyn un briwsin ag inffeirioriti C. ef yn ail i bawb a phopeth hyd y dydd hwn.

Chwi gofiwch yr hen feiciau y canodd Jac Joci (Bardd Beiciau) mor odidog iddynt yn y Cymry Croch:

"Dy din i lawr yn y dyffryn
A'r cyrn, fyny fry ar fryn."

Dyna'r feri beisicl a ddelai'n eiddo i'r telendars, h.y. y rhai a grafai i'r deugain dethol, i'r ddysg ddi-dâl. Coffa dan gan C. am ferch ifanc ddengmlwydd o'r nef, un a enwid Brenda Brodwaith (y bertan animig ag oedd hi hefyd) yn dod i un o'r hyrdlau hyn ddydd angladd ei nain. Do, fe ymlafniodd Brenda Bach ac fe rodiodd y cyfryw fangl drwy dar a drycin am bedair blynedd bob cam o'r sgolarship i'r Sinior, ac fe enillodd ei Distingwish mewn Daearyddiaeth. Ia.

Peth garw yw y beisicl am yrru dyn i grwydro oni'n te? Wedi meddwl trafod y Lefal O a'r Tsiopar yr oedd C. Mae Musus Tomos ar ei hyi dyn y dyddiau rhain (ynganer y nid u yn hyi dyn. Er budd ein Cymry di-Gymraeg a dibopeth, ystyr High Done yw Tin Glêr.) Methu cael digon o Tsiopars y mae Musus Tomos, hyhi wedi anfon gair dymunol a dau lythyr twrne i Rali a Findec. A rhogor Rali, mae hi'n anodd diwallu'r dimand, "Diw tŵ Lefal O presiar on ddy Cambrian Côst and ddy Gardigan Bê widdin, cianot oblyij. Tryi

Halffords ffôr trysicls." Ylwch chi, dyna'r gwir o lygad y ffynnon.

Raid i ni ddim cwyno'n ormodawl yn Grosars and Drepars, rydan ni esys wedi gwerthu pedwar o'r Tsiopars hyn, a mae ma archeb, ar netin y ddesg y funud hon am un arall os bydd Ceri, nith Citi a Ceti, yn ei Horal Iyr Test ar yr organ. Gresyn garw i Hazel Llwyd, merch Dafydd Llwyd fethu ei Hinglish Langwij o un marc, yr oedd hi mewn addewid am Siwpar Tsiopar wudd Synchromesh gan ei Hewythr Rhodni, Plumwth, Ingland. Fel'na ma hi oni'n te? Pan gyll y call, mi gyll yn well. Tydi hi'n anodd dallt Trefn Rhagluniaeth? Hazel yn methu ei Hinglish Langwij a'i mam yn Gymraes uniaith wedi dysgu Saesneg. Mae na ddrwg a dichell yn llochesu yn rhywle, mae C. am anfon llythyr apêl reit siort i'r Hôm of Offis. O caiff, mi gaiff Hazel Bach ei Tsiopar.

Wele restr o ieuenctid y Ffoltia gafodd Tsiopars ym mloda'i dyddia: Belinda Bocs – Cwrci, Gwaith Pren; Jenuffar Roberts (Sgŵl Hyws) – Maths, Trics, Inglish, Lang, Lit.; Sami Whîl – Syms, Miwsig; Hazel Llwyd – y cyfan namyn y Langwij.

Ni all C. lai na gofyn beth ddaw o'r plant bryit hyn. Mynd i'r colej ma wchi. Gyda byddan nhw fan honno, mi fydd y Petha Iaith ma yn cydio yn 'u cleri nhw, tasa isio cydio hefyd. Ma rwbath mawr wedi mynd yn rong, oni'n toes? Ni, chi a fi yn talu trethi trymion i gadw petha fel'ma'n colej, nhwtha'n gneud un dim ond iwsio'i hynni a'i sdaminal i gyd i gâl Cymraeg yn fama a Chymraeg yn fancw a Chymraeg yn y Llys. Tasan nhw'n bihafio, fasa dim angan na Llys na Chymraeg.

## HELYNT YR HUFEN:

Casa peth gan C. yw cofnodi cwffast. Nid yw ef o natur ymosodawl, gwell lawer ganddo yw rhoi bychan o newid i gwsmer na ffraeo ar gorn ceiniog. Prun bynnag, hanes yw hanes, a jyrnali yw hyrnali, datblygodd ffrwgwd ddof yn gwffast boeth yn y Ffoltia yr wythnos o'r blaen.

Fel gwyddoch chi, os gwyddoch chi hefyd, arfer Cwilym Cornet (brodor o'r Ffoltia) yw gwerthu Hufen Iâ yn yr Haf. Mae Cwilym yn gwerthu Ffoltia Fflos hefyd (barrig pinc, ei ddyfais ef ei hun) ond nid oes a wnelo'r Fflos fawr â'r stori. Mae Cwilym yn talu swllt y flwyddyn i'r Cyngor am gael gosod ei Drol Dwb ar y Sgwâr gyferbyn â'r Closeti Cyhoeddus, gŵr hynaws a cŵl o ymarweddiad yw y Cwilym (tuedd dyn yr Yis yw mynd yn cŵl). Dyna ni felly, Cwilym Cornet wedi byw yn heddychol am bedwar Haf, gwerthu cornet grôt am chwech i Saeson a phawb reit hapus yn llyfu gwefla.

Ond Duw Andro Dad, am ddau o gloch bnawn Mercher dyma foto fan fawr wen, un sics whîl yn dŵad ac yn aros yn Sgwâr dan drwyn Cwilym.

Ddaru Cwilym ddim cyffro'n byd, siŵr iawn debig. Toc dyma Sais gôt wen a gwallt gwyn yn dŵad i lawr at Cwilym a gofyn ar 'i ben yn Saesnag, "Hyw us ddy yis goin Jiorj." Gwenu ddaru Cwilym, fel'na ma pobol Ffoltia i gyd yn siarad Saesneg. Mi aeth y Sais gwyn ma reit gas efo Cwilym a deud ar 'i beth mawr fod raid iddo fo godi'i bac. Am a ŵyr C. na fasa'r hen Cwilym dlawd wedi hel 'i betha (dydio ddim yn gry iawn, newydd fendio o clwy melyn).

Pwy oedd yn digwydd pasio i hel mwyar duon ond Ffani Whîl a'i Llew a'i thocyn plant pobol erill yn 'i wêc. "Ydio'n dy biwsio di Cwil?" ebe'r Ffani yn 'i llais wimblad. Nodio a gwenu ddaru Cwilym Cornet. Mae Ffani yn nabod Cornet pan wêl hi un, ma hi'n nabod pawb insyid owt, ma gyni hi Saesnag hefyd. "Bygyr off," medda Ffani wrth y Sais heb ragymadrodd yn byd. Mi sdyrbiodd Sais braidd, nid bob canrif mae Cymro yn dal at Sais, a Chymraes ar ben hynny. Roedd y Sais gwallt gwyn gôt wen wedi câl sioc, ma siŵr chi. Sdep nesa, dyma helpar y Sais, un talach a hyllach na'r giaffar, hen beth moel, yn plygu ac yn gwthio ei ben dros gowntar y sics whîl ac yn 'i gosod hi ar Ffani, y llwon butra ddoth dros dafod dyn rioed.

"Aros," medda Ffani fela, a dyma hi yn troi braich, un cylch crwn run fath â Hyiwe Côd, a dyma gwaelod y pisar mwyar duon a corun y moel yn cwarfod efo Bang. Os nad oedd hi'n fawr, roedd hi'n ddigon i yrru moel i gysgu â'i ben yn twb am dros ddeng munud. Fe welod C. y marc ar ei ben, marc piws ar lun pedol mul.

O weld ei bardner yn twb, fe ffromodd y Sais, ac er mawr ddychryn i Cornet, dacw hi'n gwffast boeth rhwng y Sais a'r Llew.

Mae'r Llew yn fyglyd braidd, smocio gormodadd, ta waeth, roedd o'n dal 'i dir yn dechra, ond buan iawn cafodd Sais o i lawr. Hen dricia nhw oni'n te, ista ar frest dyn dipyn yn gaeth. Mi fasa'r Llew wedi mygu bai i Ffani ddod i'r adwy. Mi ddaru hi yr union beth ddyla gwraig ei wneud. Do, fe frathodd hi glust y Sais a dal i frathu nes oedd ei dau ddant aur yn cwarfod drwy'r letisan.

Diolch i'r drefn, fe ddaeth ein plismon tragwyddol i'r maes, ei faint ef yn hytrach na'i awdurdod setlodd y sgarmes.

Mae Cwilym Cornet yn graddol wella o'i ail ddôs o'r clwy melyn. Os deil o i hybu, siawns na welwn ni o a'i drol ar y maes drachefn cyn diwedd y Medi.

## MEDI:

Hawdd iawn gan C. ar bnawn Mercher gymryd llyfr o'i silffoedd, pigo un at random a rhoi ei draed i fyny a darllen yn ystyriol am awr neu ddwy nes bydd hi'n amser te a sgons. Ie, *Telynegion Maes a Môr* gan Eifion Wyn ddaeth i law C. yr wythnos o'r blaen. Cerdd odidog iawn ym marn C. yw y gerdd i Medi, mae hi'n llai rhodresgar na'i chwiorydd balch:

> **"Os yw blodau cyntaf haf**
> **Wedi caead yn y dolydd**
> **Onid blodau eraill sydd**
> **Eto 'nghadw ar y mynydd?"**

Ie, melys a thlws a nodyn gobeithiol yn y gynffon. Dywed y bardd yn ei Ragymadrodd:

> **"Mi genais i Gymru**
> **O serch ati hi."**

Gwir y gair, canu i Eifionydd (a'r Ffoltia) a'i chynefindra ffoglyd a deniadol y mae'r bardd. Mae dros drigian Dolig wedi llithro dan Bont Dwyfor er pan ganai Eifion Wyn i'n bro. Ni allai C. lai na gofyn sut basa'r bardd mwyn hwn yn canu tasa fo fyw hiddiw:

"Os yw Saeson cynta'r ha
Wedi ffoi yn fflyd o'r strydoedd,
Onid Sason eraill sydd
Yn pigo mwyar ar y gwrychoedd?"

Synnu bydd C. na fasa bardd ifanc hiddiw wedi canu i'r
Eifionydd wêl o'n mortiffyio acer wrth acer:

"Tlws yw'th loergan ar y maes
Ym mhriodas yr ysgubau."

Mae'r combyin a'r Bwrdd Croeso erbyn hyn wedi gofalu bod
hi'n amhosib i fardd ganu i bethau tlws, wrth reswm pawb. Dŵyr
pobol ifanc ein Cefn Gwlad (bondi) ddim beth ydi ysgub ŷd, a wir
tydi'r lloer ddim llawn cyn wynned â bydda hi ers talwm. Mae pob
maes wedi mynd yn faes ciarifan oni'n tydyw? Mae si ar led fod yna
bensaer a gwyddonydd ar y cyd wedi dyfeisio hedyn epilgar yn
Mericia, o'i blannu mewn gwymon a thail ieir ddechreu yr Ebrill,
fe gewch giarifan nobl dan eich ffenestr ddechreu y Gorffennaf.

Ie, mis Medi oedd gan Eifion Wyn a mis Medi sydd gan C.
Dyma i chwi un o ddywediadau blynyddol Musus C. Tomos, "Mae
'ma well class o bobol yn dŵad yn y Medi." Mae Musus Tomos yn
llygad ei lle, fawr iawn o hen blant rywiog yn cadw reiat hyd fan 'ma
y mis hwn, sgolion wedi agor wrth reswm pawb. Cyplau canol oed
a hŷn na hynny gawn ni yn gynnar yn y Medi, cyplau awyddus i gael
mâd â'r cricmala a gwario pres pensiwn. Hoffant hwy alw yn y
Cross Pyips ac aros yno am ryw awr cyn cinio, go brin gwelwn ni
nhw yn ymostwng i lymeitian gyda'r nosau. Maent yn selog mewn
oedfa bore Sul hefyd. Ein braint ni ym Methel yw cael troi i'r
Saesneg er eu mwyn. Gwir na ddaw Gryffudd Jôs a Ffani Whîl i
wasanaeth Saesneg, ond beth yw colli dau o'i gymharu ag ennill
dwsin? Mae ein ffrindiau o Loegr yn rhai da am roi punt ar y plât
hefyd ac nid oes arnynt hwy gywilydd dangos maint eu cyfraniad i
Fyd nac Eglwys. Trueni na fyddai modd meddwl am blan i gadw ein
ffrindiau yma rywnd y rîl oni'n te? Pennaf dilyit C. yw eu dysgu i

ynganu yr LL, daw y gwŷr da hyn yn finteioedd i Grosars and Drepars, hwy yn awyddus iawn i gael crap ar ein diwylliant. Biwtiffwl a sensibl oni'n te?

## GWALLT HIR:

Mae Robaits y cyn-sgŵl yn ŵr egnïol ryfeddol, ef yn cael chwilen yn ei ben yn barhaus ac yn tragwyddol ymosod ar rywun neu rywbeth. Gwalltiau hirion sydd odani y dyddiau rhain.

Safai cryn ddwsin o lafnau y Ffoltia o dan feranda Grosars and Drepars nos Iau, sefyll i golstran a thendio merchaid ifanc, ambell un yn chwibianu ar ôl merch go ryfygus. Dyna arfer pobol ifanc erioed oni'n te? Daeth y Robaits i'r siop i nôl ei faco a sylwodd C. fod rhywbeth yn ei gorddi. "Y cybia 'ma Confal Tomos," ebe ef, "oes arnyn nhw ddim ofn i riwin fachu sdiliwns yn 'u closa nhw dwch?"

"Beg pa?" ebe C. Nid oedd ef wedi llawn ddeall y cyn-sgŵl.

"'U gwalltia nhw," ebe'r Sgŵl. "Ma nhw'n ddisgrês i'r Ffoltia." Cyn i C. gael cyfle i borthi nac i ddadlau yr oedd y Robaits wedi diflannu i fysg y llanciau gan ymosod yn hallt ar y gwalltiau hirion. "Rydach chi'n gwilydd i'ch gweld," ebe ef, "syn gin i na fydda Cymdeithas Diogelu Harddwch Cymru Wledig neu'r Town Planning wedi cydio ynoch chi ers tro byd. Craith ar ych cefndir, dyna ydach chi. Faint ohonoch chi sydd wedi gweld barbar leni, llynadd . . . ?"

Tebig ydi fod y Robaits yn lled ddisgwyl i'r hogiau godi dwylo yn ufudd a dweud, "Fi, Syr" a "Finna, Syr". Fel arall buo hi, mae'r llancia erbyn hyn wedi prifio ac wedi magu barn am y pethau sy'n cyfri.

"Pa bryd daru chi molchi?" ebe Wili Whîl wrth ei gyn-sgŵl.

"Bore 'ma y cleiriach bach," ebe'r Robaits.

"Mae 'na flynwy rownd ych ceg chi," ebe Wili, "a mi roedd o yna ddoe ac echdoe."

"A mae na farcia creons ar ych trywsus chi," ebe Bobi Bocs, mab y Ben, "run marcia ers tair blynadd."

"A mae na ogla Taliesin 'ne Talhaiarn ar ych gwynt chi" – Defi, mab Rhwydi Mawr oedd hwnna, un diddan yw y Defi, awgrymu roedd o fod y Robaits yn ffond o'i freci, ei wisgi a'i gwrw, yn y drefn yna.

Torrodd y nesaf dros y tresi braidd, un Ffred o Ffordd Sodom, "Gwynllyd ydach chi am bod chi'n foel. Mi fasach chi'n infusubl bai bod gynnoch chi sbecs."

Yn y wir, roedd y llancia yn prysur gael y pen praffa. Ffromi'n aruthr wnaeth y Robaits yn sdêj yma, rhuo ac arthio a thwrw mawr. Cynnwys ymlusgiad aflan fel llau a llygod mawr yn ei dipin pregeth, hyn er mawr ddifyrrwch i lanciau'r feranda.

Pan oedd y cyn-sgŵl ar binacl ei bregeth, dacw'r Ysig Bach i'r golwg, "Bedi matar?" ebe Gryffudd.

"Hyid Parc Cornar," ebe Bobi Bocs.

"Ylwch gwalltia'r rhain," ebe'r Robaits, "ma nhw'n ddisgrês."

Ni throdd Gryffudd Jôs yr un blewin. "Fela ma hi," ebe ef, "cnyda trymion amball i dymor, cofio pan o'n in hel cnaea' yn yr Ysig Bach . . . "

Do, fe aeth y Robaits yn wallgo wyllt yn sdêj yma, roedd o wedi meddwl siŵr basa Gryffudd Jôs o bawb yn ei gefnogi. Do, fe roddodd y Robaits glipan i'r Ysig a throi ar ei sawdl.

"Un pigog ydi hwnnw," ebe'r Ysig wrth y llancia, "pa fusnas iddo fo ydi sdât gwallt dyn arall?"

"Debig iawn," ebe'r Feranda fel un côr gan synnu braidd fod Gryffudd Jôs mor eangfrydig.

"Tyfwch ych gwalltia at ych bogeilia," ebe ef, "run fath â bydda hen gewri'r pulpud, Hywel Harris, Danial Rowlands . . . "

"Ew," medda'r Feranda'n edmygol.

"Cofiwch chi, dynwared prygethwrs mawr Mericia roeddan nhw i gyd."

"Tybad?" go amheus.

"Ia, dyna'r ffasiwn rioed. Rhen gewri'n dynwarad yr Ianci, chwar teg iddyn nhw, chitha'n dynwared Saeson, chwar teg i chi, mi fedrwn ni neud efo dipin o'r Bicls yn Ffoltia ma. Da boch chi genod bach."

Un hirben yw yr Ysig. Ar ôl dweud ei bwt cerddodd ef yn

hamddenol i'r cwt torri gwalltiau i hogi ei siswrn. Do fe gatsiodd C. bob smic o Seiat yr hogia dan y Feranda. Deng munud nad oedd y Seiat yn unfryd unfarn mai marc Seisnigrwydd ydi gwallt mawr.

"Does dim isio i ni fod yn bansis am fod yr Inglish yn bansis," ebe Defi Rhwydi.

"Rydan ni'n siarad yn wahanol iddyn nhw, a mi ddylan ni udrach yn wahanol i'r diawlad." – Bocs oedd hwnna.

"Dydi gwallt telifish ddim yn siwtio'r werin," ebe Wili Whîl, "rydw i'n mynd at Gito'r Ysig am gyt groen baw."

"Ma'n well gin i fod yn Inglish na mentro mhen i'r Ysig bach, a ma hwnna'n uffar o ddeud mawr," – Defi Rhwydi.

"Dydi Gwyddelod ddim hanner mor hir 'u gwalltia â ni. Ma Brwnet Deflun yn deud yn 'i llyfr . . . "

"Peth handi honno . . . "

"A ma gin gwledydd bach i gid 'u sdyil gwalltia."

"Gwallt dest yn wyn gynnyn nhw yn Swidn . . . "

"Swisdyrland ydi rheini am bod nhw'n cal lot o eira."

Toc, dacw'r drafodaeth yn magu pen, "Mi awn ni at yr Ysig," ebe Defi, "a gofyn iddo fo roi cyt canolig i ni, gadal bargod go lew dros yn clustia ni."

Do, fe wnaeth Gryffudd Jôs gymwynas go fawr â'r Ffoltia, ac ella reit hawdd ei fod o wedi gwneud cymwynas â Chymru hefyd. Mae'r hogia yn udrach yn wahanol wrth reswm pawb. Haws 'u didol nhw a'r fusutors y dyddiau rhain. A wir, mae C. yn rhyw led ama bod gynnyn nhw ddifyrach sgwrs hefyd. Ydyw, mae teimlo'n Gymro yn gryn help i ddyn udrach yn Gymro.

## BRO A BRYNIAU:

Mae bendithion yn disgyn megis byns nefol ar y Ffoltia dyddiau rhain. Rwsnos dwaetha daeth gwŷr y teledu i ymweld â'r pentref. Mae Ffoltia Mawr i ymddangos yn y gyfres newydd 'Bro a Bryniau'. Cyfres yn ymwneud â broydd uchel yw hon, lleoedd fel Bwlchderwin, Capal Ucha Clynnog, Nant Bwlch yr Heyrn, Pont yr Afon Gam a ninnau.

Ni welodd y Ffoltia gymaint o swels ers dwrnod Mywnti Cŵn, y lle ma'n dop cotia coleri ffyr am gwelach chi. Cyn dechreu tynnu gwahoddwyd gwŷr amlwg y Ffoltia a C. Tomos yn eu mysg i bwyllgor trafod ym mharlwr y Cross Pyips.

Gŵr meddylgar iawn ydoedd y cynhyrchydd a merch ifanc hawddgar iawn ydoedd ei ysgrifenyddes, Cymraes ardderchog tasa hi'n medru siarad yr iaith. Fuo ffasiwn gymall diod i ddyn rioed, Rhwydi Mawr dan bwrdd cyn canol dydd.

Roedd y cynhyrchydd yn dra awyddus i gael llun cywir o'n diwylliant cefn gwlad, ond gwaetha'r modd, bob tro yr ynganai ef Cefn Gwlad fe waeddai Rhwydi Mawr Cefn Slots ar ei draws. Ni allai C. Tomos lai na dotio at ddull cyfrwys y cynhyrchydd o drin Rhwydi.

"Dw i'n meddwl cawn ni lun ohonoch chi i ddechra," ebe ef. Cyn pen chwinciad roedd Rhwydi yn cribo'i wallt o flaen y camra, thynnwyd mo'i lun o wrth reswm pawb.

O dipin i beth penderfynwyd ar drefn y gwasanaeth.

1. Crefydd – Y Capel.
2. Addysg – Rysgol Bach.
3. Adloniant – Y Sgoldy.
4. Masnach – Grosars and Drapers.
5. Diwydiant – Y Becws.
6. Carthffosiaeth – Lladwen Lludw Llew.
7. Hamdden – Cross Pyips a Dosbarth Gwaith Coed Mr. Bocs.
8. Talent a Gwrhydri – Tŷ Ffani Whîl, Sodom Road.
9. Ffoltia Ddoe – Gryffudd Jôs, Ysw., Gorsan Ysig Bach.

Gwaith anodd yw cael pobol i'r capal ar y Saboth ac anos yw eu cael i foddion gras ar noson waith. Waeth chi'm byd befo roedd y capal yn orlawn, saith mewn sêt nos Lun a dau gamra a phedwar blaenor yn sêt fawr.

Cam â dawn ein Pitar Page oedd ei orfodi i grynhoi ei bregeth i bedwar munud ond fe lwyddodd ef yn deidi ddigon i roi i ni ychydig sylwadau ar ddameg Yr Oel Lamp. Teg yw datgan i ni gael perfformiad gwych gan MacNot y codwr canu yntau, cododd ei lyfr tonau yn uwch na'i ben megis dyn yn tanio pistol mewn rasus milgwn a chanwyd Rhagluniaeth Fawr gydag arddeliad gan ripitio droeon.

*Gŵr meddylgar iawn ydoedd y cynhyrchydd a merch ifanc
hawddgar iawn ydoedd ei ysgrifenyddes, Cymraes ardderchog
tasa hi'n medru siarad yr iaith.*

Aethpwyd â'r camerâu ben bore trannoeth am hanner awr wedi deg i'r ysgol bach. Yr oedd C. Tomos yn bresennol yn rhinwedd ei swydd fel cadeirydd y manijiars. I gychwyn, tynnwyd lluniau amryliw o'r plant lleiaf yn chwarae marbls yn nrws yr hyws bach. Yna, corlannwyd sdandar wan a tŵ i'r clasrwm a chafodd y byd mawr o'r tu allan eu gweld yn cael singing o dan arweiniad Miss Jones, hyhi hefyd oedd yn chwarae'r ufferyn.

Canwyd "Dowch am dro i Bant y Pistyll" deirgwaith yn olynol a rhen blant yn gwella bob tro. Gan fod Musus Prusula Robaits yn ymddeol o'r Gegin eleni cafwyd snap shot bychan ohoni hithau yn troi y lobsgyws. Cyflwynwyd chwarter o'r te gorau i Musus Robaits gan Ernest Whîl y disgybl hynaf.

Gan ei bod hi eto'n ddydd penderfynwyd mai gwell ydoedd prysuro i Grosars and Drepars. Cafwyd rihyrsal ffwr a hi, trefnwyd i Musus C. Tomos sefyll yn ei harddwch gwyn o'r tu ôl i'r cownter i groesawu'r cwsmeriaid. Gwnaeth hi ei rhan yn rhagorol, gresyn garw i ŵr Hirlwm Hen ruthro i'r siop i gwyno fod ei owns baco wedi llwydo.

Dichon mai Ffani a'i merch, Cathrin Whîl, a wnaeth yr argraff orau ar wŷr y camerâu, hyhi Ffani wedi morol am fara chaws a chwrw i bawb. Hyfryd iawn oedd clywed Cathrin yn dweud fel yr oedd y tonic sol-ffa wedi ennyn ei diddordeb yn y Fywth.

Ffani, ei mam a'i dysgodd i adrodd pan oedd hi ond ieuanc iawn. Camp gyntaf Cathrin oedd cipio'r wobr am adrodd dan wyth yn Steddfod y Groglath, Ffoltia Mawr. "Merch y Cardotyn" oedd y darn. Cewch chwithau weld a chlywed Cathrin yn adrodd ei darn gerbron y camerâu. Ffani yw'r ferch ganol oed sydd yn cyfeilio ar stôl haearn, hyhi wedi ceisio siwt drywsus pêl blŵ ar gyfer yr achlysur. Yr un heb drywsus yw Cathrin wrth reswm pawb.

Sdep nesa oedd tynnu llun Llew yn cychwyn ar ei rywnd efo'r lyri ludw. Trefnwyd iddo ddod yn araf yn y gêr bach ac aros i godi bin Ffani, ei gwagio i'r trwmbel ac ailgychwyn ar ei siwrne. Llwyddodd yn odiaethol o dda yn y rihyrsal ac ni flinai y cynhyrchydd ddweud "Wel Dyn".

Ysywaeth, trwy ryw amryfusedd, ni chafodd Llew gystal hwyl yn y tecin, dichon mai Ffani a'i drysodd. "Sycha dy drwyn," ebe hi. Gwylltiodd Llew yn gacwn a wir wrth iddo ailgychwyn ar ei daith fe nogiodd yr injian. Gan fod y lyri wedi bod yn segur cyhyd tueddai'r batri i fod yn isel ei ysbryd, wnae'r injian ddim cynnig cychwyn ar y selff a bu raid i Llew roi yr handl yn ei balog a throi droeon.

Ypar cyt wrth reswm, dyna'r dull priodol o gychwyn lyri ludw ond gan fod Llew yn fflysdyr a dau gamra ar ei war fe anghofiodd ef y rheol hon ac yn wir fe gafodd gic mul gan yr handl nes ei fwrw o'r golwg i lwyn pren bocs Ffani.

Roedd hi'n tynnu am chwech o'r gloch erbyn i'r cwmni adfer Llew i'w iawn bwyll, erbyn hyn roedd hi'n hwi rhed a phrysurodd pawb am y Cross Pyips. Mae'r gweinidog, Pitar Page, yn dwrdio hela diod ond dŵad i'r Cross ddaru ynta.

Un cyfrwys a hirben yw Mr. Page, lladd dau dderyn fel tae, eisteddodd â'i gefn ar y bar a'r Goleuad am ei wyneb. Sylwodd C. Tomos fod Dirwest a Phurdeb wedi ei brintio mewn breision ar dudalen flaen papur ei enwad.

Trueni (fel cewch chi weld) oedd i Rhwydi Mawr roi ei ddwrn trwy'r papur o ran sbeit a hynny pan oedd ein gweinidog yn gorffen ei hanner peint. "Bitar Pitar," ebe Rhwydi ar dop ei lais tenor. Lemonêd oedd diod Mr. Page wrth reswm pawb. Torrwyd y seiat yn 'i blas a chyfeiriodd pawb ei gamra at aelwyd Gryffudd Jôs gynt o'r Ysig Bach.

Mae gan Gryffudd barlwr ffrynt helaeth yn y bynglo ac eisteddodd deunaw o'r selogion (dau ar yr harmonia) i wrando ar sylwadau Gryffudd am "Ffoltia Ddoe". Fe gytunwch chwithau pan welwch chi'r rhaglen fod Gryffudd Jôs yn cymryd ei waith o ddifri, ef wedi hel tomen enfawr o gelfi i'r parlwr. Holwyd ef gan Miss Hilda Honey o Gaerdydd. Roedd Gryffudd ar ben ei ddigon yn trafod y Gwŷdd Main a'r Pren Rhaffau a'r Fudda Faril. Aeth â ni trwy'r proses o wneud menyn, do, o'r fuwch i'r frechdan.

"Corddwch chi dipin tra bydda i'n deud gair ne ddau," ebe Gryffudd wrth Miss Honey, "a rhowch rhen bapura na o'ch llaw bendith tad i chi."

Chwara teg i Honey, roedd hi wrth ei bodd yn troi y fudda faril.

"Pa bryd bydd y menyn yn barod Mr. Jones," ebe hi a'i thafod erbyn hyn rhwng ei brestiau.

"Mi sbïwn ni drwy'r twll edrych," ebe Gryffudd. Cafodd Honey roi ei llygad ar y gwydr crwn yn nhalcen y fudda.

"Ydio'n glir?" ebe Gryffudd.

"Ffyin," ebe Honey.

Datsgriwiodd Gryffudd y pedair aden a gollwng y clustiau mor ddefosiynol â phetae o'n agor arch Brenin Persia. Biti garw iddo fo fynd yn gymint jiarff wrth gweirio'r menyn efo'r gwpan denau, doedd dim galw am i'r hen dwmpath gwirion fynd i'r fath egsdrîm ym marn C. Tomos.

Fela ma Gryffudd Jôs bob gafal, rhaid iddo fo gal mynd un cam bach yn rhy bell. "Does fawr ddim ynni a deud gwir," ebe fo, "dim ond i daflu o o'ch llaw i'r gwpan ac o'r gwpan i'ch llaw fel 'ma ylwch."

Ond bu raid i Gryffudd gael ymollwng i ysbryd y darn, sylwodd C. Tomos fod y brinten fenyn yn closio at y seilin bob trawiad a cheisiodd ef erchi i Gryffudd arafu. Y llun nesaf gafodd y camera a'i gynulleidfa ydoedd printen fenyn wleb yn disgyn ar dalcen Miss Honey.

Teg dweud i Gryffudd Jôs a Miss Honey ymadael yn benna ffrindia, cafodd C. Tomos gip ar y ferch ifanc yn slipio ei cherdyn drecsiwn i boced gwasgod Gryffudd Jôs.

Cofiwch wylio Bro a Bryniau ddechreu mis Medi.

## Y TONIC SÔ FFÂ:

Mi allsech ddweud mai 'dydd o gân' ydoedd hi yma yn y Ffoltia ddydd Sadwrn. Mr. Morus Macnoot, Musd. Bac., wedi dod i fyny yma i arholi yr hen blant yn y Tonic Sô Ffâ. Mae y Cnoot yn cael y gair o fod yn arholwr caled iawn, disgwyl i blentyn fod yn gerddor cyn bod yn gerddwr oni'n te? Waeth chi'm byd befo, ma hi reit addawol yma leni, fyddwn ni ddim yn brin o godwrs canu y blynyddoedd a ddaw. Mi ddaru'r hen blant reit ulw dda er i'r Macnoot neud 'i ora i'w baglu nhw ar bob transgweiriad. Ie, hen beth larts yw y Macnoot, hen beth hegar hefyd. Mae gan Liwsi

Bach, Sodom Isa, farc pitsfforc ar ei chlun y funud 'ma.

Dyma y rhai fuont lwyddiannus yn y Jiwnior: Neli, Tyddyn Dropsi; Jenuffar, Pyin Cotij; Hedd, Hendra Hiddig; Buddug, Brwstan Bach; Poli, Pen Pentan; Sami, Owi, Llewelyn, Dewi, Emrys a Rheinallt Whîl, Tai Cyngor. Llongyfarchion canolog iddynt oll ar ddechrau eu gyrfa yn y byd cerddorol.

Elymentri: Wili, Elsi a Wali Whîl eto; Rhian, Rhwydi Mawr; Wiliam John, Glasdwr Oer; Brenda Bocs, Joiner's House; Denus, Tan Clwt a Glenda, Lôn Gert.

Intrimidiet: Cathrin Whîl; Caradog Robaits, Tŷ'r Ysgol ac Owain, Glyn Dŵr.

Nodyn bach yn fan'ma ar gais Musus Elis, Twroc Becri. Deallwn i Fflori Fach, merch y ferch, gael cam gan y Macnoot. Mi wyddoch fod gofyn ar i'r plant bwyntio tôn ar y modiletor, tôn ar yr olwg gyntaf oni'n te? Fe wyddai Fflori hyn hefyd ac fe wyddai ei thaid, Twroc Elis ar gora. Do, fe roddodd y Twroc bwys arno'i hun, cymrodd ef y Fflori mewn llaw ac fe'i druliodd yn y Becws. Ysgrifennodd ef fodiwletor o'i ben a'i bastwn ar ddrws popty mawr y Becws. Do, fe gafodd Fflori ei thywys drwy "Segrwn flaenffrwyth" nodyn am nodyn drwy bobiad y bore a phobiad y phnawn. Cyn pen dim, roedd Ffani Fach yn hen law ar y pwyntio, a'i nodau hi oedd bur bersain.

Dyma bwynt Twroc, fel Taid Fflori – "Pam gneud eithriad o Fflori?" Erchwyd y plant eraill yn ddiwahân i bwyntio "Segrwn" ond pan ddaeth tro Fflori Fach, "Mi liciwn i'ch gweld chi'n rhoi cynnig ar 'Dod ar Fy Mhen'," ebe Macnoot. Roedd hi ar ben ar Fflori Fach, wrth reswm pawb. Yn wir, nid pob Presbyter o godwr canu profiadol allai bwyntio tôn ddiarth fel'na at random.

Mae digon o blwc yn Fflori. "Mi gana i 'Ma riwin wedi dwyn y nhrwyn' ne mi af adra," ebe hi. Afraid yw dywedyd mai i'r Becws ar ei phen y cafodd Fflori fynd.

Deil C. reit selot mai'r math hwn o gamwri sy'n gyrru plant dynion ar ddisberod. Mistêc mwya newch chi ydi cymyd pethau ormod o ddifri.

## MAINC Y LLENG:

Credai C. bod Mejior Sgwash wedi bodloni i beidio cael mainc ers tro byd, ni chlywodd ef na siw na miw ar dafod capelwr nag eglwyswr. "Tŵ rimembyr ddy grêt Wâr," rhagor Sgwash. Wel, fe gawd pwyllgor ar y pryd yn y Festri. Rwsud, doedd neb yn selog iawn a dyna ben arni hi, neb fawr dicach, anghofiwyd y Fainc Fach a'r Rhyfal Mawr yn ei sgîl.

Waeth chi'm byd befo, threchwyd mo Sgwash, be wela C. yn "Yr Esgafetor", papur y dref, ond paragraff i'r perwyl fod y Lleng Brydeinig ar y cyd efo Sgwash yn gosod eu mainc mewn lle amlwg ar Ben y Grwbi bnawn Mercher.

"Ai nefyr," ebe Musus Tomos, "peth neis ta peth hyll ydi o Confal?" Ni chymrodd C. (yr hen wlanen ag ydi o) ran yn y drafodaeth, ond bnawn Mercher aeth ef i Ben y Grwbi, a sefyll ar y cyrion oni'n te?

Do, fe dybiodd C. iddo weled cnebwrn bach i ferched yn dynesu. Ar flaen y fintai cerddai Sgwash, ei ên ar ei frest a'i het silc yn amddiffyn ei fol. O boptu ac o'r tu ôl iddo ef cerddai dwy boles fras esgyrnog gan gario Baner y Lleng a'u coesau'n codi'n uchel o'u blaenau megis peiriant torri ysgall. Tu ôl i'r rheini, dau bensiwniar yn cario mainc, un yn pen a'r llall yn traed.

Daeth Ffani Whîl a Gryffudd Jôs i'r golwg o'r tyfiant tu ôl i C.

"Sbïwch Bendith Duw i chi Confal Tomos, ma nhw'n mynd o'u coea," ebe Ffani. Ni ddywedodd C. air, na bach na mawr, eithr gwyddai ef yn dda fod yr Ysig Bach am danio.

"Yr hen ffŵl Sgwash 'na," ebe Gryffudd. "Mae o'n ein tyrmentio ni."

Gyd bod y ddau bensiwniar wedi rhoi'r fainc i lawr yn ei gwely concrit ar ymyl y Grwbi, dacw'r Mejior yn dechrau traethu am Rhyfeloedd Ni gollwyd . . . "

Torrodd Ffani ar draws gan ogoneddu y Ni a melltithio y Nhw. "A rŵan," ebe Sgwash, "Mraint i yw cael cyflwyno y Faint hon i'r Ffoltia mawr er cof am y rhai a gollwyd cododd Ffani Whîl yn sdêj yma, "Mi gollis i ngŵr cynta yn dy Ryfal di," ebe hi, "a tydw i ddim isio mainc i f'atgoffa i, ma sdumoga'r tocyn plant cw yn f'atgoffa i am Ryfal ryw ben bob dydd."

"A nid Rhyfal Ni oedd yr hen beth," ebe'r Ysig, "Chafodd Cymru ddim dewis."

Cyfeiriodd C. ei gamre tua'r siop yn sdêj yma, cyn iddi hi fynd yn Rhyfel Gartrefol oni'n te?

Na, tydi'r Fainc ddim i'w gweld ar Ben y Grwbi. Bu C. yn craffu'n hir i lawr y clogwyn hefyd, ond ni welodd ef mo'r fainc.

## PENODIAD:

Mae Vincent, mab mabwysiedig Mr. a Mrs. Confal Tomos, wedi ei benodi yn athro gwaith metel ac ymarfer corff yn ysgol fawr newydd Caer, anrhydedd go fawr i ŵr ifanc yn ei ugeiniau yw dod yn ffigiwr cenedlaethol mor ddisymwth.

Un diwyd yw Vincent, ef wedi pyslo a hynny'n gyson ar hyd y blynyddoedd meithion hyn. Addysgwyd Vincent yn yr Ysgol Bach wrth droed ein Robaits, pan oedd o. Mae pawb sydd wedi bod wrth ei droed ef wedi codi'n uchel ym myd addysg. Rejinald Ifans, yr hwn sydd heddiw yn Ben Byiyr yng ngwasanaeth y Mri. Lewis, Lerpwl, a Pajiar Defis, yr hwn sydd Arolygydd efo'r Perl Insiwrans dros glwt mawr yn Swydd Sysegs, i enwi dim ond dau. A rŵan, Vincent Tomos.

Cafodd Vincent ei addysg Ail Raddol yn Nhre Sinc ymha le yr eisteddodd ar ei Lefel O gan ddeor ar saith o bynciau anodd ac astrus gan gynnwys Modern Lating. Yr un oedd ei hanes drachefn yn y Lefel A, cynnig ar dri o bynciau, pasio dau yn anrhydeddus iawn a chael cam dirfawr yn y trydydd. Fodd bynnag, ni chafodd yr anlwc fechan hon lesteirio un briwsin ar yrfa addysgol Vincent. Mae Musus Tomos ar delerau go dda hefo Surul Slebog, ein trafeiliwr Caster Oel, yntau yn ei dro yn gyfaill mynwesol i'r un sy'n cyfarwyddo ein haddysg yn ochrau Caer yn ei oriau hamdden. Rhwng y naill beth a'r llall cafodd ein Vincent ei dderbyn yn llawen iawn i Golej Wlfyrhamton i wneud gwaith metel drwy gyfrwng dur.

Mae Vincent reit dda yn ei Thîori, ond er cystal ydyw ef mewn Thîori, dywed ei Siwpirwyr fod Practical y Vincent llawn gwell wedyn. Hawdd gan C. yw coelio hyn o osodiad, mae elfen crydd yn amlwg yn Fins ni ers pan mae o'n beth bychan iawn yn curo'r cathod, dodi morthwyl yn llaw Fins a dacw fo ar i fyny.

Er gloywed gyrfa Vincent yn y colej, nid hawdd oedd cael swydd. Yn wir, bu adeg rhwng coleg a gwaith pan ystyriai ei fam drosglwyddo Ochor y Dillad yn gyfan gwbl i Vincent Tomos. Diolch i'r Drefn na ddaeth pethau i hynny oni'n te? Gwastraff talent go sownd fyddai caethiwo gŵr ifanc disglaer o allu Vincent tu ôl i gownter siop gwlad. Cof da gan C. am helynt arall yn ystod yr hirlwm hwn, cafodd Musus Tomos led addewid am sedd seneddol i'w mab i gynrychioli Rhyddfadwyr Porth Synlyit. Gwrthod ddaru Vins ar y sail bydda well ganddo ef sedd yn nhop yr ardd. Ma hi'n anodd plesio ein pobl ifanc oni'n tydyw?

Mae trigolion Sodom Isa wedi tynnu eu cyrn atynt yn o sownd y dyddiau rhain, pur swat ydynt hwy. Llawer gwaith y deudodd yr hen gnafnon brwnt yn Grosars and Drepars na chai Vincent ddim gwaith tra bydda fo'n cyboli efo'r petha iaith Gymraeg na.

## PRIODAS ARIAN:

Daeth llu o wahoddedigion ynghyd i'r Cross Pyips y nos Fercher o'r blaen i ymuno â Mr. a Musus Wilias, Rhwydi Mawr, yn nathliad eu priodas arian. Bu'r Piwis Parri yn garedig tu hwnt, ef yn rhoddi rhyddfraint y parlwr ffrynt i'r cwmni dedwydd gydol y noson. Darparodd Musus Parri hithau wledd i'w chofio i ddau ddwsin o'r ardalwyr. Melon, chwiwadan, tryiffl a chaws ynghyd â bisgwij i'r rhai a'i mynnent.

Cafwyd anerchiad ysgafn ac amserol gan y Rhwydi gyda bod o wedi torri'r deisen. Yr oedd ef, rhagor onta, "wedi potsio amal dderyn drud a gwerthfawr yn ei ddydd, ond ar ei beth mawr onta hefyd, rhen Fusus oedd y deryn gora i fentro i'w rwyd". Biwtiffwl a sensibl oni'n te? Hyfryd ym marn C. yw gweled pâr canol oed yn canu clycha'i gilydd mor selog yn yr oes ddibenffrwyn hon.

Robaits y cyn-sgŵl a ofalai am y gweithgareddau, darllenodd ef lu o gardiau cyfarch gwell. Derbyniwyd cerdyn hardd iawn gan Walter o Ganada (mab Musus Wilias o'r briodas gynta ne'r un o'i blaen). Mae rhwbath yn ddi-ben yn y Robaits ambell dro, doedd dim isio iddo fo fanylu yn sdêj yma.

Cyflwynwyd gefail siwgwr lwmp arian hardd i Musus Wilias ar ran Grosars and Drepars gan Musus C. Tomos, a chyflwynwyd llwya coffi bach reit ddel i'r Wilias gan Gymdeithas y Genweirwyr. Chwarae teg oni'n te?

Y cyn-sgŵl hefyd a ofalai am yr adloniant. Yr englynion bach, ddau neu dri, i'r ddeuddyn. Canwyd hwy ar dôn y botel gan Cathrin Whîl:

I'r ddeuddyn clên a hynaws
Y pump ar igian hyn
Y pump ar igian hyn
Ar ddathliad eu priodas
Y pump ar igian hyn
Y pump ar igian hyn
Y pump ar igian hyn etc. etc.

Yr Ysig Bach (yng nghlust Ffani): Ma'r hen lob yn mynd yn wirionach bob lleuad.

Ffani: Ond does isio'i leinio fo dwch?

Y nesaf i ddod ymlaen oedd Rhisiart Gryffudd, Pen Porthwr Hendre Hirlwm. 'Cywydd y Daran' gan Elis Owen, F.S.A., Cefn y Meysydd, ydoedd ei gyfraniad ef. Cawsom ganddo adroddiad godidog ei ddehongliad.

Uchafbwynt y noson yn ddi-ddadl ydoedd cyfraniad Gryffudd Jôs, gynt o'r Gorsan Ysig Bach, a'r Ffani Whîl, hwynt hwy yn hirben iawn yn rhoi i ni olygfa fer o'r ddrama 'Y Potsiar' gan J.O. Ffransus.

Gan fod ein plismon tragwyddol yn y cwmni ac ef esys wedi mynd dros y rhicyn, penderfynodd y Piwis gloi ei ddrws o'r tu mewn am hanner awr wedi deg ac ymuno yn y gyfeddach. Do, cafwyd noson i'w chofio. Ffani ar ei gorau yn rhoi i ni y ddawns hobs.

## PLANT DRWG:

"Bydd haelionus lle bo achos," ebe'r hen air. Mae C. o dro i dro wedi bod yn hael iawn ei ganmoliaeth i blant y Ffoltia, ond wir mae pen draw ar ganmol. Mae rheswm ar bopeth oni'n toes? Do, mae C. wedi diodda a diodda'n ddistaw, e.e. pan chwyrlïodd pibi down Sami Whîl trwy ffenestr wydr Grosars and Drepars ni ddywedodd ef un gair croes, a'r un fu yr hanes pan drawyd Musus Tomos yn ei thalcen y llynedd yn nhymor y concars.

Tryciau yw popeth gan blant y Ffoltia y dyddiau rhain a dof iawn yw y pibi a'r concar o'u cymharu â'r giwed hyn, canys y mae modd osgoi y goncar ac ymochel rhag y pibi, llawer peryclach i'r canol oed a'r hen a'r methiedig yw y cerbydau hyn. Rhyfyg yn wir yw mentro i na ffordd na phalmant.

Styllen lathen neu ddwy o hyd, dwy olwyn coij fach ar y tu blaen a dwy olwyn coij fawr ar y tu ôl, dyna y tryc. Ie, pwt o gortyn yw y llyw a phwy feder lywio hef cortyn oni'n te? Bosib iawn fod tryc o'r fath yn symol diogel mewn dinas wastad ond mae'r Ffoltia mhell iawn o fod yn wastad. Na, nid digon gan blant y Ffoltia yw chwarae yn iard yr ysgol, rhaid iddynt hwy gael i gyllwng hi fel melltith o ben ôl mochyn dros y Grwbi. Dywed Robaits y cyn-sgŵl 'i bod nhw'n taro deugain milltir yr awr wrth fynd drwy'r pentref, a hawdd gan C. ei goelio, mae'r Sbesial Offyrs yn crynu yn y ffenest pan mae'r giwed yn mynd heibio'r siop. Mae nerfau Musus Tomos yn chwilfriw, hyhi wedi ailgydio o ddifri yn ei sanatojen.

Maddeued i C. am dewi mor ffwr bwt, mae tryc Sami Whîl a Sami newydd redeg ei ffordd drwy'r bocsus falau a'r tomatos.

## CWNINGOD:

Llongyfarchiadau canolog iawn i'r Wilias Ysw., Rhwydi Mawr, ar gael ei ethol yn aelod o'r panel a ymddangosodd ar y Teledydd yr wythnos o'r blaen. Bro a Bryniau yw enw y rhaglen a cwningod ydoedd pwnc y Rhwydi. Pwy well i drafod y trigain mil oni'n te? Gwledd i'r llygad ac i'r glust oedd gweled a chlywed y Rhwydi yn bwrw drwyddi. Yn wir, mae ef yn gwybod y cyfan a mwy am y Rabs, y bridiau a'u harferion.

Dywedodd y Rhwydi bethau diddorol dros ben tra'n trafod y cwningen ddof. Yr Angora Rabut yw y brid mwyaf proffidiol i'w gadw, rhain yn ildio yn dda o safbwynt blew, h.y. gwlân. Mae bagaid hanner cant o wlân yr Angora yn werth ffortiwn go fawr. Reit bwysig cribo'n feunyddiol wrth reswm pawb, dda gin y ffyrmiau mawr 'ma ddim derbyn gagls.

Holwr: Pryd ydi'r amser gora i geisio bwch?

Rhwydi: Tua Banc Holide faswn i'n ddeud.

Holwr: Na, yr oed gora . . .

Rhwydi: Tua'r tri hannar blwydd ma mae o yn bryim.

Aeth Rhwydi rhagddo gyda chymorth y pointer i ddangos i ni sut gwt y mae'r gwningen yn ei haeddu. Bwysig iawn ein bod ni'n codi tŷ cwningen ar y graig, h.y. dodwn gerrig neu ddrymiau olew o dan y cwt. Peth perig gynddeiriog ydi gosod cwt ar y gwellglas, oerfal a cholic codi wrth reswm. Mi welodd Rhwydi fwch Angora yn diodda o'r colic am fod ei fistar wedi bod yn sgeulus. Peth ofnadwy ydi colic codi ar fwch Angora, ef yn mynd i'w ddyblau fel cryman medi, fedar o na chwthu nag anadlu. Os byth yr aiff hi'n byrjis ar eich cwningen chwi cofiwch roi llond llwy fwrdd crwn o St. Andriws yn 'i fwyd o reit slei mi clirith o fel nos o wanwyn.

Peth arall mae pobol yn neud yn ôl y Rhwydi ydi hongian drws ffrynt y cwt, sef drws y cwt golau ar ddarn dafod esgid. Peidiwch ar unrhyw gyfri, mae y raben yn sgit iawn am ledr, ddim gin ambell i hen fwch go benderfynol gnoi dau dafod esgid mewn cyda'r nos o haf. Na hinjis pia hi. Acsus, dyna chi fath arall, ma hi'n bwysig iawn morol fod gan cryduriaid fwlch neu ddrws sylweddol i fynd o'r cwt tywyll i'r cwt golau a fel arall. Rydan ni reit dueddol o anghofio fod cwningod bach yn mynd yn gwningod mawr. Sawl cwningen sydd wedi colli'r dydd wrth fynd o'i fwyd i'w fync?

Holwr: Be mae pobol yn neud efo'r gwlân 'ma?

Rhwydi: Weithia bob sut. Clustoga fwya a jympars a swetars merchaid. O, ia, a locsun drama te?

Holwr: Locsen?

Rhwydi: Naci, locsun. Ma pobol yr Old Fic yn prynu pynna ohono fo.

Holwr: Ond locsun gwyn.

Rhwydi: Ma na Angoras cochion hefyd os bydd dyn ifanc isio

locsun, a mae 'na rai du fel blac yn Sowth. Trêns a ballu.

Diddorol dros ben ydoedd y pwt ffilm, cawsom weld y Rhwydi yn ffreta. Crefft sy'n prysur farw o'r tir yw ffreta, hyn oherwydd prinder cwningod a'r micsomacdesis. Trist i'r plant lleiaf oedd cael gweld y Rhwydi yn rhoi y ffuret yn y twll, nid pob plentyn sydd wedi gweled ffuret fyw a honno'n symud.

Diau i rai ohonoch sylwi i ni gael blyr go dywyll ar y sgrîn yn y sdêj yma. Ddoe ddwaetha cafodd C. yr eglurhad, a hynny gan y Rhwydi ei hun. "Don i ddim yn disgwyl i ddim ddŵad allan ar ôl i mi roi y ffurat i mewn," ebe ef, "ond ar fy llw, dyna gath drilliw fawr yn llamu o'r twll i'r camera; a dyna'r gêm drosodd oni'n te?"

Rhaglen dda iawn ydoedd hon a'i chymryd trwodd a thro.

## GWAELEDD:

Ma Confal 'cw'n wael. Waeth i chi gal gwbod yn fuan mwy na'n hwyr. Pnawn Iau oedd hi; diwrnod prysur ydi dydd Iau yn Grosars and Drepars, y gringrosari yn dŵad i mewn, barod erbyn Sul.

"Musus," medda Confal, mwya sydyn. 'Musus' fydd o ngalw i bob amser yn Grosars and Drepars. 'Rhaid i chi gael parch yng ngŵydd pobol' ydi un o fotos Confal rioed. Plygu odd o i symud bocs orenj. "Musus," medda fo, "rhowch hand i mi hefo hwn." Rŵan, ma Confal a finna wedi priodi ers wsnos y dilyw mawr hwnnw. 'Dwi'n cofio'n iawn. Cerddad ar ben clawdd i reglws wnaethon ni. A wyddoch chi, ofynnodd Confal druan rioed i mi am help hefo dim. "Help?" medda finna, "i be?" "Is . . . ," ebe fynta'n egwan. "Confal bach, ydach chi'n olreit?" meddwn mewn arswyd, a neidio dros y bynanas ato fo. 'Rodd o'n llegach ar lawr, a fedra fo ddeud gair. "Lle ma'ch pyls chi diyr?" holis inna, a gafal yn 'i arddwrn bach o. Chlywis i ddim. Wn i ddim os mai'r hen gloc mawr ma darodd 'ta be, ond chlywis i ddim. Ma gin i bresans o meind reit dda a dyma fi'n syth ar y ffôn hefo Doctor Cwac. 'I risepsion o atebodd. Fedrwn i yn fy myw gal fy ngwynt fy hun.

"Helo, fedra i'ch helpu chi?" medda hi.

"Confal sy'n wael," atebis inna.

"Confal, pwy ydi hwnnw?" meddai'r Denti Doris gythral.

"Un Confal sydd," medda finna'n larts. "Confal Tomos, cyn Y.Hy., Grosars and Drepars, Ffoltia Mawr."

"Ydio ar y'n llyfra ni?" holodd yr het.

"Wel, mi ddylia fod, ych mistar chi ddoth â fo i'r byd, a dudwch wrtho fo am ddŵad yma pos hêst ne fydd o ddim ar 'i lyfra fo erbyn nos."

Erbyn o'n i wedi codi Confal o ganol y bocsys orenj a'i lusgo fo ar soffa nes odd y mlyd presiar inna'n berwi mi odd y doctor acw yn 'i folfo piws. Aeth ati'n syth i bwnio Confal druan mewn gwahanol rannau o'i gorff. Pen hir a hwyr rhoes Confal ebwch. Fues i rioed mor falch o weld 'i wefusa fo'n symud.

"Dyna ni, Musus Tomos," medda Cwac, "mae o yn y broses o ddŵad rownd." "Be sy matar doctor?" holais inna.

"Pwysa, Musus, pwysa," medda fynta.

"Pwysa! Ma Confal fatha rasal, wedi bod yrioed."

"Pwysa gwaith, Musus, a hwnnw wedi troi'n nyrfus dibiliti."

Mi chyrnis i, "Be ydi'r ciwar, doctor?" holais.

"Complit rest, fitamin B i dwchu'i waed o, iau a phwdin gwaed bob nos ddudwn i a photal o stowt cyn mynd i' wely."

"Ond, doctor, ma Confal yn T.T."

"Fydd o ddim yn hir os na cheith o stowt," ac yn ei ffordd farddonol ei hun adroddodd y pill:

"Stowt! hanfod brydferth, hylif drud,
Arwyddlun pob peth pur a sylw;
Gwin goreu anian, gwaed y byd,
Sy'n gwneud ei galon fawr yn fyw."

Ma Confal shêd yn well erbyn heno a dwi wedi addo iddo fo y rhôi adroddiad llawn am ei gyflwr yn ffenast Grosars and Drepars bob bora. Ffor iawn i dynnu busnas medda'r hen gono. Un garw ydio oni'n te? Ond ma fo'n salach na ma fo'n feddwl. Dim ond gobeithio'r gora oni'n te?

## RAFFL:

O'n i wrthi'n cal 'y mhanad ddeg bore ddoe a phwy landiodd ond Ffani. Chwara teg iddi am ddŵad. Edrach os o'n i isio help o'dd hi. Gyda doth hi i mewn dyma hi'n chwifio rhyw bapur yn y ngwynab i.

"Sbïwch arno fo Musus," medda hi.

"Llyfr raffl," meddwn innau, "ffyrst preis cynta, bocl of sheri reit neis."

"Reit neis o ddiawl," ebychodd Ffani fela. Un reglyd ydi hi ar y gora.

"Sbïwch at be ma'r blydi raffl."

"Prosîds tywards Roial Nasional Eisteddfod of Whales," darllenais.

"Hogan 'y nghnithar o ochra Rhuthun na'n gyrru llyfr i mi i drïo'u gwerthu nhw. Wertha i run tra bydd chwyth ynddo i. Steddfod Gymraeg wir dduwcs a rhyw lebod pwysig o Gymry yn hel pres yn Sysnag. Byth bythoedd, mechan i. Cymraes drwy'r flwyddyn ne ddim o gwbl," stormiodd.

Ma pobol Ffoltia 'ma yn deud fod Ffani ym mysg yr ecstrîm. Ond mi fydda i'n chal hi'n iawn oni'n te. Pawb at y peth y bo dduda i oni'n te?

## TE'R CHWIORYDD:

Daeth cais annisgwyl oddi wrth Ceti Semi Ditaj wsnos dwytha (annisgwyl o gofio'r ffrwgwd a fu rhyngti hi a Confal amsar gwerthu'r harmonia i un o'r byd). Anfon nodyn wnaeth hi'n gofyn i mi wneud cacan siocoled ar gyfer te'r chwiorydd. O'n i ddim am wneud o ran parch i Confal. "Dangos pwy sy' galla," medda fynta, "gna'r gacan." Mi wnes ac er mai fi sy'n deud mi rodd hi'n gacen lyfli ac yn ddigon ysgafn i fflio jest.

Fedrwn i ddim gadal Grosars and Drepars i fynd i'r te â Confal fel mae o. Beth bynnag i chi, gyda'r nos dyma fi'n picio i dŷ'r gweinidog, y Parch. Pitar Page, i ymddiheuro am fy absenoldeb.

"Dowch i mewn diyr, yn y snyg ydan ni," medda Musus Page.

Ac i mewn â mi. Fanno oedd y Parch. wedi diosg ei goler gron ac yn tyrchu i gacan siocoled. Fy nghacan siocoled i! Nabyddwn i hi yn rwla! Wel sôn am fod yn filan! Glywn i'r blyd presiar yn codi eto.

"Steddwch Musus Tomos bach," medda Clera Page, gan dywallt panad i gwpan dena fel fêl. "Tamed o gacen siocoled diyar?"

"Dim diolch, peryg i mi gal gwynt ar ôl byta sbynj heb godi."

Toes na ddim dwywaith, mi dwigiodd Clera gluar reitinyff, ond dim ond igian chwerthin mwya poleit wnaeth y ddau. Ta waeth, ma un peth yn sicir, welith Ceti Semi Ditaj na'i chwaer gacan gin i tra byddan nhw a'u semi ar y ddaear 'ma.

## BRYS NEGES:

Daeth dau frys neges i ddymuno gwellhad buan i Confal. Un oddi wrth yr Ysig fel â ganlyn:

> "Brysia fendio Confal
> Cod oddi ar dy gadar
> Tyrd i werthu afal,
> Cofia ddeud dy badar,
> A chyn bo hir fe ddoi bid siŵr
> Yn llond dy groen i bwyso ar y cowntar."

Ac un Sysnag oddi wrth ein Cynghorydd, Britis Lijion 'i hun. Dyma ei neges, "Hurry up and mend".

Chwara teg iddyn nhw oni'n te?